원효의 화쟁철학

문門 구분에 의한 통섭通攝

원효의 화쟁철학

문門 구분에 의한 통섭通攝

초판 1쇄 발행 2017년 12월 26일

개정판 1쇄 발행 2020년 2월 20일

_

지은이 박태원

펴낸이 이방원

편 집 정우경·김명희·안효희·윤원진·정조연·송원빈·최선희

디자인 손경화·박혜옥·양혜진 **영 업** 최성수 **기획·마케팅** 이미선

_

펴낸곳 세창출판사

신고번호 제300-1990-63호

주 소 03735 서울시 서대문구 경기대로 88 냉천빌딩 4층

전 화 02-723-8660   **팩 스** 02-720-4579

이메일 edit@sechangpub.co.kr   **홈페이지** http://www.sechangpub.co.kr/

_

ISBN 978-89-8411-928-4   93150

이 도서의 국립중앙도서관 출판예정도서목록(CIP)은 서지정보유통지원시스템 홈페이지(http://seoji.nl.go.kr)와
국가자료종합목록 구축시스템(http://kolis-net.nl.go.kr)에서 이용하실 수 있습니다.(CIP제어번호: CIP2020004420)

개정판

원효의 화쟁철학

문門 구분에 의한 통섭通攝

박태원 지음

세창출판사

원효의 화쟁철학을 음미하려면 '문門 구분'을 주목해야 한다. 어떤 견해를 성립시키는 조건들의 인과관계를 정확하게 이해하는 능력이 '문門의 식별력'인데, 원효는 이 능력을 '배타적 말다툼'(諍論)을 치유하는 합리적 실력으로 제안하고 있다.

원효의 화쟁철학은 '차이 소거와 거세 혹은 통일을 위한 철학'이 아니라 '차이의 합리적 조정을 위한 철학'으로 읽어야 한다고 생각한다. 필자는 원효철학에서 '차이들을 다루는 합리적 실력에 관한 통찰'을 주목한다. 그의 화쟁철학도 '지금 여기의 실존 차이문제 해결에 유효한 철학'으로 읽고 있다. 원효가 펼치는 '문門 구분에 의한 차이들의 통섭通攝철학'은 '차이들의 화해와 소통을 위한 통섭철학·통섭인문학의 현재적 수립'을 구체적인 철학적 근거와 내용을 가지고 전망할 수 있게 한다.

'통섭通攝'은 원효의 사유를 관통하는 개념이다. 존재와 현상 및 세계를 왜곡·오염시키는 '본질·실체·동일성 관념과 그에 의거한 실체/본질주의적 기획'을 해체하고 치유하여, '차이들이 서로를 제대로 이해하여 서로 통하고'(通) 그리하여 '서로 이롭게 작용하게 하는 것'(攝)이 원효 통섭철학의 본령이라고 본다. 또한 그의 통섭철학은 '언어·사유·차이에 접속한 채 성취하는 이로운 능력'과 언어·사유에 기대어 발휘되는 '차이들과 관계 맺는 이로운 실력'에 관한 통찰을 전개하고 있다고 본다. 따라서 원효철학에 신비주의 독법이나 형이상학적 사변독법을 대입하는 것은 원천적으로 부적절하다.

원효철학은 '생활세계의 차이문제에 대한 근원적 해결력'을 지닌 '차이문제 해결의 철학'으로 읽을 수 있다. 그리고 이러한 독법은 새로운 철학의 길을 전망하게 한다. 한반도 전통지성을 근거로 삼아 보편적 수준의 자생철학·자생인문학을 수립하는 것이 그 길에서는 가능하다. 원효의 화쟁철학은 그 길을 넓혀 준다.

기대 이상의 호응이 있었다. 그 호응에 기대어 인용구문의 번역을 수정·보완하고 추가한 개정판을 낸다. 원효와의 대화가 길어질수록 설렘도 깊어진다. 참 좋은 복이다.

2020년 1월

머리말

언어능력은 축복과 재앙의 두 얼굴을 지닌다. '언어능력에 의한 배제적 다툼'(諍論)은 재앙의 얼굴이다. 가장 깊게 패고 오래가는 상처와 고통은 언어다툼에서 온다. 그래서 '화쟁和諍'은 매력적인 말이다. 쟁론이 언어능력의 재앙이라면, 화쟁은 언어능력의 축복이다. 화쟁 그 '쟁론 치유의 길'에 관한 갈망과 염원은 언어인간의 숙명적 과제이다.

꽤 오랜 옛날, 1300년도 넘는 이전 시절의 한반도에, 경이로운 언어능력자가 있었다. 언어능력의 축복을 구현한 인물, 화쟁의 언어 춤사위로 한바탕 멋들어지게 놀다 간 원효(617-686)가 그 사람이다. 그와 대화하다 보면 행복해진다. 이런 수준의 언어와 만난다는 것이 횡재처럼 여겨져 즐겁다.

육십갑자를 한 바퀴 돈 작년 초, 잊지 못할 꿈을 꾸었다. 붓다, 원효, 성철 — 이 세 사람이 모여 앉아 담소를 나누고 있었다. 환한 빛에 둘러싸여. 무슨 이야기인가 궁금하여 기웃거리는 꿈이었다. 너무좋아 꿈속에서도 '이게 꿈이라면 깨지 말아라!' 했다. 대학 시절에 선문禪門과 원효를 만나 공부 길에 들어섰고, 이후 다시 니까야/아함을 통해 붓다와 대화하였다. 선, 원효, 붓다 ― 이 세 언어의 축복이 한 자리에 모인 꿈이니 얼마나 좋았겠는가.

원효의 화쟁 언어를 그의 '문門 구분의 사유방식'을 통해 읽어 보았다. 원효가 정밀하게 구사하는 '문門의 구분'은, 붓다의 연기 통찰을 원효 나름대로 변주하는 것으로 보인다. 게다가 원효가 펼치는 '문門 구분을 통한 화쟁'은 '지금 여기 우리의 실존과 세상'에 고스란히 유효해 보인다. 삶과 세상의 연기적緣起的 합리화 ― 그것이 붓다와 원효가 권하는 화쟁의 길이라고 본다.

원효 탄생 1400년 마지막 달에

차례

원효를 읽는 해석학적 태도

대학 시절 『기신론소』를 읽으면서 처음 원효를 만났다. 벌써 37-38년 전의 일이다. 『기신론소』는 고등학교 때 시험을 위해 암기나 하던 서명이다. 아득한 과거의 고대적 사유를 난해한 한문에 담아 놓은 것, 지금 여기의 삶과 관심 및 현대적 사유와는 접속할 수 없는 박물관적 유물, 그러기에 자랑스러운 과거는 될 수 있어도 그 현재적 용도는 상상할 수도 없었던 서명이었다. 그런데 직접 내용을 대하니 충격적이었다. 원효는, 나의 지금의 삶, 우리와 인간의 문제를 보는 전혀 새로운 차원의 언어를 폭포수처럼 쏟아 내고 있지 않은가! 이런 인물과 사유를 고작 시험대비 암기서명으로 처리해 버리는 교육현실이 어처구니가 없었고 교육내용에 분개했다. 보조 지눌의 저술들을 읽을 때도 마찬가지였다.

그런데 학자가 되어 원효와 지눌과의 대화를 이어 가다 보니, 자책성 질문이 생겼다. 〈교육현장에서 원효와 지눌을 수험용 암기자료 정도로 처리할 수밖에 없는 현실은 과연 누구의 책임인가? 교육현장의 교육자들이 원효와 지눌을 설명하기 위해 의거하는 자료들을 만든 사람들이 누구인가? 바로 원효와 지눌 연구자들 아닌가? 지금도 해마다 지속적으로 산출되는 수많은 원효와 지눌 연구물들 가운데 과연 원효와 지눌을 '지금 여기'로 불러내는 것이 얼마나 되는가? 연구자들 개인적으로는 원효와 지눌을 오늘로 불러내어 대화하고 있을지 몰라도, 그 대화의 내용을 얼마나 오늘의 언어와 관심에 담아내어 현재인에게 접속시켜 주는가? 연구자 집단에서만 통용되는 용어와 이론으로 자폐적인 작업을 이어 가는 것은 아닌가? 불교 언어에 생소한 사람들, 영역이 다른 언어집단과는 전혀 소통이 되지 않는 내용과 방식을 답습해 가는 것은 아닌가? 혹 알게 모르게 '격절된 언어 거리에서 발생하는 권위'를 누리는 것은 아닌가? 생소한 수사학으로 남들을 주눅 들게 하려는 언어 기만의 허세를 즐기는 것은 아닌가? 그 자위적 불통 프레임의 이익을 공유하는 동업자들과 내심 '이대로!'를 합창하고 있는 것은 아닌가?〉

어떤 이유에서건, 연구자들은 원효나 지눌 같은 분들의 귀한 통찰을 박물관 진열장 안에 유폐시켜 온 책임이 있다고 본다. 그리고 이제는 그 책임에 정직하게 응답해야 한다고 생각한다. 개인적으로는 노력하는 중이다. 그래서 원효를 읽는 해석학적 전제와 지향을 '지금 여기'에 두려고 한다. '지금 여기'에서 출발하고, 또 '지금 여기'로 귀환하려고 한다. '고전 해석학의 출발지와 도착지는 현재'라는 당위에 분수껏 응해 보려고 한다. 원효와 지눌뿐 아니라 전공으로 내걸고 있는 불교철학의 모든 탐구 작업들을, 이제부터라도 이런 문제의식에 응답하는 내용으로 가다듬고자 다짐한다. 의욕을 따라 주지 않는 자질과 능력을 핑계 대는 것보다는, 노력해 보는 과정에 의미를 두려고 한다. 이 글도 그런 문제의식과 노력의 한 산물이다. '원효!' 하면 귀에 익은 '화쟁'을, 가급적 '지금/여기/우리'의 언어와 문제들에 접속시켜 보려는 의욕의 표현이다.

원효 그 사람,
그리고 원효 읽기의 전망

매력은 끌리게 하고, 마력은 홀리게 한다. 매력은 끌려가는 자의 주체성을 허용해 주지만, 이것저것 재 보는 거리두기마저 없앨 정도는 못 된다. 마력은 거리두기를 허용하지 않는 흡인력을 보여 주지만, 성찰에 필요한 주체성을 무기력하게 만드는 맹목성이 있다. 끌리지만 홀릴 정도로 들어서지 않는다면 간 보기로 끝날 것이고, 홀려서 하나가 되지만 성찰의 자리를 쉽게 내준다면 맹목의 노예로 전락할 것이다. 그런데 마력적인 매력, '홀릴 정도의 끌림'이라면 어떨까? 요리조리 재 보고 간 보는 손님자리에 머물게 하기도 하지만, 끌려 들어갈수록 더욱 주인의 눈을 밝혀 주는 흡인력이라면 어떨까? 붓다 이래 그 계보 안에서는 그런 마력적 매력을 뿜어내는 영성들이 그 어느 계보에서보다 즐비하다. 1,400년 전 한반도에는 그중에서도 돋보이는 인물 하나가 등장한다. 원효! 그가 남긴 행적과 언어는 지금도

줄지 않는 마성의 매력을 강렬하게 뿜어낸다.

원효사상은 다채로운 결이 중층적, 융섭적으로 어우러져 직조되어 있다. 그의 사유를 구성하는 언어는 그 깊이와 높이, 넓이를 헤아리기 어렵다. 상찬을 위한 수사적 과장이 아니다. 한 글자, 한 문장, 한 단락씩 짚어 가며 대화를 시도하다 보면, 언제나 예상보다 앞선 자리에서 손짓하는 원효를 보며 흠칫 놀라게 된다. 이런 수준의 인물을 등장시킨 한반도 토착지성의 역량이 놀랍기만 하다.

원효사상을 관통하는 원리로서는, 그가 구사하는 일심一心, 화쟁和諍, 무애無碍, 회통會通, 화회和會 등의 용어가 자주 거론된다. 아닌 게 아니라, 이 중 어느 말을 잡아도 원효사상의 면모가 적절히 포집된다. 어느 면모에 가중치를 두느냐에 따라 선호가 갈리지만, 어느 하나를 택하여도 다른 면모들이 빠져나가지는 않는다. 원효사상의 특징이 여기에 있다. 원효가 펼치는 다채로운 통찰과 언어는 '서로를 향해 열려 있고' '서로를 껴안아 들이는 면모'가 특히 뚜렷하다. 그의 사상이 그러하기 때문이다. 그런 점에서 원효사상은 단연 통섭通攝적이다. 열려 있기에 '서로 통하고'(通), 걸림 없이 받아들이고 또 들어가기에 '서로 껴안는다'(攝). 그래서 필자는 원효사상을 관통하는 원리를 담아내는 말로서 '통섭'을 선호한다.

원효가 모든 저술에서 자신의 사유와 통찰을 펼칠 때 즐겨 채택하는 용어는 '통通'과 '섭攝'이다. 통通/섭攝/총섭總攝/회통會通/화회和會 등으로 사용한다. '통通'은 '막힌 것을 뚫음, 닫힌 것을 열리게 함, 서로 만나게 함'의 의미로, '섭攝'은 '끌어안음, 서로 섞임, 상호의존과 상호작용을 허용함'의 의미로 사용된다. 빈번하게 사용되는 이러한 용

16

어들은 특히 원효철학의 핵심을 표현하는 경우에는 거의 예외 없이 채택된다.

'통'이나 '섭'이라는 말을 사용하지 않을 때라도 내용은 '통/섭'인 경우가 허다하다. 화쟁和諍(견해의 배타적 다툼에 대한 치유) 논법에서 특히 그러하다. 원효가 화쟁철학을 전개할 때 가장 역점을 두는 것은 '문門(조건인과의 맥락/계열)의 식별과 구분'인데, 문門 구분을 통해 펼치는 화쟁 논법은 결국 '통/섭'으로 귀결된다. 통섭을 위해 화쟁 논법을 펼치는 것이다. 또한 원효가 즐겨 구사하는 '무이無二' '일미一味' 등의 용어도 '통섭'으로 수렴된다. 이런 사정은 일심一心철학에서도 마찬가지다. 일심철학과 화쟁철학 모두를 관통하면서 일심철학과 화쟁철학의 핵심을 드러내는 용어와 내용이 바로 '통/섭'인 것이다. 그런 점에서 원효의 핵심철학인 일심과 화쟁의 통찰을 언어로써 직조해 내는 포괄적 상위원리로는 '통섭'을 주목해야 한다.

일심과 화쟁이 내용상 밀접하게 관련되어 있긴 하지만, 일심철학의 전개에서 언제나 화쟁이 거론되는 것은 아니다. 마찬가지로 화쟁철학의 전개에서 반드시 일심이 거론되는 것도 아니다. 내용상 무관하지는 않지만, 원효가 펼치는 일심사상과 화쟁사상의 실제에서 양자가 언제나 형식적으로나 내용적으로 결합되어 나타나는 것은 아니다. 게다가 원효가 화쟁 논법을 제한된 문제범주와 대상에 적용하고 있다는 점까지 감안한다면, 원효사상 전체를 관통하면서 모든 이론을 직조해 내는 포괄적/원천적 원리를, 일심이나 화쟁이라 하기는 어렵게 된다. 일심이론과 화쟁이론 모두를 관통하는 동시에 다양한 이론들을 구성해 가는 상위 원리로서의 자격은 '통섭'에 부여하는 것이 타당해 보인다. 원효철학을 관통하고 또 총괄하는 상위원리는 '통섭'이다. 일심一心, 이문二門, 화쟁和諍, 무이無二/불이不二, 일미一味, 무주無住 등, 원효가 자신의 통찰을 담아내기 위해 즐겨 채택하는 용어와 이론들은 통섭 사유의 다양한 변주로 읽을 수 있다. 원효사상의 체계와 내용을 관통하는 원리, 원효철학의 모든 것을 직조해 내는 근본원리, 원효의 모든 통찰을 수렴하는 상위원리는 '통섭'이다.

근자에는 학제 간 융합의 요청이 통섭統攝이라는 말에 담겨 유행한다. 융합을 추구하는 일련의 방법론적 경향을 아예 통섭학統攝學이라 부르기도 한다. 그런데 통섭統攝과 통섭通攝은 같은 의미가 아니다. 통섭統攝은, 다양한 것들을 하나로 수렴하려는 지향이라는 점에서, 편입과 통합의 권력적 속성이 수반할 수 있다. 이에 비해 통섭通攝은, '다양한 것들이 각자의 자리에서 서로 열고 껴안을 수 있는 지평'이라는 점에서, 권력적 위계나 흡수의 유혹을 원천에서 해체시킨다. 원효사상에서 보자면, 융합은 통섭統攝이 아니라 통섭通攝이어야 한다. 끌어다가 한데 묶어 놓으려는 것이 아니라, 각자 그 자리에서 제 역할 하게 하고, 제자리에서 사방으로 열게 하며, 서로를 밝게 비추고 따사롭게 안게 하는 것이 원효의 통섭이다. 실제로 원효는 통섭統攝이 아니라, 통섭通攝, 통通, 섭攝, 총섭總攝, 회통會通, 화회和會라는 말을 즐겨 구사하는데, 그 용어들이 채택되는 맥락을 보면 모두가 '통섭通攝' 지평의 언어적 변주이다.

화쟁은 통섭과 특히 밀접한 관계를 맺고 있다. 화쟁和諍은 통섭의 문을 여는 중요한, 그리고 현실적인 열쇠에 해당한다. 화쟁은 통섭의 지평을 열어 준다. 화쟁의 꽃이 필 때라야 통섭의 열매가 맺는다. 그래서 원효의 화쟁철학을 탐구할 때는 언제나 '서로 열고 서로 껴안는' 통섭 세상을 염두에 두어야 한다. '화쟁으로 인한 통섭' '화쟁과 통섭의 상호 얽힘'이 어떻게 가능한 것인지를 깊게 살펴야 한다. 화쟁과 통섭을 연결시켜 원효와 대화하면, 그의 사상이 지니는 삶의 문제해결력과 치유력을 길어 올릴 수 있게 된다. 일심一心 사상을, '저 높은 신비의 자리'로 올려놓고 온갖 찬사로 숭앙하거나, 사변적 유희의 땔감으로나 즐긴다면, 원효의 모든 것은 박제화되고 관람용 전시유품이 되고 만다. 원효를 '지금 여기'로 소환하여 그와 함께 '오늘의 세상'을 만들어 가려면, 원효사상의 화쟁철학과 통섭적 전망에 집중하는 것이 적절하다.

화쟁과 통섭은, 예나 지금이나 개인 일상과 세상사에 범람하는 배타적 폭력과 견해 다툼의 격랑을 잦아들게 하는 길, 나아가 치유할 수 있는 길에 관한 소식이다. 그기에 화쟁과 통섭은 인간의 절박한 현재적 염원에 응하는 보편통찰이다. 삶과 세상을 널리 그리고 깊이 이롭게 하는 만다라의 꽃은 화쟁과 통섭의 길에서 피어난다. 통섭通攝의 매력은 근원적이다. 인간 사유의 가장 근저에 뿌리내렸으며 인간 세상의 모든 현장에서 위세를 떨치는 '본질/실체의 환각', 그리고 그 환각에서 발생하는 격절과 분리, 배타의 폭력을, 원천에서부터 치유하는 통찰이기 때문이다. 이에 비해 화쟁和諍의 매력은 현실적이다. 그기에 화쟁은 원효사상에서 아마도 가장 널리 눈길을 끄는 개념일 것이다. 여전히 쟁론諍論(견해와 주장의 배타적 충돌)의 가시덤불 속에서 찌르고 찔리는 일상이기에, 심오한 철학적 깊이를 논하기 이전에 일단 피부에 강렬하게 와닿는 메시지이다.

개인과 인간세상은 관점/욕망/행위에 의해 칸칸이 '닫히고 막혀' 있다. 이 폐쇄와 불통의 프레임은, 차이와 타자를 밀어내고 제압하려는 폭력성을 원천으로 품은 채, 그 살기를 분출할 기회만 기다린다. 인간이 집단의 구성원으로 생존을 도모한 이후, 집단이익의 확보전략과 맞물려 축적되어 온 이 불통과 배제의 체계는, 국가방식의 군집전략이 정착한 이후로는 논리와 사상, 문명과 문화, 관습과 제도에 의해 보호되고 강화된다. '닫힘과 밀어냄'을 속성으로 삼는 이 무지와 폭력의 구조적 경향성은, 개인에게는 본능처럼 내면화되었고 사회와 세상에게는 지배적 운영원리로 군림하게 되었다. 인간의 행적 전체를 체계적으로 정리하고 종합적으로 성찰하게 된 작금에서야, 우리는 '닫힘과 밀어냄'의 무지와 폭력, 그에 수반하는 배타적 소유문명의 조건인과를 원천에서 짚어 볼 수 있게 되었고, '열림과 끌어안음'의 지혜와 자비, 그 위에 수립되는 공동체문명의 내용과 전망을 구체적으로 품을 수 있게 되었다. 원효는 이 전망을 '통섭'으로 밝히고, '화쟁'으로 그 길을 낸 인물이다.

원효가 눈떠 걸어간 화쟁/통섭의 길은, 걸어 볼 엄두도 못 내고 황홀하게 쳐다보기나 해야 할 구름 위의 신비가 아니다. 그의 화쟁/통섭은, 붓다의 법설처럼, 개인치유력과 사회치유력의 근원적 수준이 동시적으로 결합하여 일상에서 작동하는 지평이다. 이 문제해결력은 깊고 탄탄한 철학적 성찰을 딛고 있기에, 당위적 구호나 반복하는 사회적 열정 수준을 훌쩍 넘어선다. 원효사상의 이러한 힘을 오늘의 관심으로 읽어 내려면, 그의 언어를 읽어 온 전통적 독법에 머물지 말고 끊임없이 새로운 읽기를 시도해야 한다.

그가 구사하는 일심이나 본각, 진여, 여래장 등의 긍정형 기호를, 본체/현상론의 '본체本體'나 발생학적 '기체基體'를 지시하는 것으로 읽는 것은 심히 부적절하다. 본질/실체주의나 그것의 다양한 변형문법들을 끌어들여 원효의 언어를 요리하는 방식은 분명 극복되어야 한다. 원효의 유식학적 통찰을 유심唯心적 발생론으로 치환하는 것도 부적절하다. 우리는 아직 원효를 읽는 독법들을 충분하게 확보하지 못하고 있다. 불교를 읽어 온 전통독법의 틀로 원효를 찍어 내는 방식은 충분하지도 적절하지도 않다. 새로운 독법을 지속적으로 생산해 내기 위해서는, 전통교학의 독법이 붓다의 언어를 충분히 제대로 읽어 왔을 것이라는 암묵적 합의에도 갇히지 않을 수 있어야 한다.

원효의 언어를 원전형태로 재구사하면서 이리저리 조합하고 분석하는 교학적 독법은 넘어서야 한다. 불교학 전반의 문제이기도 하지만, 원효연구를 비롯한 불교연구는 이제 문헌학과 교학의 방법론적 관행과 내용에서 한 걸음 더 나아가야 한다. 문헌학/교학의 성과를 품으면서도 오늘의 관심과 현재어로 자유롭게 재성찰하는 '성찰적 탐구'가 활성화되어야 한다. 응용불교나 비교철학적 격의格義불교가 '성찰 불교학'의 자리를 대신하는 것은 그 한계가 명백하다. 전통시선이 확보한 해석학적 권위에 주눅 들지 않는 기백과 역량 계발이 수반해야 가능한 일이다.

흥미로운 것은, 원효야말로 이러한 '성찰적 탐구'의 주목할 만한 모범이라는 점이다. 원효는, 접할 수 있었던 모든 불교문헌과 교학을 정밀하게 탐구하면서도 결코 능동적 성찰의 끈을 놓지 않는다. 또 자신의 실존적 갈증과 무관한 메마른 사변에 몰두하지 않는다. 그리고 성찰적 탐구의 성과를 그 시대의 현재어에 담아 정밀하게 펼친다. 그는, 지적 성취로 우쭐대려는 현학적 지식 학인도 아니고, 중심부 지식을 조금 익혀 와 행세하려는 주변부 식민 지성도 아니며, 지식권력에 비위 맞추며 기생하려는 기지촌 지식인도 아니다. 그는 당당한 태도로 성찰하였고, 치열하게 실험하였으며, 거칠게 자기를 검증하였다.

그의 성찰적 구도는 '지식과 지식 이후' '언어와 언어 이후'를 모두 담아내는 것이었다. 또 그렇게 성취한 탁월한 보편적 수준을 정교한 지식과 언어에 담아 춤추듯 굴린다. 성찰의 깊은 주름을 품은 용맹, 격렬하게 경계와 만나면서도 빠져들거나 갇히지 않으려는 현장적 자기초월, 그리하여 경계 타고 노니는 힘 있는 자유. ― 그가 풍기는 짙은 체취이다.

원효는 경이로운 인물이다. 아직 우리는 원효의 언어를 읽는 능력이 태부족이다. 이런 인물을 배출해 낸 고대 한반도 지성공동체의 역량이 놀랍다. 원효와의 대화가 깊어질수록, 그의 언어가 열어 주는 전망에 설레게 된다. 그의 언어는 대승교학의 계보학적/통섭적 이해를 열어 주는 데 그치지 않는다. 아직 개인적 전망만으로 안고 내용을 가다듬어 보는 단계이지만, 원효의 통찰은 니까야/아함이 전하는 붓다의 언어와 대화하는 일에 새로운 깊이를 더해 주고, 선禪에 대한 선종의 통찰에도 새로운 생명력을 주입할 수 있다. 또한 앞날의 보편철학 구성에 그대로 채택할 수 있는 통찰을 풍부하게 제공한다. 이런 전망의 구체적 내용을 확보해 가는 여정을 생각하면 어찌 설레지 않겠는가.

원효 화쟁和諍의 의의意義와
화쟁 논법의 구성 원리

1) 화쟁사상 연구사[1]

원효를 탐구하는 학인들이라면 누구나 화쟁사상에 눈이 가게 마련이다. 무엇보다도 '화쟁和諍'이라는 말이 갖는 강렬한 현장적 매력이 돋보이는 데다가, 아예 '화쟁'만을 저술 테마로 삼고 있는『십문화쟁론十門和諍論』을 원효가 저술하였고, 그런 경우는 한반도 불교는 물론 인도와 중국불교를 통틀어도 유일한 사례이기 때문이다. 비록 잔간殘簡만이 전하기는 해도『십문화쟁론』은 화쟁이 원효의 지대한 관심사였고 원효사상의 돋보이는 개성이라는 점을 증언한다. 과거의 시선도 그러하였다. 원효 사후 그의 삶에 대한 최초의 평전적 기록이

---

1   화쟁사상에 대한 국내의 연구사는 이미『원효사상 연구』(박태원, UUP, 2011)에서 정리한 바 있다. 여기서는 그 내용을 조금 더 보완하여 재수록한다.

라 할 '서당화상비誓幢和上碑'에서도 원효에 대한 평가는 화쟁과 『십문화쟁론』을 중심으로 이루어지고 있다.

"(화상의 저술) 가운데 『십문화쟁론十門和諍論』은, 여래가 세상에 계실 적에는 온전한 가르침(圓音)에 의지하였지만, 중생들이 … 빗방울처럼 흩뿌리고 헛된 주장들이 구름처럼 내달리며, 나는 맞고 다른 사람은 틀리다고 말하기도 하고, 나는 타당한데 다른 사람은 타당하지 않다고 주장하여, (그 상이한 견해들의 배타적 주장이) 황하黃河와 한수漢水처럼 큰 강물을 이루었다. … (공空을 싫어하고 유有를 좋아하는 것은 마치) 산을 (버리고) 골짜기를 돌아가는 것과 같고, 유有를 싫어하고 공空을 좋아하는 것은 나무를 버리고 큰 숲으로 달려가는 것과 같다. 비유하자면, 청색과 남색은 바탕을 같이하고, 얼음과 물은 근원을 같이하며, 거울은 모든 형상을 받아들이고, 물이 (수천 갈래로) 나누어지는 것과 같다. … (유有와 공空에 관한 주장들을) 통하게 하고 화합하게 하여(通融) 서술하고는 『십문화쟁론』이라고 이름하였다. 수많은 사람들이 (이 책에) 동의하며 모두 '훌륭하다!'고 칭송하였다. 또 『화엄종요華嚴宗要』는 진리는 비록 근본적으로 하나이지만 … (당나라에 왔던 진나陳那, Dignāga의 문도가 『십문화쟁론』을 읽고는) 찬탄하여 덩실덩실 춤을 추었다. (『십문화쟁론』을) 범어로 번역하여 곧 (?) 사람에게 부쳐 보냈으니, 이것은 (바로) 그 나라(천축) 삼장三藏법사가 (『십문화쟁론』을) 보배처럼 귀하게 여기었던 까닭에서였음을 말하는 것이다."(서당화상비誓幢和上碑 내용 중, 9세기 초)

원효에 대한 고려시대의 평가도 화쟁을 주목하고 있다. 의천은 원효에 대해 "백가百家 이쟁異諍의 실마리를 화해시켜 일대의 지극히 공정한 이론을 얻었다"[2]고 평가하였고, 원효에게 화쟁국사和諍國師라는 시호가 추증되었으며(숙종 6년, 1101), 명종(재위 1170-1197) 때에는 분황사에 화쟁국사비가 건립되어 조선시대 초기까지 전해지고 있었다.[3] 원효가 현대 학계의 주요 탐구대상이 된 이후에도 화쟁사상은 여전히 탐구의 주요대상이었다.

화쟁은 '언어로 드러나는 다툼'을 대상으로 하는 문제의식이다. 언어적 쟁론을 화해 내지 해소시키려는 의지와 노력과 실천이 담긴 말이 화쟁이다. 사실상 인간의 모든 다툼은 언어적이다. 인간은 언어로써 타인과 다른 자기 관점을 표현하고 자기주장을 정당화하며 옹호하고 합리화시키면서 다툰다. 지구상의 생명체들 가운데서는 오직 인간만이 언어를 통해 다툰다. 언어에 자신을 담아 싸울 줄 아는 존재가 인간이다. 그런 점에서 쟁론은 언어적 존재인 인간의 '인간적 다툼 방식'이요 인간세의 특징적 면모이기도 하다.

쟁론은 진리 탐구의 통로가 되고, 상생적 성숙과 발전의 계기로 기능하기도 한다. 서로 다른 견해가 자기주장을 활발히 개진하는 과정

---

2   '和百家異諍之端 得一代至公之論'(「제분황사효성문」, 『대국국사문집』 권16).

3   金時習(1435-1493)은 분황사의 화쟁국사비를 보고 「無諍碑」라는 시를 남기고 있다(매월당시집 권12). 秋史 金正喜(1786-1856)가 분황사를 찾았을 때에는 이미 비신은 없어지고 대좌만 남아 추사는 그 대좌에 '此和諍國師之碑跡'이라 기록하였는데 이는 현재까지 전하고 있다. 정유재란(1597)의 병화로 소실된 것으로 추정되는 화쟁국사비의 탁본 단편이 『大東金石書』에 수록되어 있다.〈김상현, 『원효연구』(민족사, 2000), pp.292-293 참조.〉

에서 사물이나 사태의 보다 온전한 면모가 드러나며, 편견이나 단견, 무지나 선입견 등이 논쟁 과정에서 수정되거나 보완되어 서로를 성숙시켜 간다. 그러나 화쟁은 쟁론의 이와 같은 담론적 순기능을 대상으로 삼는 것이 아니다. 쟁론은 상호 발전과 진리 구현의 통로가 되기도 하지만, 상호 파멸과 타락의 매개가 되기도 한다. 모든 파멸적 공격과 폭력은 쟁론 충돌의 산물이기도 하다. 견해의 대립과 충돌은 상호 불신과 오해, 적대와 증오, 폭력으로 이어지곤 한다. 세상의 오염과 고통은 쟁론의 그늘이기도 하다. 20세기의 인류를 절망의 나락에 빠뜨린 것은 배타적 이념 쟁론의 추한 얼굴이었고, 현재도 개인의 일상과 시대를 신음케 하고 있는 것은 편견과 선입견에 물든 갖가지 상호 부정적 쟁론들이다. 상대를 밀어내고 섬멸하려는 이 배타적 '견해의 다툼들'은 그 오래된 암흑의 맹위를 여전히 과시하고 있다. 화쟁은 이 상호 부정적 쟁론의 해악성을 극복하려는 노력이다.

그런데 모든 쟁론은 논리를 구사한다. 인간의 언어 싸움에는 논리가 개입한다. 모든 쟁론은 자기견해의 승리를 위해 다양한 형태의 논리를 동원한다. 그래서 쟁론을 관심의 대상으로 삼을 때, 우리는 자연스럽게 논리의 문제에 초점을 두게 마련이다. 원효의 화쟁사상에 관한 그간의 연구들 역시 쟁론에 관한 이와 같은 관행적 인식을 반영하고 있다. '쟁론의 그늘을 밝히기 위한 원효의 화쟁사상은 어떤 논리 위에서 전개되고 있는가?' 하는 것이 화쟁사상 연구자들의 관심을 자연스럽게 지배해 온 것으로 보인다. '화쟁의 논리'를 규명하는 것이 화쟁사상 연구의 핵심 과제라고 인식되어 온 것이다. 그러나 기존의 연구 사례들 가운데, 정작 원효가 구사하는 화쟁 논법의 구성 원리를 철학적으로 접근한 경우는 많지 않다. 우선 원효의 화쟁사상을 전면적으로 거론하는 사례들을 확인한 후 이 문제를 음미해 보자.

근대적 학문방법론에 의한 화쟁사상 연구사에서 원효의 화쟁 논리를 밝히려는 노력의 단초는 박종홍에 의해 마련된다. 박종홍은 원효의 철학사상을 탐구하면서 화쟁의 논리를 '개합開合과 종요宗要, 입파立破와 여탈與奪, 동이同異와 유무有無, 이변비중離邊非中, 일미一味와 절언絶言'으로 파악하면서 이 화쟁의 논리가 원효의 철학을 일관하고 있는 방법이라고 말한다.[4] 원효 화쟁사상의 논리형식을 밝히려고 한 최초의 시도라 할 수 있는 박종홍의 노력은 비록 그 선구적 의의에도 불구하고 원전 해석이나 논의 내용상 많은 문제점을 안고 있는 것이었다. 그 문제점을 세세히 밝히려고 한 것이 박성배의 「원효사상 전개의 문제점」[5]이다. 박성배는 박종홍의 논의를 비판적으로 검토한 후 화쟁사상을 화쟁의 논리형식을 통해 파악하려는 시도에 내재된 문제점을 이렇게 지적하고 있다. "우리는 진리 탐구의 방법이라는 말을 들을 때 그 방법에 의해서 그 진리에 도달한다고 생각하는 것이 보통이다. 그러나 원효의 화쟁사상에 관한 한 개합開合이라는 방법에 의하여 화쟁이 이루어진다는 보장은 되어 있지 않다고 생각한다. 왜냐 하면 원효의 화쟁은 앞에서도 우리가 누누히 지적한 바와 같이 화쟁자和諍者의 세계에 무애자재가 구현된다는 점을 항상 전제하고 있

---

4 박종홍, 『한국사상사』(서문당, 1977), pp.85-106.(이 책은 원래 1966년에 일신사에서 간행한 『한국사상사─고대편』을 다시 1972년에 서문당에서 서문문고로 발간한 것이다.)

5 박성배, 『동서철학의 제문제』(金奎榮博士 華甲紀念論文集, 1979).

기 때문이다."[6] 아울러 그는 자신의 이러한 입장이 '따라서 먼저 도통해야 한다'고 하는 근본주의자의 태도는 아니라고 하면서, 그러나 무분별지無分別知의 소산인 비논리非論理의 논리를 올바로 이해하기 위해 원효사상 연구자들은 '전통적 학문의 길인 학어자學語者의 길'과 원효가 체험한 경지를 문제 삼는 '수도자의 길'의 사이에 서려고 노력해야 할 것이라 제안하고 있다.[7]

사실 쟁론을 화해 내지 해소시키려는 원효의 화쟁사상을 논리형식의 파악을 통해 이해하려는 시도는 근원적 문제점을 잉태하고 있다. 원효는 배타적 쟁론의 논리들과 차별되는 또 다른 탁월한 논리형식으로써 쟁론들을 극복하고 있을 것이라는 기대는 적절치 않다. 분명 원효의 화쟁사상은 독특한 논리형식을 구사하고 있지만, 그 논리형식을 추출하여 쟁론의 문제 상황에 적용한다고 해서 화쟁이 이루어진다고 보아서는 안 된다. 정작 주시해야 할 것은 화쟁의 논리형식이 산출되는 토대이고 원천이다. 화쟁의 논리를 구사하는 자의 내면세계에 대한 탐구가 간과되어서는 안 되는 이유가 여기에 있다. 그런 점에서 박성배의 문제 제기는 적절하다.

잔간殘簡만이 전하는 『십문화쟁론』의 복원을 시도하며 원효의 화쟁사상을 정리하고 있는 이종익은,[8] '일체언교一切言教가 다 일승교一乘教이며 무량승無量乘이 곧 일승一乘이라고 하는 일승관에 입각하여, 대승

---

6   같은 책, p.94.
7   같은 책, pp.94~96.
8   이종익, 「원효의 십문화쟁론 연구」(『원효의 근본사상』, 동방사상연구원, 1977), 『원효』(예문서원, 2002)에 재수록.

과 소승의 삼장은 모두 그 일승에 이르게 하는 방편이며 각 방편에는 나름대로의 이유가 있으므로 그 이유를 제대로 이해하면 시비쟁론이 있을 수 없다는 것이 화쟁론의 기점基點'이고, '유有와 무無, 진眞, 속俗, 성性, 상相, 중中, 변邊 등을 다 초월하는 동시에 융통무애融通無碍하다고 하는 법체관法體觀이 화쟁사상의 원리'이니, '제가諸家의 이설異說에는 각기 이유가 있으니 일설一說에만 편집偏執하면 다 그릇되고 서로 통해 알고 보면 다 옳다는 것이 화쟁론의 근본원칙'[9]이라 하는 동시에, 십문十門을 화쟁의 열 가지 주제로 보아 현존 원효 저술에 산재해 있는 화쟁 논의에 입각하여 그 명목名目의 복원을 시도하고 있다.[10] 원효 저술의 현존 자료를 종합하여 십문의 복원까지 시도한 점은 돋보이는 작업이지만, 화쟁 논법의 구성 원리에 관한 언급은 원전 언어를 그대로 정리하는 수준에 머물고 있다.

최유진은 화쟁 논법의 구성 원리를 구체적으로 분류하여 음미하고 있다. 그가 화쟁과 일심의 관계 및 화쟁과 언어의 문제를 탐구하면서 분류한 원효의 화쟁 방법은, '극단을 떠남, 여러 이론에 대한 긍정과 부정의 자재, 동의도 않고 이의도 제기 않으며 설함, 경전 내용에 대한 폭넓은 이해'이다.[11] 화쟁사상의 범주와 대상을 적절히 제한시킨 후 화쟁 논법의 구성 원리를 구체적으로 읽어 내고자 시도하는 점이 돋보인다. 그러나 '극단을 떠나고, 긍정·부정을 자유롭게 하며, 동의도 않고 이의도 제기하지 않는 것'이 어떻게 견해들의 구체적 다

---

9 같은 책, pp.15-21.
10 같은 책, pp.21-24.
11 최유진, 「원효의 화쟁사상 연구」(서울대대학원 박사학위논문, 1988).

툼을 해소할 수 있는지에 대해서는 더 이상 알려 주는 것이 없다. 그 저 원효가 구사하는 화쟁 논법의 논리형식을 확인해 주는 정도이다. 그런데 화쟁 논법의 탐구에서 정작 중요한 문제는, 화쟁의 논리형식 과 구체적 쟁론들의 화쟁이 상응하지 않는다는 점이다. 이 문제를 다 루지 않고 화쟁 방법의 논리형식을 확인하는 것에 그치는 한, 화쟁 논법의 원리 파악은 사실상 공허한 수준에서 맴돌게 된다.

박성배는 화쟁 논법의 핵심을 '개비개시皆非皆是의 논리'로 파악한 다. 일면적 진리만 알면서도 전면적 진리를 주장하는 경우는 '모두 다 틀렸다'는 '개비皆非'의 논리로 시정하고, 모든 주장은 불완전하면 서도 나름대로의 일면적 참을 지니고 있으므로 '모두 다 맞았다'는 '개시皆是'의 논리로 그 일면적 참을 인정하여 다툼을 그치게 하는 것 이 화쟁논리라는 것이다. 그에 의하면 화쟁이론의 근본원리는 '걸림 없음'(無碍)인데, '먼저 양부정兩否定을 하고 그 다음에 양긍정兩肯定을 하 고 마지막으로 걸림 없음을 확인하는 것'이 화쟁의 과정이고, '치우치 지도 않고 편들지도 않고 말려들지도 않는 눈뜬 자'라야 이러한 화쟁 작업을 할 수 있다.[12] 화쟁 논법의 논리적 구성을 '양긍정 → 양부정 → 무애'의 구조로 파악하는 관점이다.

이러한 관점은, 최유진의 경우와 마찬가지로, 화쟁 논법의 구성 원 리를 논리형식의 확인을 통해 파악하려는 것이다. 비록 원효의 화쟁 사상을 개합開合의 논리형식으로 분석하는 박종홍의 시도를 비판하

---

12 박성배, 「원효의 화쟁논리로 생각해 본 남북통일 문제 – 원효사상의 현실적 전개를 위 하여」(김지견박사화갑기념사우록, 『동과 서의 사유세계』, 1991).

는 입장을 취하고는 있지만, 박성배의 논의 역시 결국은 화쟁의 논리형식을 포착해 내는 것에 그치고 있다. 그러나 박성배도 지적하고 있듯이, 원효의 화쟁 원리를 논리형식의 파악만으로 이해하려는 시도는 실패할 수밖에 없다. 원효가 배타적 쟁론의 논리들과 차별되는 또다른 탁월한 논리형식으로써 쟁론들을 극복하고 있을 것이라는 기대는 적절치 않다. 원효의 화쟁사상이 독특한 논리형식을 구사하고는 있지만, 그 논리형식을 추출하여 쟁론의 문제 상황에 적용한다고 해서 화쟁이 이루어지는 것은 아니다.

그런데 전면적 진리 주장에 대해서는 '모두 다 틀렸다'는 '개비皆非'의 논리로, 모든 주장은 나름대로의 일면적 참을 지니고 있으므로 '모두 다 맞았다'는 '개시皆是'의 논리로 대응하여 다툼을 그치게 하는 것이 화쟁논리라는 지적은, 화쟁논법의 구성 원리와 관련하여 중요한 지적이다. 화쟁논법에 대한 기존의 논의들 가운데서는 돋보이는 철학적 시선으로 보인다. 그런데 우리가 더욱 주목해야 하는 것은 이 개비개시皆非皆是의 논리가 어떤 불교철학적 근거 위에서 성립할 수 있는가의 문제이다. 박성배의 논의는 이 문제를 건드리는 지점까지는 나아가지 않는다.

김영태의 경우, 비록 화쟁을 원효 사상 전반과 결부시키고 있지만, 『열반종요』에 나타나는 화쟁 논법의 유형을 종합하여 '화회和會' 사상으로 파악하면서 그 내용을 정리하고 있다. 원전 내용을 그대로 종합하여 분류, 재구성하는 데 역점을 두고 있어서 화쟁 논법에 대한 해석학적 관점은 찾기 어렵다. 그에 의하면, 상이한 견해들을 부정과 긍정을 통해 화해시키고, 불설佛說과 경교經敎의 문증文證을 들어

서 회석소통會釋疏通하는 것이 『열반종요』에서 확인되는 화쟁의 방법이다.[13]

화쟁사상을 비롯하여 원효사상 전반을 데리다 등이 대표하는 텍스트 이론에 의거하여 파악하려는 김형효의 시도는 비교철학적 접근이 돋보인다. 김형효는 원효사상뿐만 아니라 노장사상까지도 일관되게 텍스트 이론에 의해 독해하고 있어 주목된다.[14] 그런데 노자老子의 사상은 상반상성相反相成의 통찰을 그 세계관적 토대로 삼고 있는 것이 분명해 보이므로 데리다류類의 텍스트 이론으로 독해해 보는 작업이 그다지 무리가 없어 보이지만, 원효사상을 텍스트 이론으로 독해해 버리는 것이 과연 김형효의 확신처럼 충분히 적절한 것인지는 의문이다.[15]

원효사상이나 불교사상을 텍스트 이론으로 독해할 경우, 그 무실체의 연기적 사유가 안고 있는 상호 의존적 관계성의 통찰은 문자학적 얽힘의 사유에 의해 그 한 면모가 적절히 포착된다. 그러나 무아/무실체의 연기적 통찰은 단지 문자학적 얽힘의 사유 수준으로 포착되지 않는 수준 또한 지니고 있다. 텍스트 이론의 존재 이해 차원을 넘어서는 관점이 있어 보인다. 상반되는 것들을 상호 의존이나 차이의 얽힘으로 보는 것은 배타적 자기중심성을 털어 버리는 삶의 성숙을 가능하게 하지만, 그 성숙은 본질적으로 상반된 이항異項들을 설

---

13 김영태, 「『열반종요』에 나타난 和會의 세계」(『원효』, 예문서원, 2002).

14 김형효, 「원효사상의 텍스트 이론적 독법」(『원효에서 다산까지』, 청계, 2000), 『노장사상의 해체적 독법』(청계, 1999).

15 김형효의 논의에 대한 더 자세한 소개는 『원효사상 연구』에 있다.

정하는 사고 범주를 벗어날 수 없다. 그런데 불교의 해탈, 원효의 일심의 경지는 그 사고범주를 넘어서는 초탈의 관점을 설하고 있다. 그초탈은 유有/무無 분별적 사유범주 자체를 넘어서는 것으로 보인다.

연기적 통찰을 문자학적 상호 의존 내지 상호 대기의 관계로 독해할 때는 차이에 의한 상호 긍정의 수준을 넘기 어렵다는 문제를 김형효 역시 인지하고 있는 듯하다. "적멸은 생멸의 세계와 상감하고 있지만 동시에 이 세계를 초탈해 있다. 이것을 어떻게 읽어야 하는가?"라고 물으며 그 대답을 역시 문자학적 맥락에서 구하고 있다.[16] 이 물음은 매우 중요하고 적절하다. 불교철학이나 원효철학을 탐구하는 학인이라면 반드시 이 질문을 수용하고 나름대로 응답해야 한다. 필자의 작업도 언제나 이 질문에 대한 대답을 염두에 두고 있다. 이 문제에 응답하려면 다양한 관련 논의를 진행해야 하므로 여기서는 더 이상의 논의를 하지 않는다. 다른 기회에 상세히 생각을 피력할 것이다. 이 질문에 어떻게 대답하는가에 따라 불교철학이나 원효사상에 대한 이해와 관점이 결정된다.

김형효는 열반의 경지, 유식의 언어로는 원성실성의 경지를 데리다가 말하는 지상권至上權의 상태로 설명한다.[17] 또한 데리다의 지상권을 원효의 보리성菩提性에 관한 언표에 대입시켜 설명한다.[18] 데리다가 말한 지상권의 상태가 과연 그러한 초탈의 경지인지는 알 수 없으나, 김형효는 유/무 분별범주와 열반 지평의 차이를 인식하여 그

16 같은 책, p.101.
17 같은 책, p.103.
18 같은 책, pp.104-105.

것을 설명하려고 하는 것이다. 그런데 그가 선택한 설명방식은 불교철학의 공空 해석학을 그대로 차입하는 것이 되고 말았다. 공空의 지평과 데리다의 지상권 지위를 결합시키는 방식을 선택하고 있는 것이다. 사실 이러 식의 선택은, "적멸이 생멸의 세계와 상감하고 있지만 동시에 이 세계를 초탈해 있는 것을 어떻게 읽어야 하는가?" 라는 근원적 질문에 대해, 안이하고도 소극적으로 대답하는 방식이다. 더구나 그런 식의 설명은, 공空 해석학에 대한 혐의처럼, '사변적이고 형이상학적 지향에 그친다'라는 혐의에서 자유롭기가 어렵다. 원효 사상에 대한 텍스트 이론적 독법은 이런 문제들에 충분히 대답해야 하는 과제를 안고 있다. 우리는 이제 전통개념과 방식을 그대로 차입하는 안이한 방식에서 벗어나 이 문제에 새롭고 적극적인 방식으로 응답하려고 노력해야 한다. 필자도 나름대로의 응답을 준비하고 있다. 다른 기회에 관련 견해를 소상히 밝혀 보려고 한다.

지각경험의 원초적 조건은 개념적 차이와 대비들이다. 인간의 모든 경험은 유有/무無를 비롯한 모든 개념적 차이와 대비를 조건으로 발생한다는 것은 분명하다. 그러나 붓다의 무아/열반 지평, 원효의 일심 지평은, 경험의 원초조건인 개념적 차이들과 관계 맺으면서도, 개념적 차이를 처리하는 일상 인식적 범주에서 자유로운 자리라고 생각한다. 개념들의 차이를 대조하는 통상적 방식에 갇히지 않지만, 그렇다고 모든 개념적 차이들을 버리는 것도 아니다. 개념 차이들이 삭제될 때는 경험도 없기 때문이다. 여기서 더 이상의 세부 논의를 진행하지는 않지만, 무아/열반이나 일심의 지평은 개념 차이들과 '접속해 있으면서도 벗어나 있는' 새로운 자리로 보인다. 더 정확하게는, '차이들과 관계 맺고 처리하는 전혀 새로운 지평'이다. 전통적 공空 교학이 이 지평을 충분히 그리고 적절하게 설명하고 있는 것은 아니라고 생각한다.

사토 시게키(佐藤繁樹)는 원효의 근본사상이 화쟁사상에 있으며, 원효사상의 두 가지 근본 요소인 귀일심원歸一心源과 요익중생饒益衆生은 『금강삼매경』이 가장 선명하게 밝히고 있으므로 『금강삼매경』의 '불수일이무이不守一而無二' 〈귀일심원〉과 '무이이불수일無二而不守一' 〈요익중생〉의 논리야말로 화쟁의 핵심 논리체계라고 한다.[19] 또한 이효걸은 이러한 관점을 다시 정리하여 화쟁사상에 대해, "범부가 부처를 향해 닦아 가는 수행으로서의 화쟁뿐만 아니라 부처의 시각에서 중생을 향해 내미는 자비의 실천으로서의 화쟁도 있다"는 관점을 주목해야 한다고 말한다. 즉 "원효의 화쟁사상은 갈등의 해소라는 의미 혹은 자성청정심을 닦아 가는 수행의 차원에서만 해석될 것이 아니라, 범부를 향한 부처의 자비행 혹은 일심의 자기 전개로서의 화쟁도 이해되어야 한다"고 하면서 개합開合/입파立破의 논리를 그러한 관점에 적용하고 있다. 화쟁의 논리는 개합과 입파로 귀결되는데, 이 화쟁논리의 동시구족적 형식이 무이이불수일無二而不守一이며 이에 실천성을 부가한 것이 귀일심원과 요익중생이라고 정리하고 있다.[20]

사토 시게키나 이효걸의 경우는 화쟁사상을 원효사상 전반을 읽는 코드로 삼고 있다. 화쟁의 논리형식을 귀일심원과 요익중생이라

19　佐藤繁樹, 『원효의 화쟁논리』(민족사, 1996), pp.13-22.
20　이효걸, 「원효의 화쟁사상에 대한 재검토」(『불교학연구』 4호, 불교학연구회, 2002), pp.5-32.

고 하는 원효사상의 두 축[21]에 적용시켜 원효 사상 전체를 화쟁의 논리에 의거하여 독해하려는 태도라 하겠다. 불교 사상에 의하면 배타적 쟁론의 근원은 무지로 소급되므로, 화쟁이란 그 존재 오염원인 근본무지를 떨쳐 버리고 진실로 귀환해 가는 귀일심원의 과정이기도 하다. 그리고 존재 오염으로 인한 부질없는 쟁론에 휘말려 고통받는 중생들을 향해 일심동체—心同體의 대비심으로 다가서서 이롭게 하는 노력이 화쟁이기도 하다. 그러므로 화쟁사상을 귀일심원과 요익중생이라는 두 축과 연결시켜 원효사상 전체를 이해하는 틀로 보려는 시도도 일리가 있다.

그러나 이러한 태도는 의미의 지나친 확대라는 느낌을 지울 수 없다. 화쟁은 아무래도 구체적 쟁론들을 염두에 둔 문제해결의 태도를 담고 있는 언어이며 원효 자신도 그러한 의미로서 사용했다고 보아야 한다. 화쟁사상이 원효사상 전체의 맥락에서 유효하다는 점은 명백하다. 그러나 그럼에도 불구하고 화쟁의 문제의식이나 대상 및 내용은 나름대로의 맥락을 형성하고 있음도 간과해서는 안 된다. 만일 화쟁사상을 원효사상 전체 체계와 결합시켜 파악하려 한다면 원효가 대면했을 화쟁의 구체적 현장성이 지나친 일반화로 인해 증발되어 버릴 가능성이 높아진다.

최연식은 원효 저술에 나타나는 화쟁의 유형을 11가지로 분류, 종합한 후 화쟁의 논의방식과 사상적 토대 및 사상사적 의미를 탐색하

---

21 사실 이것은 불교의 일관된 전통으로서 자리이타의 원효적 언표이다.

고 있다.[22] 그에 의하면 화쟁의 사상적 토대는 보법普法사상과 일심이다. "원효는 모든 현상세계의 차별적인 것들이 본질에 있어서는 차별되지 않고 동질적이라고 파악하는 보법사상을 화쟁의 사상적 토대로 삼는다. 그리고 보법을 가능하게 하는 모든 존재들의 본질적이고 궁극적인 동일성, 그리고 그러한 동일성으로서의 세계가 일심一心이다. 모든 존재의 본질적 동일성인 일심이 모든 존재들이 차별이 없고 동질적이라는 보법의 근거라는 점에서, 일심은 화쟁사상의 근거인 동시에, 일심은 화쟁의 목적이기도 하다"는 것이다. 또한 화쟁의 논의방식을 '경전에 대한 절대적 긍정과 다양한 가르침의 인정' 및 '학설에 대한 제한적 긍정과 상보성相補性의 강조'라는 두 가지 원리로 정리하는 동시에, 화쟁이론의 사상사적 의의로서 '종합이론으로서의 화쟁'을 주목한다. 즉 "화쟁사상은 7세기 후반 신라사회에서 대립하고 있던 이견들을 조절하기 위하여 제시된 것이 아니라 불교학에서 전개되는 혹은 전개될 수 있는 다양한 논의들을 종합하기 위한 이론으로서, 이론적 다툼의 조화가 아니라 다양한 이론을 종합화하기 위한 이론적 작업"으로 파악한다.

최연식의 경우, 화쟁의 유형과 화쟁 논법 그리고 화쟁의 사상적 토대와 화쟁이론의 사상사적 의의를 종합적으로 탐색하면서 자신의 해석학적 관점도 비교적 분명하게 개진하려는 점이 돋보인다. 그러나 보법普法이나 일심사상에 관한 그의 이해가 과연 얼마나 불교적 사유에 상응하는 것인지 의문이다. 원효의 화엄 보법과 일심사상에 관

22   최연식,「원효의 화쟁사상의 논의방식과 사상사적 의미」(『보조사상』 25집, 2006).

한 그의 독법은 일종의 이일분수理—分殊적 본체/현상론에 입각하고 있는 것으로 보이는데, 이러한 관점이 불교적 사유의 정체성 범주에 얼마나 부합하는 것인지에 대해 세밀한 철학적 음미가 필요하다. 이러한 독법은 기신론의 체體·상相·용用 혹은 체용體用 논리와 결합되면서 자칫 불교적 통찰의 정체성 범주에서 이탈하는 형이상학적 존재론 및 세계관에 빠져들 수 있다. 그가 "원효의 화쟁사상은 종교적 사고방식으로서는 유효하였지만 현실세계의 차별과 이견異見까지를 해소할 수 있는 이론이었다고는 보기 힘들다"라고 하여 화쟁사상의 유효성을 종교적 범주로 한정할 수밖에 없었던 이유도, 이러한 독법의 불가피한 결과이다. 화쟁사상과 화쟁 논법에 대한 이런 방식의 독해로는 화쟁사상의 보편성을 포착하는 것이 불가능하기 때문이다.

그런데 '원효의 화쟁은 이론적 다툼의 조화가 아니라 다양한 이론을 종합화하기 위한 이론적 작업'이라는 관점은 주목할 필요가 있다. 원효의 화쟁이 단지 이견異見의 해소를 목표로 하는 것이 아니라 다양한 이론들을 수렴하는 종합이론을 향하고 있다는 의견은 의미 있는 것이라 생각한다. 다만 이런 관점이 입증되려면 그 종합이론의 구체적 내용과 체계를 확인해야 하는데, 현존하는 원효 저서들 속에서 직접 목격되지는 않는다. 그러나 이견異見들의 화쟁작업이 모든 다양한 교학과 해석들을 묶을 수 있는 종합이론을 염두에 두었을 가능성을 부정할 필요는 없어 보인다.

김영일의 경우, 원효의 저술에 등장하는 화쟁 논법의 사례들을 종합하여 그 교학적 배경과 근거를 정리하고 화쟁의 유형과 구조, 회통의 방법과 논거들 및 논증 형태를 세밀히 분류하여 음미한다.[23] 원효의 화쟁 논법을 사례 중심으로 종합하며 그 형식을 체계적이고도 세밀하게 정리하고 있는 점이 돋보이는 작업이다. 아울러 원효 저술상의 화쟁 사례들을 부록으로 덧붙여 놓아 화쟁 연구의 유익한 자료적 토대를 마련하고 있다. 다만 그 형식 분류가 화쟁이론의 내용을 얼마나 정확하게 반영하고 있는지에 대해서는 재검토가 필요해 보인다.

화쟁 논법의 구성원리를 이해하기 위해서 무엇보다도 긴요한 것은, 화쟁의 논리형식을 펼쳐 내는 '원천'의 내용과 의미에 대한 철학적 포착이다. 화쟁 논리의 그 원천을 그저 '무애자재한 도력'에다 맡겨 뭉뚱그려 버리고, 원효의 화쟁사상에서 빈번하게 등장하는 '긍정·부정을 거침없이 구사하는 논리형식'이 화쟁 논법의 원리이자 내용이라고 파악한다면, 그러한 화쟁 논법은 사실상 공허하다. 쟁론의 일반 상황에서는 물론 불교이론에 관한 쟁론들도 화쟁해 내기 어렵다. 원효의 화쟁 논법에서 흔히 목격되는 '긍정·부정의 자유자재' '극단적 견해를 버림' 등의 논리형식은, 비록 그럴듯해 보일지는 몰라도, 실제 쟁론에 적용하기에는 모호하거나 막연하여 문제 해결에 무력하다.

쟁론의 문제 해결을 위해 실제로 요구되는 것은, '긍정과 부정 및 극단적 견해의 내용 여하를 변별하는 경계선을 적절하게 설정할 수 있는 능력'이다. 어떤 견해가 어디까지 타당하고 어디부터 부당한가

---

23 김영일, 「원효의 화쟁논법 연구―화쟁의 실례를 중심으로」(동국대대학원 박사학위논문, 2008).

를 적절하게 식별하는 능력, 다시 말해 긍정과 부정의 적절한 경계선을 포착하는 능력이 수반되지 않는 '긍정·부정의 자재'는, 공허할 뿐 아니라 위험하기까지 하다.

화쟁의 논리형식이 솟구치는 '원천'은, 이 '긍정·부정의 적절한 변별과 판단을 위한 경계선 포착력'을 근원적 수준에서 계발시키고 발전시켜 줄 수 있는 것이어야 한다. 원효의 화쟁 논법이 그러한 원천에서 발현되는 것이라면, 화쟁 논법은 불교적 쟁론뿐 아니라 세간의 쟁론 일반의 치유에도 유효한 보편적 화쟁력을 발휘한다고 할 수 있다. 만약 화쟁 논법의 원천에서 그러한 내용과 의미를 포착할 수 없다면, 화쟁사상의 한계는 명백하다. '저마다 일리가 있다'면서 상이하거나 반대되는 견해들을 포섭하는 논법, '모두 맞기도 하고 모두 틀리기도 하다'는 식으로 '긍정·부정을 거침없이 구사하는 논리형식'을 원효 화쟁사상의 생명력으로서 주목해 온 기존의 연구들은 이 문제를 간과하고 있거나 이에 대해 침묵하고 있다.

그렇다면 아직까지 우리는 원효의 화쟁사상을 제대로 탐구하지 못하고 있는 셈이다. 원효의 화쟁사상을 하나의 집이라 본다면, 현재까지의 화쟁사상 탐구는 아직 집 안으로 들어가는 것이 아니라 문밖에서 이리저리 둘러보는 형국이다. 핵심부에 대한 탐구는 아직 진행되지 않은 것이다. 이제부터의 과제로 보인다.

2) 화쟁이 원효사상에서 갖는 의미

원효 시대의 한반도와 중국은 형성시기와 과정이 다른 다양한 계보의 교학과 문헌들이 동시적으로 소개되고 유통되던 때였다. 그리고 원효의 저술목록과 현존 저서들에서 그가 인용하고 있는 경론經論들을 보면, 원효는 동시대에 유통되던 모든 유형의 대/소승 교학과 그 주요 문헌들을 섭렵하고 있다. 이것은 그가 다양한 경론들의 다양한 차이에서 초래하는 혼란을 어떤 방식으로든 해결해야 하는 과제를 안고 있었다는 것을 의미한다.

대승교학과 소승교학의 상이성, 대승교학들 사이의 다양한 차이는, 교학 내부의 배타적 분열지형을 형성하기 마련이다. 붓다 일인의 육성으로 간주했던 다양한 경전들, 그러나 실제로는 찬술자(들)와 형성시기 및 내용이 다른 문헌들, 그리고 그 경전들에 대한 서로 다른 선호와 평가 및 해석들이 만들어 낸 다양한 교학들은, 동시대 학인들에게는 해결해야만 하는 혼란이었다. 대표적 해결책이 이른바 '교상판석敎相判釋'(교설의 특징에 관한 판단과 해석)이라는 문헌분류와 평가의 기준 마련이었다. 〈경전들에서 목격되는 명백한 교학적 차이와 불일치를 어떻게 해석해야 모든 경전을 붓다 일인의 육성으로 볼 수 있을까?〉 하는 문제의 해결책이었다.[24]

원효도 자신만의 교상판석을 수립하고 있다. 그런데 원효는 교상판석에 그치지를 않는다. 추정컨대 **원효로서는, 교상판석으로써 다양한**

---

[24] 교상판석은 현재의 문헌학적 지식으로 보면 출발부터 잘못된 설정이지만, 교상판석을 단순히 문헌학적 시선으로 비판하는 것도 무리다. 비록 잘못된 문헌학적 전제에서 출발하였지만, 교상판석은 결과적으로 풍성한 해석학적 결실을 확보하였고, 그 결실의 내용과 의미는 결코 단순하게 처리할 수가 없다. 이 문제는 그 나름대로 깊이 음미해야 할 과제로 남아 있다. 기존의 교학적 이해와 논의방식만으로는 충분하지 않다는 의미이다.

경전적 차이를 통합적으로 이해하는 것으로는 동시대의 문헌적/교학적 혼란이 해소되기 어렵다고 생각한 것 같다. 교상판석 같은 거시 해석학적 방식만으로는 해결되지 않는 미시적 혼란을 동시에 주목했던 것으로 보인다. 화쟁은 바로 불교사상계의 미시적 분열과 혼란을 해결하려는 방식이었다. 경전 이론과 교학을 둘러싼 구체적이고도 세부적인 견해 차이, 그리고 그 차이들의 불화와 배타성이 초래하는 소모적 분열을 방치한 채, 교상판석만으로 불교사상계의 분열적 혼란을 수습하는 것은 미흡하다고 판단한 것 같다. 차이들을 분열과 다툼의 조건으로 삼는 것이 아니라, 더 견실한 이해와 더 수준 높은 관점으로 나아가는 계기로 다룰 수 있는 방법이 필요하다고 생각한 것으로 보인다. 그리고 화쟁이 그의 선택이었다. 이런 추정이 타당하다면, **원효의 화쟁사상은 그 시대 불교사상계의 분열적 혼란을 해결하기 위한 미시 해석학적 방법이다.**

3) 화쟁 논법을 구성하는 세 가지 원리

원효의 화쟁 논법을 구성하는 원리는 필자의 지속적인 관심사였다. 이에 대해 지금까지 진행한 필자의 탐구는 크게 두 단계로 구분된다. 첫 단계 탐구내용에서는 화쟁 논법의 구성 원리를 세 가지로 분류하였다. 핵심은 이러하다; 〈원효는 불교 이론의 이해를 둘러싼 동시대의 쟁론들을 대상으로 화쟁론을 구성하였다. 따라서 원효의 화쟁 대상으로서는 일차적으로 불교 이론을 둘러싼 쟁론들을 주목해야 하며, 아울러 그 쟁론들을 화쟁해 가는 과정에서 모든 쟁론적 갈등상황에 적용할 수 있는 보편 지혜가 작동하고 있지는 않은가를 주목해야 한다. 원효의 화쟁 논법에서는, 동시대의 교학적 쟁론을 해결하면서도 인간사의 모든 쟁론 상황에 적용될 수 있는 보편 원리들이 읽혀진다. 그 원리는 세 가지로 정리된다. 첫째는 '각 주장의 부분적 타당성(一理)을 변별하여 수용한다'는 것이고, 둘째는 '모든 쟁론의 인식적 토대에서 벗어날 수 있는 마음지평(一心)을 열어야 한다'는 것이며, 셋째는 '언어 환각에서 깨어나 언어를 사용해야 한다'는 것이다.'⟩[25]

두 번째 단계의 탐구내용에서는, 첫 단계 탐구내용을 재성찰하여 그 한계와 문제점을 확인한 후, 그 대안으로서 '견해의 계열'(門)을 구분하는 원효의 화쟁 논법을 주목하였다. 첫 단계 탐구에서 분류했던 화쟁 논법의 세 가지 구성 원리 가운데 특히 ⟨'각 주장의 부분적 타당성'(一理)을 변별하여 수용하기⟩는 그 어느 원리보다 쟁론의 일반 상황에서 널리 채택 가능하며 현실적 호소력을 지닐 수 있는 보편 원리일 수 있다. 그런데 '견해의 부분적 타당성(一理)은 어떻게 식별해 낼수 있는가?'라는 질문에 대한 탐구에는 미진한 점이 있었다.

'일리一理 수용하기'의 성패는 '일리 식별력'에 달려 있다. 따라서 화쟁을 위해서는 부분적 타당성에 대한 식별능력을 확보할 수 있는 방법이 제시되어야 한다. 이 문제에 관한 필자의 기존 관점의 요지는 이러했다; ⟨원효가 전개하고 있는 화쟁의 논의들에서는 '저마다 일리一理가 있다'는 식의 화쟁 방식이 자주 등장한다. 그런데 견해에 내재한 일리들을 변별해 내려면 각 견해의 의미 맥락을 잘 식별할 수 있

25 「원효 화쟁사상의 보편원리」(『철학논총』 제38집, 새한철학회, 2004).

어야 한다. 원효의 화쟁 논법에는 이러한 의미 맥락의 식별 노력이 돋보이고 있다. 그렇다면 각 견해의 서로 다른 의미 맥락을 제대로 음미해 내려면 어떤 조건들이 필요한가? 무엇보다도 '부분적 일리에 집착하지 않을 수 있는 마음의 능력'이 필수적 요건일 것이다. 각 견해들의 부분적 타당성을 인지하고 포섭하기 위해서는 하나의 부분적 진리에 국집하지 않을 수 있어야 한다. 그것을 원효는 '일변一邊을 고집하기 않기'로 강조하고 있다. 쟁론의 주체들이 자기 견해에 집착하지 않으면 않을수록, 자기주장의 부분적 타당성과 의미 맥락을 온전히 직시할 수 있는 동시에 타 견해의 일리들과 의미 맥락을 사실대로 인지하고 수용할 수 있는 가능성은 높아진다.〉[26]

그런데 '일리 식별력'의 관건을 '집착하지 않기'로만 설명하는 것은 불충분하다. '집착하지 않을 수 있는 능력을 향상시키는 방법'에 대한 제시가 있어야 한다. 요청만으로는 해결되지 않는 것이 '집착하지 않기'이다. 따라서 원효의 화쟁 논법이 보편적 호소력을 가지려면 그 안에 '집착하지 않을 수 있는 방법'을 제시해야 한다. 필자는 이런 문제의식을 반영하여 두 번째 탐구내용에서는, 자기 견해에 폐쇄적으로 갇히지 않고 타인의 견해를 제대로 이해할 수 있는 방법, 그리하여 각 견해의 '부분적 타당성'(一理)을 식별하여 포섭할 수 있는 방법론으로서, 원효가 펼치고 있는 〈견해 계열(門)의 구분을 통해 화쟁하는 논법〉을 주목하였다. 그 요점은 이러하다;

〈원효는 '견해/주장의 조건적 타당성을 성립시키는 인과계열', 혹

<hr>

26 같은 논문.

은 '견해 계열의 의미 맥락'을 '문門'이라는 말에 담고 있다. 그리고 원효의 화쟁 논법에서는, 이러한 문門을 구분한 후 그에 의거하여 일리一理를 포착하고 통섭적으로 수용하는 방식이 자주 등장한다. '저마다 일리가 있다'면서 상이하거나 반대되는 견해들을 포섭적으로 화쟁하는 원효의 화쟁 논법은, 문門의 구분을 전제로 한다. 그리고 이 '문門 구분'의 원천은 다름 아닌 붓다가 펼친 '연기적 사유방식'이다. 모든 것을 '조건인과적으로 수립된 것'으로 파악하는 연기적 사유의 원효적 재현이 바로 '문門 구분의 사유방식'이다.

합리적 통찰, 진실에 상응하는 견해 주장은 언제나 '조건적'이어야 한다. 자기 견해의 수립 조건들을 인과적으로 포착하여 밝히는 '조건인과적 진술'이어야 한다. 일체를 "조건 의존적으로 파악하라"는 붓다의 연기법은 이런 점에서 근원적 '쟁론 치유력'을 지닌다. 무조건적/전면적/절대적 견해주장의 독단과 독선과 무지, 그에 수반하는 폭력적 배타성은, 무조건적 진술을 조건적 진술로 바꿀 수 있는 능력에 의해 치유될 수 있기 때문이다. 그런 의미에서 연기적 사유는 화쟁적 사유이다. 원효는 이 연기적 사유의 쟁론 치유력을 '문門 구분을 통한 화쟁'으로 계승하고 있는 것이다. '부분적 타당성(一理)의 변별과 수용'이라는 화쟁 원리는 연기적 사유의 원효적 계승이라 할 수 있다. 그리고 바로 이 점으로 인해 원효의 화쟁사상은, 불교 이론 이외의 일반 쟁론에 대해서도 현실적이고 보편적인 타당성과 실효성을 지닐 수 있게 된다.

게다가 원효의 화쟁사상은, '연기적 사유에 의해 각 주장의 부분적 타당성(一理)을 변별하여 수용하기'가 더욱 완전해지기 위한 조건까지 제시하고 있다. "모든 쟁론의 인식적 토대에서 자유로울 수 있는 마음지평(一心) 열기", "언어 환각에서 풀려나 언어를 사용하기"가 그것이다. 이 두 조건은 불교이론이나 불교인만을 대상으로 하는 것이 아니라, 인간의 삶 일반에 두루 유효한 보편적 지평을 여는 조건이다. 이런 점에서 원효의 화쟁사상은 세간의 쟁론 상황 일반에 보편적으로 유효한 통찰을, 세간적 합리성과 일상적 호소력에 부응할 뿐 아니라 고도의 철학적, 종교적 호소력까지 구족하여 제시하는 것이라 평가할 수 있다.〉[27]

이와 같은 두 단계에 걸친 탐구 내용을 종합한 것이 현재까지 필자가 수립한 '원효의 화쟁 논법과 사상을 읽는 독법'이다. 이에 따르면, 원효의 화쟁 논법은 세 가지 원리로 구성되고 있다. 한 축은 '문門 구분'이고, 다른 한 축은 '무無실체/무無본질/관계의 세계를 드러내는 일심一心의 지평'이며, 나머지 한 축은 '언어에 대한 통찰'이다. 이 세 가지 원리들은 서로 연결되어 통섭적通攝的으로 관계 맺는다. 어느 하나도 다른 두 원리들에 기대어야 비로소 제 역할을 완전하게 수행할 수 있다. 세 축이 어울려 서로 힘을 보태면서, 상이한 견해들의 배타적 충돌을 '서로 통하고 서로 수용하는' 통섭적通攝 관계로 만들어 가는 것. ─ 이것이 원효의 화쟁 논법이다.

그런데 필자가 특히 주목하는 것은 '문門 구분을 통한 화쟁'이다. 세간적 현실을 감안할 때는, 이 '문門 구분을 통한 화쟁'을 중심축으로 삼는 것이 적절해 보이기 때문이다. '문門 구분을 통한 화쟁'을 중심에 두고, 다른 두 축인 '모든 쟁론의 인식적 토대에서 자유로울 수 있는 마음지평(一心) 열기'와 '언어 환각

---

27 「원효의 화쟁논법과 쟁론 치유」(『불교학연구』 35호, 불교학연구회, 2013).

에서 풀려나 언어를 사용하기'를 양옆에 세운 후, 이 세 축이 서로 맞물려 힘을 보태면서 끝없이 상승해 가는 구도. — 이것이 원효의 화쟁에 대한 필자의 독법이다.

　이 글에서는 특히 원효가 펼치는 '문門 구분을 통한 화쟁'을 창窓으로 삼아 원효의 화쟁철학을 음미해 본다. 화쟁 독법의 중심축으로 설정한 '문門 구분을 통한 화쟁'의 속내를 자세히 살펴본 후, '문門 구분의 화쟁'이 어떤 의미를 지니는 것인지를 음미하고, 아울러 원효의 화쟁철학이 '지금 여기'에서도 유효할 수 있으려면 어떤 조건들이 갖추어져야 하는지에 대해 일단의 소견을 개진해 보려는 것이다.

원효의 '문門 구분'과
붓다의 연기법緣起法

1) 불교학 방법론의 문제
― 주석註釋/교학敎學적 독법과 철학적 독법

'불교를 축으로 삼아 형성된 것들에 대한 학적學的 탐구'는 모두 불교학이라 부를 수 있다. 그러나 불교학의 내용을 학문 범주별로 구별할 때는 '불교학' '불교사학' '불교문학' '불교철학/불교윤리학' '불교문화/예술' '응용불교' 등으로 나뉜다. 이처럼 불교학이라는 개념은 총괄적 의미로 채택되기도 하고, '불교에 관한 학적 탐구' 안의 고유범주를 지칭하기도 한다. 맥락의 엄밀한 구분 없이 사용된다는 점에서, '불교학'은 융통성 있는 개념이기도 하고 애매한 용어이기도 하다.

'불교에 관한 학적 탐구' 내의 고유범주로서의 불교학도 그 의미와 내용은 명료하지 않다. 이런 경우의 불교학은 '교학에 관한 탐구'가 그 핵심의미를 차지하는 것으로 보인다. 그리고 이 교학 탐구의 방법론을 주도하는 것은, 문헌학과 주석학의 결합 형태이다. 언어학과 서지학에 의거한 문헌학적 탐구와, 불교용어와 이론에 대한 선행先行 주석의 의미 파악과 체계적 재구성이 결합되어, '교학의 전통체계'를 호교적護敎的으로 재구성해 가는 방식이 불교학 방법론의 주류를 형성하고 있다. 종학宗學불교의 근대적 계승이라 할 수 있을 것이다.

문헌학과 주석학을 기반으로 하는 교학적 불교학은 불교 이해와 탐구의 기초를 확립한다는 점에서 유익하고 또 필수적이다. 그러나 교학적 불교학은 이제 그 출구를 전망하고 준비해야 할 것으로 보인다. 방법론의 폐기가 아니라 중심자리의 다원화가 필요하다는 말이다. 문헌과 주석의 이론과 개념을 체계적으로 분류/분석한 후 그 문헌학적/주석학적/교학사상적 의의를 확인하는 작업은, 학문적 요청의 상당부분을 충족시킨 것으로 보인다. 지속되어야만 하는 번역/재번역의 축적작업을 제외하고는 학문적 기여도를 확보할 작업영역이 갈수록 줄어들고 있다는 의미이다. 게다가 기존 불교학의 방법론적 관행을 그대로 답습하는 작업에 대한 비판적 시선도 점차 고조되고 있다. 생각하건대, 관행적 방법론에 의한 연구물들이 현대의 다양한 언어지형들과 접속하여 상호작용하는 데 취약할 뿐 아니라, 일정한 해석학적 자기제한에 갇혀 있다는 것이 비판의 주된 배경으로 보인다.

문헌학/주석학/교학이 결합하여 구성한 기존의 불교학 방법론과 연구내용은, 주석과 교학이론을 수립한 선행 해석학적 시선에 대한 이해와 정리에 그치는 경향이 농후하다. 남방/북방의 해석학적 안목들을 정확하게 이해하고 계승하는 것은 교학의 주된 과제가 분명하다. 그런데 교학에 관한 탐구들이 암암리에 공유하는 전제가 있다. 붓다가 보여 준 길이 선행 교학에 의해 온전하게 드러났다고 하는 믿음이다. 그리하여 남방과 북방의 해석학적 안목들을 정확하게 이해하여 선택하거나 종합하기만 하면 충분할 것이라 여기는 것이, 교학 일반의 암묵적 전제인 것 같다. 그러나 이러한 전제는 과연 얼마나 타당할까? 붓다의 지혜와 그것을 계승하려는 통찰의 계보를 불학佛學이라고 불러 본다면, 불학은 기본적으로 세 가지 질문에 대해 응답하는 과정에서 수립되었다고 본다. 첫째는 '붓다의 언어를 어떻게 이해해야 하는가?'이다. 이 질문에 대한 응답이 현재 우리가 접하는 남방과 북방의 다양한 교학이다. 둘째는 '교학은 얼마나 정확하게 이해되고 있는가?'이다. 주석학적 전통과 그것을 계승하는 형태의 현대 불교학은 대부분 이 질문에 대한 응답이다. 셋째는 '기존 교학은 얼마나 타당하며 또 충분한가?'이다. 부파불교 내부의 이론 공방, 아비담마 교학에 대한 대승의 비판, 중관과 유식의 상호비판, 연기緣起에 대한 이해의 다양한 전개 등이 이 질문에 대한 응답들이다.

불학 형성의 이러한 과정을 볼 때, 현재의 불교학은 전반적으로 두 번째 질문에 경도되어 있는 것으로 보인다. 붓다의 언어에 대한 '해석학적 이해의 선행 전통들'인 교학을 파악하고 정리하는 작업에 편향되어 있다. 문헌학적 기초를 단단히 다지면서 진행된 이러한 작업의 가치는 결코 과소평가할 수 없다. 그러나 근/현대 불교학에서 축적된 성과들은 이제 그동안 소홀히 했던 두 가지 질문 앞에 다시 호출된다. '기존 교학은 얼마나 타당하며 또 충분한가?'와 '붓다의 언어를 어떻게 이해할 것인가?'에 대해, 다시 응답해 보라고 요청한다. '교학은 얼마나 정확하게 이해되고 있는가?'에 대한 응답도 지속적으로 탐구해야 하지만, 불교학이 계속 이 질문에 편향되어 있는 것은 바람직하지 않다. 불학의 생명력이 유지되려면 세 가지 질문에 대한 대답이 균형 있게 탐구되어야 한다. 갈수록 불교학 방법론이나 연구 내용에 대한 비판적 갈증이 고조되는 근원적 이유가 여기에 있는 것으로 보인다. 불학 형성의 세 질문 가운데 하나에만 치우친 편향성의 후유증이다.

이제 불학에 참여한 학인들은, 불학을 형성해 온 세 가지 질문 모두를 품어 보는 균형성을 회복해야 할 필요가 있다. 세 질문이 골고루, 그리고 개방적으로 탐구되어야, 붓다의 길은 지속적으로 그 면모의 온전함을 더욱 뚜렷하게 드러낼 것이다. 바로 이 지점에서 '철학적 읽기'의 좌표가 부각된다. 철학적 읽기야말로 세 가지 질문 모두에 동시적으로 응답하려는 태도일 수 있기 때문이다. '어떤 것이 교학에 대한 정확한 이해인가?'를 무전제의 열린 성찰로 탐구하는 동시에, '기존 교학은 얼마나 타당하며 또 충분한가?'를 기존의 해석학적 권위에 구애받지 않고 탐구하며, 그리하여 '붓다의 언어를 어떻게 이해할 것인가?'를 궁극 관심사로 삼아 지속적으로 재응답해 보려는 성찰적 태도. — 이것이 불교의 철학적 읽기이다.

철학적 읽기가 가능하려면, 무엇보다도 이미 확립된 교학과 그것을 지탱하고 있는 해석학적 시선들에 집착하거나 지배받지 않을 수 있는 '자유의 자리'를 확보할 수 있어야 한다. 이미 신행信行의 제도와 현실을 규정하고 있는 교학적/해석학적 관행에 압도당하지 않을 수 있으려면, 탐구하고 수용하지만 머물지 않는 '열린 유동성', 만나면서도 헤어지는 '접속하되 거리두기'가 가능해야 한다. '기존 교학은 얼마나 타당하며 또 충분한가?'에 응답하며, 마침내 '붓다의 언어를 어떻게 이해할 것인가?'에 대답해 보기 위해서는, 끊임없이 해석학적 토대 자체를 재음미 / 재구축하려는 '철학적 정신'이 요청된다. 교학 구성의 원점으로 작용하는 사유 자체를 철학적으로 성찰하는 것은, 붓다의 권고에도 상응한다는 점에서 가히 '불교적'이다. 서구의 사변적 언어실험실 도구들을 불교 언어에 이식하는 것이 '불교에 대한 철학적 탐구'를 대신해서는 안 된다. 붓다의 진리탐구 정신과 방법론을 계승한 '불교언어의 철학적 성찰'은, 현행 불교학에서 상대적으로 취약한 '철학적 불교학'의 결핍을 채울 수 있는 긴요한 과제로 보인다.

2) '붓다의 연기법'과 '불교의 연기설'들
— 전통 연기해석학에 대한 비판적 성찰

"연기를 보는 자는 진리를 보고 진리를 보는 자는 연기를 본다"[28]는 말은 아마도 연기법의 위상을 가장 적절히 담아내고 있는 것으로 보인다. 그러나 붓다의 교설에서 차지하는 연기법의 위상이나 연기법의 의미에 대한 이해는 다양한 해석학적 선택지가 되어 왔다. 붓다의

---

28 『코끼리 발자취에 비유한 작은 경(Cūḷahatthipadopamasutta)』(M1:175)(전재성 번역, 『맛지마니까야』, 한국빠알리성전협회, 2009).

깨달음(自內證) 내지 깨달음의 핵심을 연기법으로 간주하는 관점은, 이미 학계에서 지적되어 온 것처럼 연기법의 의미를 공성空性으로 이해한 대승의 공空 교학을 배경으로 한다.[29] '12연기의 논리적/무시간적 해석'은 대승 공空 교학의 영향에 의한 것으로서 12연기 본래의 취지와는 부합하지 않는다고 하는 비판적 시선은 분명 경청할 대목이 있다. 연기법의 이해를 12지연기설 유형에 국한시키는 학계 일반의 태도에는 동의하기 어렵지만, 연기법을 '상호의존의 관계 → 무자성 → 공'으로 읽어 버린 나가르주나 공 교학의 문제점을 지적하는 것은 충분히 타당하다. 그러나 이러한 비판은 대승의 공 교학이 12연기 본래의 취지와 다르다는 점에 초점을 두고 있는데, 논자는 비판의 근거

---

29 대승교학 연구자들은 소의경전의 문헌학적 취약성을 보완하기 위해 대승교학의 해석학적 우월성을 확보하려는 태도가 강하다. 근대 이후의 일본불교학계가 보여 준 전반적 노력은 이러한 태도의 연장선에 있는 것으로 보인다. 특히 공 사상을 붓다 연기사상의 핵심으로 정초(定礎)하려는 관점은 소의경전의 문헌학적 정통성을 지닌 아비달마 전통에 대해 해석학적 정통성으로 대응하려는 대승 전통의 전략이다. 그러나 연기설의 이해를 중심으로 한 대승 교학자들의 대응이 니까야/아함 연기설의 본래 취지와 상응하지 않는다는 비판적 시선도 지속적으로 제기되어 왔다. 이 비판의 핵심은 니까야/아함의 연기설은 대승의 공(空) 교학이 해석하는 것처럼 '상의적 관계 → 무자성 → 공성(空性)'의 천명으로 보기 어렵다는 것이다. 니까야/아함이 전하는 붓다의 연기설은 괴로운 삶을 발생시켜 윤회하게 하는 조건들의 인과적 연쇄를 밝히는 것이며, 그런 점에서 12연기를 삼세양중인과로 해석하는 유부(有部)의 분위연기설(分位緣起說)과 같은 발생학적/태생학적 관점이 연기설의 맥락을 적절히 계승한 것일 수 있다는 것이다. 슈미트하우젠(Schmithausen)(「12지 연기형식에 관하여」, 안성두 번역, 『불교학리뷰』 3권, 금강대, 2008); 三枝充悳(『바웃드하 불교』, 中村 元 공저, 혜원 역, 김영사, 1991); 박경준(「초기불교의 緣起相依說 재검토」, 『한국불교학』 14집, 1989); 안성두(「유가사지론의 연기설」, 『불교학연구』 5호, 2002); 권오민(「연기법이 불타 자내증이라는 경증 검토─불타 깨달음은 연기법인가?(1)」, 『보조사상』 27집, 2007/「사성제와 12연기─불타 깨달음은 연기법인가?(2)」, 『한국불교학』 47집, 2009) 등에서 그러한 비판적 시선을 확인할 수 있다.

를 달리한다. 연기법의 핵심과 취지를 어떻게 이해하느냐에 따라 연기법에 대한 공 해석학(이하 '공 연기'라고도 부른다)을 평가하는 내용이 달라지는데, 연기법에 대한 논자의 관점은 공 연기 해석학은 물론 아비달마를 비롯한 여타의 연기 해석학들과도 초점을 달리한다.

니까야/아함에 의거하는 한, 붓다의 궁극 깨달음에 배대할 수 있는 개념은 해탈/열반이다. 따라서 붓다의 깨달음과 연기법을 등치시키는 것은 교설의 체계상 부적절할 수 있지만,[30] 붓다가 연기법에 각별한 의미와 위상을 부여하고 있는 것은 명백해 보인다. 그리고 연기에 대한 해석학, 즉 연기 교학들은 크게 네 가지 계열로 구분할 수 있을 것이다. 12연기에 대한 삼세양중인과설(有部의 分位緣起說)과 유식연기설(經量部/唯識), 연기법의 핵심을 '상호의존의 공성空性'으로 이해하는 공空연기설(반야/중관), 연기법의 초점을 '상호관계'에 두고 그것을 주로 세계관에 적용하는 관계연기설(화엄 법계연기)이 그것이다. 이외의 연기설 유형들은 이 네 계열의 어느 하나 내지 둘 이상을 기본으로 하여 변형 내지 파생된 것으로 볼 수 있다. 남방 보수전통에서는 12연기를 삼세양중인과설로 이해하는 유부有部의 관점이 연기 해석학의 적손嫡孫이고, 북방 진보전통에서는 공연기와 유식연기 및 관계연기가 연기해석학의 적손 자리를 놓고 경합을 벌여 왔다.

그런데 이들 네 유형의 연기 해석학은 붓다의 연기법을 얼마나 적

---

30 권오민은 연기법을 붓다 깨달음의 내용(自內證)으로 간주하는 관행을 비판적으로 검토하고 있다(「연기법이 불타 자내증이라는 경증 검토—불타 깨달음은 연기법인가?(1)」; 「사성제와 12연기—불타 깨달음은 연기법인가?(2)」). 대승교학과 불교학계가 얼마나 공연기 프레임에 갇혀 있는지를 새삼 확인시켜 준다.

절히 그리고 충분히 파악하고 있는 것인가? 네 유형의 연기이해는 분명 상이한 연기해석학이다. 유부의 관점에 대한 경량부나 대승의 비판, 대승 진영에서의 중관·유식의 상호비판과 갈등은, 연기해석학 상호 간의 차이에 대한 인식을 반영한다. 오늘의 문헌학적 시선으로 볼 때, 적어도 문헌적 근거로는 남방전통이 해석학적 우위를 차지한다. 그러나 비록 남방전통이 니까야를 소의경전으로 삼고는 있어도, 남방교학에서의 연기이해는 나름대로의 연기해석학으로서 '불교의 연기설'로 보아야지 '붓다의 연기법'과 등치시킬 수는 없다. 엄밀히 말해 남방교학 자체가 니까야가 전하는 붓다의 언어에 대한 하나의 해석학적 선택일 뿐이다. 그런 점에서 초기불교 연구자들이 흔히 남방교학이나 주석서에 기대어 니까야 이해의 정통성이나 정확성을 자부하는 것은 많은 경우 부실한 자신감으로 보인다. 반면에 대승교학은 비록 문헌적 정통성에서 취약함을 보이지만, 그 해석학적 안목이나 가치는 결코 가볍지 않다. 특히 선종 선불교의 안목은 니까야의 선학禪學을 탐구하는 데 독특하고도 중요한 기여를 한다고 생각한다.[31]

남/북의 교학전통에 소속된 구도자와 학인들은 이제 자기 전통에

---

31 「정념의 의미에 관한 고찰」(『철학논총』 제41집, 새한철학회, 2005); 「화두를 참구하면 왜 돈오견성하는가?」(『철학논총』 제58집, 새한철학회, 2009); 「간화선 화두 간병론과 화두 의심의 의미」(『불교학연구』 27호, 불교학연구회, 2010); 「언어, 붙들기와 여의기 그리고 굴리기」(『동아시아불교문화』 7, 동아시아불교문화학회, 2011); 「돈점논쟁의 독법구성」(『철학논총』 제69집, 새한철학회, 2012); 「돈점 논쟁의 쟁점과 과제—해오 문제를 중심으로」(『불교학연구』 32호, 불교학연구회, 2012); 「돈오의 두 유형과 반조 그리고 돈점 논쟁」(『철학연구』 46집, 고려대학교철학연구소, 2012) 등을 통해 필자는 이러한 관점을 발전시켜 가고 있다.

서 전승되는 연기설 이해를 붓다의 연기법과 식별하여 탐구할 수 있는 문헌학적 근거를 지니게 되었다. 남방교학 전통은, 자신들의 연기 이해가 12연기 유형에 국한되고 있으며, 그 이해조차 붓다의 연기 언어에 대한 주석서와 아비담마 교학의 해석학적 선택이라는 점을 인정해야 한다. 또한 대승교학 전통은 공연기와 유식연기 및 관계(법계)연기 모두가 붓다 연기법에 대한 해석학적 선택이라는 점을 수긍해야 한다. 그리하여 '붓다의 연기법'과, 그에 대한 해석학적 선택인 '불교의 연기설'을, 구분하여 탐구할 필요성을 받아들여야 한다. 그리고 '붓다의 연기법'과 '불교의 연기설'을 그 어떤 전통 해석학적 권위에도 갇히지 말고 탐구해야 한다. 그 어떤 가능성도 열어 놓고 음미해야 할 것이다. 개인적으로는, '붓다의 연기법'과 '불교의 연기설들' 사이에서 겹침과 어긋남을 동시에 목격한다. 이 글은 특히 어긋남을 주목하는 하나의 시도이다.

'니까야/아함의 연기법' 하면 곧 '12연기'를 떠올리게 된 것은, 12연기 유형을 연기법의 유일한 방식이라 이해한 주석가와 교학자들의 '연기 이해'에 영향을 받기 때문이다. 유부有部 연기해석학의 프레임(frame)에 갇혀 버린 결과이다. 12연기설 유형은 고통 구조에 빠진 현재의 생이 어떤 조건인과의 연쇄에 의해 발생하였는가를 설명하려는 의도가 반영된 것이지만, 전생과 현생 및 미래생의 윤회전생輪廻轉生을 인과적으로 설명하려는 의도는 아니었던 것으로 보인다. 12연기에 대한 삼세양중인과설은, 윤회의 연속을 과거세·현재세·미래세의 시간계열 속에서 인과적으로 설명하고 싶은 시선(들)이 자신(들)의 선호를 붓다의 12연기 언어에 투영시킨 것으로 보인다. 그런 점에서 유부의 연기해석학은 '연기법에 관한 윤회언어'라 부를 수 있을 것이다.

그러나 만약 붓다의 12연기 교설의 의도와 취지가 삼세의 윤회전생을 설명하려는 것이었다면, 거의 모든 12연기 유형들에 태생학적 설명이 명시적으로 나타나야 자연스럽다. 그러나 니까야/아함이 전하는 12지 연기설 유형들에서 식지識支를 태생과 관련시켜 설명하는 경우는 극히 일부의 특수유형에 불과하다는 점은, 12연기의 초점이 삼세윤회의 인과연쇄 설명에 있다고 보는 시선을 수용하기 어렵게 하는 강력한 근거 중의 하나이다. 아울러 '행行(saṅkhāra)'이 '지금 여기의 몸'인 오온五蘊의 구성조건으로 명시되고 있다는 점,[32] '지금 여기의 삶'에서 '행行에 의한 조건화'로부터 풀려나는 것이 해탈/열반의 관문이라는 가르침이 현생現生의 수행지침으로 빈번하게 설해진다는 점은, 12연기를 삼세 윤회전생의 인과연쇄로 읽는 시선의 타당성을 근원적으로 제한한다.

---

32 유부의 삼세양중 분위연기(分位緣起, 時分緣起)설의 연기해석학은 12연기를, 오온의 12단계의 존재상태(오온의 12分位)를 인과적으로 배열한 것으로 본다. 12지 연기의 각 항목은 그 단계의 오온이 처한 가장 현저하고 대표적인 현상만을 특징하여 개념화한 것이라고 보는 것이다(박창환, 「구사론주 세친 연기관의 연속과 불연속」, 『불교학연구』 38호, 2014). 유부가 12연기의 각 항목들을 삼세에 배정하면서 각 지(支)를 모두 '오온의 존재상태'로 해석하는 것은, 니까야의 오온 교설이 행온(行蘊)을 금생 오온의 한 구성조건으로서 명시하고 있다는 점을 고려한 불가피한 선택이었을 것이다. 그러나 붓다 자신은 12연기의 각 항목을 오온으로 설명하는 경우가 없을 뿐 아니라 행의 극복을 현생 해탈수행의 핵심과제로서 분명히 한다는 점에서, 유부의 이러한 해석은 12연기를 삼세 윤회전생에 대한 인과연쇄로 읽고 싶은 그들의 관심을 관철하기 위한 특수한 해석학이지, 붓다의 의도에 부합한다고 보기는 어렵다.

그러나 12연기를 삼세 윤회전생輪廻轉生의 조건인과 연쇄로 읽을 근거가 12연기 연쇄식 안에 있다는 점도 부인하기 어렵다. 식識과 명색名色의 조건인과가 그것이다. 심신心身 현상의 의미와 그것을 발생시키는 조건들의 철학적/과학적 이해와 무관하게, 명색을 단순히 생물학적 심신 현상으로 간주하는 한, 유부有部처럼 식을 결생식結生識으로 간주하여 현생 범주에 배정하든, 세친世親처럼 '행行에 의해 훈습된 식의 흐름'으로 간주하여 과거생에 배속시키든,[33] 윤회 태생학적 해석이 불가피하다. 그리고 그 결과, 전생·현생·내생의 삼세三世인과이든 전생·현생의 이세二世인과이든, 12연기를 윤회전생의 조건인과를 밝히는 연쇄식으로 해석하게 된다.

생각하건대, 12연기에는 상이한 해석학적 선택을 가능케 하는 두 가지 맥락이 중첩되어 있다는 점을 수용해야 할 것이다. '현생 고苦의 발생을 현생의 경험적 조건들에 의한 인과적 발생으로 포착하는 맥락'이 하나이고, '삼세로까지 확장할 수 있는 윤회전생의 조건인과 연쇄를 설명하는 맥락'이 다른 하나이다. 두 맥락 모두 시간계열과 무관하지 않다. 모든 경험적 조건의 인과적 연관은 시간계열에 연루되기 때문이다. 12연기를 윤회 태생학적 발생연기로 해석하는 것을 비판하면서 시간과 무관한 논리적 인과관계로 해석하려는 시도는 자칫 이 점을 놓치기 쉽다. 현존 니까야/아함의 붓다 교설에서 행行이 '지금 여기의 몸'(五蘊)의 구성조건으로 명시되고 있다는 점, 그

---

[33] 식지(識支)를 중심으로 12연기를 태생학적 재생인과로 해석하는 이론을 둘러싼 유부와 경량부, 세친의 관점은 박창환의 「구사론주 세친 연기관의 연속과 불연속」에 잘 정리되어 있다.

리고 다양한 연기지緣起支 연쇄식의 대부분에서 윤회 태생학적 언급이 보이지 않는다는 점, 아울러 붓다의 진리관을 관통하는 원리 하나가 '경험 가능한 것들을 진리의 대상과 기준으로 삼는' 경험주의라는 점을 감안할 때, 12연기가 전자前者의 맥락에서 구성된 인과연쇄식일 가능성이 가장 높아 보인다.

그러나 이런 맥락으로 접근하려면, '무명-행-식-명색'의 조건인과를 '현재생의 현상들'에서 이해하고 설명할 수 있어야 한다. 인간에 대한 철학/생물학/심리학/물리학/뇌과학 탐구의 축적물들을 고려하면, 그러한 이해와 설명은 가능하다고 생각한다. 인과의 상속相續을 해명하려는 노력에서 등장한 경량부와 유식의 종자훈습설이나 알라야식설도 그 시사하는 바가 유용하다. 12연기를 후자後者의 맥락에서 접근하는 것은, 중생 삶의 인과적 전개가 삼세에 걸쳐 연속된다는 점을 고려할 때 자연스럽다. 그러나 12지의 항목들을 전생과 현생 및 미래생에 배정하여 설명하는 방식은, 니까야/아함이 전하는 붓다 교설의 취지나 내용들과 상당 부분 충돌하여 붓다 교설의 정합성을 훼손한다. 만약 두 가지 맥락을 충돌관계가 아닌 결합관계로 처리할 수 있는 독법을 확보할 수 있다면 출구가 보인다. 이러한 독법은 조건들의 인과적 상속相續을 어떻게 이해하고 설명할 것인가에 따라 그 가능성이 결정된다.

유식연기설은 유부의 이론을 비판적으로 검토하면서 식지識支에 초점을 두고 인과의 상속문제를 식識을 축으로 설명하는 해석학적 차별화를 시도한다. 그 결과 종자훈습, 알라야식, 지각경험의 인식론적 성찰, 그에 의거한 해탈체계의 인식론적 구성 등에 관한 통찰을 축적하면서, 마침내 새로운 연기해석학으로서의 고유성固有性을 확보하게 된다. 이러한 유식연기설은 12연기를, '지금 여기'의 '실존적 고통'(苦)을 발생시키는 '인식문법 성립의 조건인과 연쇄'로서 이해하는 길을 연 것으로 보인다. 유식연기는 12연기를 읽는 시선의 초점을 '삼세윤회의 인과적 해명'으로부터 '지금 여기에서의 열반'(現法涅槃)의 성취조건인 '마음의 문법문제'로 옮길 수 있는 분기점을 수립한 것일 수 있다. 그런 점에서 유식의 연기해석학은 '연기법에 관한 인식언어'라 할 수 있다.

공연기 해석학은 연기 정형구에서 '상호의존의 관계'를 읽은 후, 그 상호의존성의 의미가 '불변/독자의 실체나 본질의 부재', 즉 '공성空性'의 천명에 있다고 이해한다. '자아'로 불리는 현상은 여러 조건들(五蘊)에 의한 발생이고, 그 조건들은 예외 없이 변화(無常)하므로, 불변/독자/절대의 본질·실체는 존재하지 않는다고 하는 것이, 붓다 무아교설의 핵심이다. 반야/중관의 시선은 '조건에 따른 성립/발생'(緣起)이라는 통찰의 핵심의미를 '상호의존성'으로 파악하여 무아, 즉 '실체/본질적 자아의 부재不在'를 입증하는 논거로 채택하는 동시에, '공空'이라는 존재론적 개념을 연기법의 결론으로 채택한다. 연기법의 핵심을 '공성'으로 치환置換한 것이다.

니까야/아함이 전하는 붓다의 연기법은 '조건에 따른 성립/발생'이라는 법칙성을 드러내는 '법칙언어'이지, '의존적 **존재**'나 '**존재**의 의존성'에 관한 기술記述, 즉 '존재 언어'가 아니다. 모든 존재론의 토대는 존재와 비존재를 본질/실체적으로 지시하려는 '있음(有)/없음(無)'이라는 개념인데, 붓다에게는 이 개념 자체가 비非연기적인 것으로서 사실적 근거가 없다. 따라서 붓다는 존재론의 토대가 되는 유/무 개념의 실체주의적 환각을 '연기의 법칙'으로써 치유하여 본래의 '조건적 상태'를 드러내려고 할 뿐, 별도의 존재론적 범주나 개념을 수립하지 않는다.[34] 그런데 반야/중관은 실체/본질의 존재론을 깨뜨리기 위해 새로운 존재론적 개념을 선택하였다. '공'이라는 개념으로써 '있음(有)/없음(無)'의 개념을 비판하고 대체한다. 비록 희론적멸戱論寂滅한 비유비무非有非無의 중도를 세워, 개념환각에서 초래한 본질/실체의 존재론적 사유를 해체하려 하지만, 그 해체의 수단으로 선택한 공성이라는 개념이 존재/비존재의 개념에 대응하는 것이라는 점에서 결국 존재론적 범주에 빠져들어 간다. 본질/실체의 존재론을 무본질/무실체의 존재론으로 치환한 셈이다. 다만 공의 존재론은 본질/실체를 수립하는 '자성정립自性定立의 존재론'이 아니라, 그 어떤 실체적 정립도 깨뜨려 버리는 부정의 계기를 그 내부에 품은 '자성해체의 존재론'이다. 그런 점에서 공연기 해석학은 '연기법에 관한 존재언어'라 하겠다.

생각하건대, '연기법'의 초점을 '실체나 본질의 존재론적 부재'(無自性)로 이해하여 '공'이라는 말로 치환한 순간부터, 붓다의 연기법은 성립/발생의 조건성을 지시하는 '법칙언어'에서 조건의존적 존재양상을 지시하는 '존재언어'로의 자리이동이 발생한 것으로 보인다. '연기의 법칙언어'는 '성립/발생의 조건들'과 '그 조건들의 인과적 연관'

---

34 『깟짜나곳따 경(Kaccānagotta-sutta)』(S12:15)(각묵 번역, 『상윳따 니까야』, 초기불전연구원, 2009).

을 주목하게 하지만, '연기법에 관한 존재언어'는 '상호조건적 의존관계인 공성으로서의 존재양식'을 주목하게 한다. '연기의 법칙언어'로써 본질/실체에 대한 환각을 치유하는 것과, 공과 같은 '연기에 관한 존재언어'로써 본질/실체 관념을 깨뜨리는 것은, 같은 목적지를 지향하는 것으로 보이지만 그 과정이나 결과가 같지 않다. 그런 점에서 공 교학의 등장은 불교사상과 논리의 발전인 동시에, 연기법의 맥락에서는 초점 이동의 철학적 분기점일 수 있다고 생각한다.

법계연기와 같은 관계연기론은, '연기'를 상호의존적 관계로 읽는 시선을 발전시켜 '관계의 세계'를 '연기緣起와 성기性起의 지평' 등 다양한 지평으로 포착한다는 점에서 일종의 세계관적 연기해석학이다. 공연기와 마찬가지로 '상호의존의 관계성'을 주목하면서도 '공성의 존재론'에서 '관계의 세계관'으로 자리를 이동한 것으로 보인다. 그런 점에서 화엄적 관계연기 해석학은 '연기법에 관한 세계언어'라 할 수 있을 것이다.

3) 연기해석학들의 초점이동

"이것이 있을 때 저것이 있다(imasmiṁ sati idaṁ hoti/此有故彼有). 이것이 일어날 때 저것이 일어난다(imassuppādā idaṁ uppajjati/此生故彼生). 이것이 없을 때 저것이 없다(imasmiṁ asati idaṁ na hoti/此無故彼無). 이것이 소멸할 때 저것이 소멸한다(imassa nirodhā idaṁ nirujjhati/此滅故彼滅)"[35]라는 연기법 정형구야말로 붓다 연기법의 원형사유로서, 모든 연기해석학은 이에 대한 '이해의 선택들'이라 생각한다. 연기緣起

(paṭicca-samuppāda)/연이생緣而生/緣已生(paṭicca-samuppanna)/차연성此緣
性(idappaccayatā) 등은 이 연기 원형사유를 담아내는 개념들로 보인다.
이 연기법 정형구는, 12연기를 추상화시켜 압축한 것이라는 통설과
는 달리, 12연기가 이 원형사유의 한 변주變奏로 보아야 한다.

　　연기의 원형사유는, 모든 현상을 '조건에 따른 성립/발생'(緣起,
paṭicca-samuppāda, paṭicca/緣하여 sam/함께 uppāda/일어남)으로 보아 '성
립/발생의 조건들'과 '조건들의 인과적 연관'을 포착하려는 사고방식
이라고 생각한다. 따라서 붓다의 연기법을 파악하기 위한 관문은 '조
건에 따른 성립/발생'이라는 말의 의미와 초점이다. 이 말의 의미와
초점을 어떻게 이해하는가에 따라 연기해석학의 계보들, 즉 '불교의
연기설'들이 갈라진다. '조건에 따른 성립/발생'은, 범주 크기로는 가
장 넓고 원리의 층위層位로는 가장 상위上位를 차지한다. '삼세에 걸친
윤회전생 조건들의 인과연쇄식'이나 '상의적相依的 관계의존성'이라는
개념은, '조건에 따른 성립/발생'이라는 개념의 부분집합이나 하위
개념이다. 그리고 12연기 유형은 이 원형사유의 무수한 적용들 가운
데 하나의 방식이다. 연기법 원형사유의 의미와 위상 및 적용범주와
방식을 제한적으로 소화하고 특화시킨 것이 '불교의 연기설들'이며,
그러한 해석학적 특화特化와 편향성이 교학의 역사를 통해 나름대로
의 권위를 축적시켜 온 것일 수 있다. 만약 그렇다면, 남/북방의 교
학전통과 불교는 연기해석학들의 특수한 프레임에 갇혀, '조건에 따

35　『십력경(十力經) 1(Dasabala-sutta)』(S12:21)(각묵 번역, 『상윳따 니까야』, 초기불전연구원,
　　2009) 등.

른 성립/발생'이라는 원형사유의 위상과 의미를 혹 상당부분 놓치거
나 놓쳐 버릴 위험성에 노출된 것일 수 있다.

붓다는 이 '조건에 따른 성립/발생'이라는 원형사유를 가히 전방
위적全方位的으로 일관되게 적용한다. 붓다 삶의 모든 범주와 내용이
이 원형사유에 의해 직조織造되고 있다. 사성제만 해도 그 전형적 사
례이다. 고苦·집集 성제聖諦는 '고苦라는 현상과, 그 현상을 성립/발생
시킨 조건들 및 그 인과적 연관'을 밝히는 고·집 연기이고, 멸滅·도道
성제는 '열반과, 그것을 성립/발생시키는 조건들 및 그 인과적 연관'
을 밝히는 멸·도 연기이다. 따라서 사성제는 '사성제 연기'라 불러도
된다. 이렇게 보면 붓다 교설 내에서의 최고위상이 연기법이냐 사성
제이냐를 따지는 일은 무의미한 논쟁이 된다.[36]

니까야/아함에 빈번하게 등장하는 붓다의 바라문 혈통주의 비판
도 연기법의 한 적용이다. 붓다는 본질적 순혈주의에 의한 인간 및
계층차별론을 견지하는 바라문의 관점을 비非본질의 연기적 혼혈론
으로 비판한다. 불변의 본질을 계승한 혈통의 우월성을 경험적/사
실적 근거 없이 주장하는 바라문의 순혈주의에 대해, 붓다는 출생의
생물학적 조건, 계층의 유동성 등 관찰과 검증이 가능하며 변화하는
경험적/사실적 조건들을 논거로 혈통이 본래 연기적 잡종성이라는
점을 일깨워 준다.[37] 본질적 순혈주의에 대한 붓다의 비판을 단지 바

---

36 권오민의 「연기법이 불타 자내증이라는 경증 검토―불타 깨달음은 연기법인가?(1)」;
「사성제와 12연기―불타 깨달음은 연기법인가?(2)」는 연기법과 사성제를 별개의 것으
로 간주하여 전개하는 논의이다.

37 『앗쌀라야나의 경(Assalāyanasutta)』(M2:147)(전재성 번역, 『맛지마니까야』, 한국빠알리성전

라문 전통에 대한 종교적 대립으로 읽어 버린다면, 연기법이 지닌 삶과 세계치유의 의미와 범주를 부당하게 제한하는 것이 된다. 바라문을 정점으로 삼아 위계적으로 차별화된 혈통주의적 신분차별 체계는, 특정집단의 이익과 기득권을 정치·사회·경제를 비롯한 모든 영역에 배타적이고 영속적으로 관철시켜 가려는 본질주의 보편 이데올로기이며, 붓다의 연기적 사유는 이 본질주의 이데올로기를 해체한다는 점에서 세계치유의 원천이기도 하다.[38]

흔히 붓다는 고행을 비판한다고 알려져 있다. 붓다 당시에도 그러한 인식이 널리 퍼져 있었을 것인데, 앙굿따라 니까야는 이와 관련한 외도들의 비판과 붓다의 응답을 전하고 있다. 그 기록에 따르면, '붓다가 고행을 무조건 비난한다'고 항변하는 외도들에 대해 붓다는, '고행에 대한 자신의 평가는 조건적'이라면서 그 평가의 조건을 밝히는 동시에, 자신의 모든 판단은 언제나 '조건에 따라' 행하는 것이지 무조건적으로 행하지 않는다는 것을 분명히 한다.

"장자여, 나는 모든 고행을 해야 한다고도 말하지 않고, 모든 고행을 하지 않아야 한다고도 말하지 않는다. 나는 모든 소임을 실천해야 한다고도 말하지 않고, 모든 소임을 실천하지 않아야 한다고도 말하지 않는다. 나는 모든 노력을 해야 한다고도 말하지 않고, 모든 노력

협회, 2009). 유사한 내용의 설법이 『에쑤까리의 경(Esukārisutta)』(M2:177), 『바쎗타의 경(Vāseṭṭhasutta)』(M2:196), 『쑤바의 경(Subhasutta)』(M2:196)에도 등장한다.

38 필자는 「'깨달아 감'과 '깨달음' 그리고 '깨달아 마침」(공저, 『깨달음, 과정인가 궁극인가』, 운주사, 2014)에서 연기법의 치유력을 깨달음의 문제와 관련시켜 거론한 바 있다.

을 하지 않아야 한다고도 말하지 않는다. 나는 모든 놓아 버림을 놓아 버려야 한다고도 말하지 않고, 모든 놓아 버림을 놓아 버리지 않아야 한다고도 말하지 않는다. 나는 모든 결정을 결정해야 한다고도 말하지 않고, 모든 결정을 결정하지 않아야 한다고도 말하지 않는다. 장자여, 고행을 하여 해로운 법들이 증장하고 유익한 법들이 쇠퇴하면, 그런 고행은 하지 않아야 한다고 나는 말한다. 그러나 고행을 하여 해로운 법들이 쇠퇴하고 유익한 법들이 증장하면, 그런 고행은 해야 한다고 나는 말한다."[39]

개인과 사회의 온전한 지평(實在, reality) 회복을 겨냥하는 연기법의 초점을 '연기의 법칙언어'로써 포착하느냐 아니면 '연기법에 관한 윤회/인식/존재/세계의 언어'에 의해 파악하느냐 하는 것은, 철학적으로나 실천적으로 간과하기 어려운 차이가 있다. 생각하건대, '붓다의 연기법'과 '불교의 연기설들' 사이에는 초점의 다양한 자리이동이 발생한 것으로 보인다. '불교의 연기설들', 그 연기 해석학들은, 비록 '조건에 따른 성립/발생'이라는 연기 원형사유의 중요한 '부분 의미들'을 포착하여 나름대로 정교하게 이론화시키는 기여를 하지만, 동시에 간과할 수 없는 '초점 이동'을 수반하고 있다. 삶과 세계의 문제들을 연기법으로 이해하고 풀어 가고자 할 때, 연기법의 원형사유에 초점을 두어 '연기의 법칙언어'에 의거하는 것과, '불교 연기설들'의

---

39 『왓지야마히따 경(Vajjiyamāhita-sutta)』(A10:94)(대림 번역, 『앙굿따라 니까야』, 초기불전연구원, 2006).

프레임으로 접근하는 것은, 통하면서도 어긋난다. 붓다의 연기법은 본질/실체주의의 '무조건/절대의 시선'을 치유하여 삶과 세계의 온전함을 구현하는 목표로 수렴된다. 이 목표는 모든 '불교의 연기설'이 공유한다. 문제는 치유의 방식 및 내용에서 발생한다. '붓다의 연기법'과 '불교의 연기설들' 사이에 발생한 초점의 이동, 그로 인한 차이의 구체적 내용은 무엇일까?

예를 들어 보자. 갑과 을이 서로를 향해 "너는 나쁜 사람이다"라고 비난한다. 서로 '무조건'적으로 "네가 나쁘다"고 주장한다. 그래서 양자 모두 상대방의 말을 수용할 수가 없게 되어 불화만 커진다고 하자. 잘못된 이해의 이유와 내용을 파악하고 사실에 부합하는 온전한 이해로 나아가는 힘은, 진리를 추구하는 구도자들이 확보해야 할 핵심능력이다. 깨달음과 진리의 성취는 이 능력과 정합적整合的일 수밖에 없다.

갑과 을이 이 다툼을 공사상으로 풀어 보려 한다고 하자. 그들은 '너' '나쁘다' 등의 개념이 공하다는 것을 성찰하여 '너와 나' '좋음과 나쁨'의 분별에 매이지 않으려 할 것이다. 무실체/무본질의 공성을 성찰함으로써, 실체나 본질로 보는 분별과 그것에서 발생하는 독단이나 독선에서 풀려 날 수 있을 것이다. 그러나 이러한 변화가 과연 사태의 진실을 회복하고 문제를 해결한 것일까? 오해를 수정하여 바로잡고, 엇갈리는 주장을 조정하여 불필요한 다툼을 치유하는 문제 해결이 이루어진 것일까?

분별을 내려놓고 독단/독선을 거둘 수는 있을 것이다. 이러한 변화는 사실에 부합하는 이해로 나아가기 위해 꼭 필요한 조건이다. 그러나 충분하지는 않다. '분별하지 않는다/독선에 집착하지 않는다' 는 것과, '사실대로 이해한다/적절하게 판단한다'는 것은, 결합되어 있기는 하지만 범주가 다른 문제이다. 분별하지 않고 독선에 붙들리지 않지만, 사실관계를 정확하게 이해하지 못하거나 적절하게 판단하지 못할 수 있다. 사실대로 이해하고 적절하게 판단하기 위해서는, '연관된 조건들'을 포착하고 '그 조건들의 인과관계'를 파악하려고 노력해야 한다.

모든 현상이나 문제를 '조건에 따른 성립/발생'으로 보고 '성립/발생의 조건들'과 그 '인과적 연관'의 포착을 통해 문제를 해결하려는 것이 연기법의 생명력이다. 따라서 붓다의 연기법에는 두 가지 초점이 있다. 하나는, '조건에 의한 성립/발생'이라는 말에서 본질주의/실체주의가 안고 있는 '무조건/절대/독자/불변'의 사고방식과 허구를 해체하는 능력을 확보하는 것이다. 다른 하나는, '조건들의 인과적 연관'을 포착하여 잘못되거나 바람직하지 못한 인과연관을 수정함으로써 문제를 풀어 내는 것이다. 붓다 자신은 연기법의 이 두 가지 의미를 실존의 모든 영역에 적용시켜, 해탈/열반의 길을 여는 동시에 세계의 치유를 시도하고 있다.

연기법의 핵심을 '상호의존의 공성空性 천명'으로 간주한 공 연기는, 붓다의 연기법이 지니는 두 가지 초점 가운데 하나에 집중한 것으로 보인다. 그리하여 독자/절대의 사고방식과 본질/실체의 허구를 깨뜨리는 힘은 계승했지만, 성립/발생의 조건과 그 인과적 연관을 포착하려는 시선을 품는 데는 결핍이 생긴 것으로 보인다. '너는 나쁜 사람'이라는 주장에 대해 '너' '나쁨'이라는 개념의 비실체성/공성을 성찰하게는 하지만, '나쁜 사람'이라는 판단을 발생시킨 조건들과 그 조건들의 인과적 연관'을 포착하려는 시선을 살리지 못하는 것이 아닌가 싶다. 만약 연기법의 두 가지 초점을 모두 품는다면, '나와 너, 좋음과 나쁨'에 대한 무조건/절대/실체/본질적 규정과 분별을 놓아 버릴 뿐 아니라, '나/너'의 자아관념, '좋음/나쁨'의 판단을 성립시킨 조건들과 그 인과적 연관도 살펴, '나와 너' 구별의 '조건적 유효성과 허구성' '좋음과 나쁨' 판단의 '조건적/제한적 타당성과 부당성'을 읽어 내는 능력이 향상된다. 그 결과 자기견해의 수정과 보완, 다른 견해의 '조건적' 비판과 수용이, 구체적 내용을 갖추면서 향상하게 된다. 구체적 문제해결의 원천능력이 발달하는 것이다. 구체적 문제해결력을 높여 견해의 배타적 충돌을 치유하는 실존 화쟁和諍의 길은 그럴 때 선명해진다.

이러한 문제는 비단 공연기 해석학에서만 발생하는 것이 아니다. 삼세양중연기, 유식연기, 관계(법계)연기 해석학에서도 같은 문제를 지적할 수 있다. 만일 이런 지적이 타당하다면, '붓다의 연기법'과 '불교의 연기설들' 사이에 발생한 초점 이동이 초래한 문제점을 주목해야만 한다. 불교의 연기설들은 붓다의 연기법이 지닌 의미와 생명력을 발굴하는 동시에 제한시켜 온 측면이 있다. 연기법에 의한 삶과 세상의 치유, 개인과 세계의 연기법적 합리화를 향해 전방위적全方位的으로 작동해야 할 붓다의 연기 깨달음을, 혹 특정한 해석학적 프레임 안에 가두어 버린 것은 아닌가 물어볼 필요가 있다. 종교적 배경을 기반으로 강력한 해석학적 권위를 확보한 '불교의 연기설들'은, 그들의 프레임으로 연기법의 삶/세계 치유력을 제한 내지 왜곡시켜 버리지는 않았는지를 묻게 된다.

4) 붓다의 연기법과 원효의 '문門 구분'

붓다의 연기법이 겨냥하는 것은, 온전한 연기적 통찰력(明知)이 조건이 되어 드러나는 해탈/열반의 지평이라는 점에서, 긍정지평임이 분명하다. 진리다운 내용의 온전한 구현을 '긍정'이라 칭하면 말이다. 그런데 흥미롭게도 붓다는 이 긍정지평을 확정적 언어로 표현하지 않는다. 해탈이나 열반이라는 용어도 '속박으로부터 풀려남' '탐·진·치의 불길이 꺼짐'의 의미이므로, '부정적 상태의 해소를 조건으로 발생하는' 긍정내용을 지시하는 조건적 기술법記述法이지, 긍정내용을 언어에 본질처럼 안치하는 확정적 기술법이 아니다. 사선四禪 국면에 대한 기술에서 등장하는 '기쁨'(pīti, 喜)이나 '행복'(sukha, 樂), '평온'(upekkhā, 捨) 같은 긍정용어도 그 전후맥락을 보면 조건형 기술이다. '어떤 조건들을 갖추면'이라는 조건문에서의 경험현상을 지칭하는 것이지, 명칭이 품고 있는 본질을 규정하려는 확정적 기술이 아닌 것이다. 붓다는, 긍정내용이든 부정내용이든, 모든 현상을 언제나 '연기적'으로, 다시 말해 '조건적으로' 기술한다. 연기법을 언어용법에서도 관철하고 있는 것이다.

붓다가 긍정내용을 확정적 언어에 담지 않으려는 것은, 연기법의 언어적 관철일 뿐 아니라, 확정적 언어용법에 수반하는 '자아환각이나 본질/실체 관념의 안치安置 내지 증식增殖 가능성'을 예방하려는 고려일 수 있다. 예컨대 '진정한 자아'(眞我)나 '대아大我' 같은 용어는 이미 범람하는 절대/실체의 아트만 관념과 쉽게 결합할 수 있기 때문에 의도적으로 그런 용어를 회피했을 수 있다. 그러한 확정적 언어용법은 연기 지평을 왜곡할 수 있는 '부절적한 언어용법'이라고 판단했을 가능성이 있다. 그리고 언어에 대한 붓다의 이러한 태도는 진리구현의 긍정지평을 확정적 언어로 확인하고 싶은 사람들에게 갈증을 느끼게 했을 것이다. 수행의 목표와 근거를 확정적 긍정언어로 적극적으로 제시할 때라야 목표를 향한 구도자의 성취의지와 대중 설득력이 확보된다고 생각하는 사람들은, 붓다의 언어방식이 못내 아쉬웠을 것이다.

붓다의 연기법적 언어용법과 용어선택의 세심한 고려는 대승불교의 과감한 시도로 인해 그 연속성이 교란된다. 대승불교는 '진여眞如' '불성佛性' '여래장如來藏' '진심眞心' '자성청정심自性淸淨心' 등의 긍정 확정형 명사들을 과감하게 채택하면서 종래의 갈증을 해소하려고 했다. 수행목표나 근거에 대한 명료한 긍정적 제시의 필요성, 대중적 호소력의 확보 등이 고려되었을 것이다. 수행의 목표와 근거를 긍정 확정형 용어로써 명시하려는 대승의 시도는, 붓다가 그토록 비판하고 경계하는 실체/본질주의의 덫을 스스로 설치한 것이기도 하다. 이른바 비판불교의 '대승大乘/여래장如來藏 비불설非佛說' 논란도 여기서 발원發源한다. 생멸 변화하는 모든 현상의 근거이자 그 현상의 기저基底에 존재하는 불생불멸의 그 무엇, 마음의 심층에 존재하는 불생불멸의 바탕이면서 생멸하는 세계를 창출하는 원점. ― 그것이 여래장/진여/자성청정심/진심/일심이며, 개별 존재들의 우주적 동일성과 보편성의 근거라고 읽는다면, 유식/여래장의 언어는 실체/본질을 선호하는 존재 형이상학의 불교적 위장偽裝이 되고 만다. 여래장/본각/진심 등의 긍정 확정형 용어와 연기법의 결합은 깨달음의 문제를 일종의 '본체 신비주의'로 변질시킬 수 있다. 연기 깨달음의 지평을 현상 너머의 신비영역으로 올려 버리고, 연기법을 '본체-현상적 발생인과'로 변질시켜, '지금 여기'의 경험세계를 조건인과적으로 치유해 가는 연기법 본래의 실존치유력을 훼손 내지 마비시켜 버릴 수 있다.

연기법 이해에 있어 '조건에 따른 성립/발생'에 초점을 두는 것과, '12연기적 조건인과의 연쇄체계'(삼세양중인과설과 유식연기설)나 '상호의존의 공/관계'(공연기/화엄연기)에 초점을 두는 것은, 그 의미의 범주와 층위가 다르다. '조건에 따른 성립/발생'이라는 '연기의 법칙성'은 '연기법에 관한 윤회/인식/존재/세계의 언어'를 부분집합 내지 하위원리로서 안을 수 있다. 하지만 그 반대는 아니다. 연기해석학들은 모두 '조건에 따른 성립/발생'의 통찰에서 파생되었지만, '성립/발생의 조건들과 그 인과적 연관'의 파악에는 취약하다. '12연기적 조건인과의 연쇄체계'에 관한 윤회/인식 해석학의 프레임에 갇히면, 12연기나 유식연기의 조건인과 연쇄식 이외의 실존의 무수한 조건인과 양상들과 문제들에 대해서는 무관심하거나 무력할 수 있다. 또 공/관계 해석학의 프레임에 지배되면, 존재의 공성空性과 무분별 및 의존적 관계에만 집중한 나머지, 역시 다양한 실존문제들의 '성립/발생 조건들과 그 인과적 연관' 파악에는 취약하여 문제해결 능력에 결핍이 발생한다. 남방과 북방의 연기해석학들이 제공해 온 연기적 개안이, 일상의 실존문제들을 '조건인과적'으로 파악하여 개인과 사회를 '조건인과적 합리성'으로 치유하는 힘으로 이어졌다고 보기는 어렵다. 대부분의 불교전통에서 '수행'이나 '깨달음'의 문제가 흔히 일상이나 사회의 문제와 괴리되어 버린 것은, 근원적으로 '붓다의 연기법'과 '불교의 연기설들' 사이에서 발생한 초점의 이동에서 비롯된 것일 수 있다.

니까야/아함에서 확인되는 붓다의 언행은 연기 통찰에 의한 세계의 '조건인과적 치유', 다시 말해 '연기법적 합리화'였다고 본다. '연기법적 합리화'라는 말은, 개인과 사회에 관한 관점과 행위들 및 그에 의거하여 수립된 질서나 제도를 '무조건적/절대적 사고'로써 왜곡하려는 본질주의/절대주의/실체주의의 허구와 오염을, '조건인과적 사고'로써 간파하고 수정하며 치유해 가는 것을 의미한다. 이 연기법적 합리화는, 해탈이라는 궁극적 문제풀이뿐만 아니라 일상과 세계의 모든 실존문제를 사실관계에 맞추어 유익하게 풀어 가는 해법이다. 따라서 연기법은 모든 실존치유의 근원적 힘으로 작동할 수 있으며, 또 그래야만 한다. 신분·계층·인종·성·지역·국가·시장·종교·이념의 통념·관행·질서·제도를 장악하여 오염시키는 '무조건/절대/본질적 사고'의 허구와 폭력을 간파하고 치유하는 것이 연기법의 실존치유력이다. 붓다 자신도 이 연기 해법을 개인의 해탈 문제뿐만 아니라, 신분·혈통·신념·종교·직업·언어 등 모든 실존문제에 일관되게 적용하여 풀어 가고 있다. 연기법을 개인의 존재해탈 해법으로 국한시키려는 경향은, 연기법의 제한이나 왜곡일 수 있다. '불교의 연기설들', 다시 말해 '전통적 연기 해석학들'은 모두 이러한 문제점에 명시적으로나 암묵적으로 연루되어 있을 가능성이 있다. 이렇게 본다면, '불교의 연기설들'을 계승해 온 전통은 연기법 본래의 실존치유력을 복원시켜야 하는 과제에 직면하게 된다.

그런 점에서 원효를 다시 보게 된다. 흥미롭게도 그는 『대승기신론』의 이문二門을 '조건적 발생의 인과계열 구분'이라는 의미로 읽어, 불교교학의 '소통적 종합'(通攝)과 '견해다툼의 치유'(和諍) 작업에 적극적으로 활용하고 있다. 마음지평을 두 계열로 식별하는 기신론의 이문二門(心眞如門과 心生滅門)은, '삶 / 세계의 왜곡과 오염을 발생시키는 조건인과의 계열'(生緣起)과 '본래의 온전함으로 되돌리는 조건인과의 계열'(滅緣起)을 시설하는 12연기의 구조를 계승한 것으로 볼 수 있다. 만약 생멸문과 진여문을 각각 '생멸하는 현상'과 '불생불멸의 본체'로 간주하고, '현상을 떠나 본체로 귀환하는 것이 기신론 이문二門의 의미'라고 읽어 버리면, 이문二門 본래의 연기법적 의미는 퇴색 내지 변질되어 버린다. 기신론에 대한 전통 주석들과 현대 학인들의 이해가 이런 식의 독해에서 얼마나 자유로운지 의문이다.

문門을 '조건인과의 계열'로 본 후, 문門 구별에 의한 '견해의 조건적 이해'는 교학적 독단과 오해, 주장의 배타성을 치유할 수 있다는 것이 원효의 생각이었고, 그는 이러한 '문門 구별의 담론談論'을 '화쟁'에 적용하고 있다. 원효가 교단이나 출가 승려의 제도적 관행과 권위에 갇히지 않는 행보를 펼칠 수 있었던 힘도, 승려라는 신분이나 교단이라는 제도마저 '조건적으로 발생한 현상'으로 볼 수 있는 '문門 구별'의 연기적 사유와 관련이 있어 보인다. '불교 연기설들'의 전통 속에서 '붓다 연기법' 본연의 실존치유력을 포착하는 한 사례를 원효에게서 목격하게 되는 것이다. 그러나 원효의 사례를 연기법 실존치유력

복원의 완성형 모델로 삼을 수는 없다. 니까야/아함이 전하는 '붓다의 연기법 언어들'과 대화하는 과정에서, '불교 연기설들'의 해석학적 전통과 권위에 안주하거나 갇히지 않고 탐구해 가는 철학적 태도를 유지한다면, 붓다나 원효의 언어 모델을 보완한 새로운 연기 해석학들이 가능할 것이다.

통섭과 화쟁의 원리
— 문門 구분의 사유방식

'서로 통하고 서로 껴안는 지평'(通攝), '견해의 배타적 충돌 치유'(和諍)에 관한 원효의 언어는 한결같이 '문門 구분'에 의거하고 있다. 원효의 화쟁사상을 이해하려면 이 점을 놓쳐서는 안 된다. 원효가 구사하는 '문門'이라는 용어에는 '국면, 맥락, 계열, 측면, 방법, 방식, 종류' 등의 의미가 문맥에 따라 선택적으로 담겨진다. '문門'에 해당하는 다른 용어들이 사용되기도 한다. 예컨대 '의義'가 그것인데, 표현은 달라도 의미는 동일하다. 통섭이나 화쟁의 통찰을 전개할 때 구사하는 '문門 구분'의 '문門'은, '일련의 타당한 인과계열' '조건적으로 타당한 의미맥락'을 의미하는 경우가 대다수이다.

원효는 이 '문門 구분 사유방식'을 『대승기신론』의 일심이문一心二門에서 포착하여 확대, 발전시켜 간 것으로 보인다.

"이 『대승기신론』의 의도가 이와 같으니, [이론을] 펼칠 때는 '제한 없고 끝이 없는'(無量無邊) 뜻을 근본으로 삼고, [이론을] 합할 때는 '두 가지 측면'(二門)과 '하나처럼 통하는 마음'(一心)이라는 도리를 요점으로 삼는다. '두 가지 측면'(二門) 안에서는 온갖 뜻을 받아들여도 혼란스럽지 않고, [본질이나 실체관념에 의한 막힘이 없어] 한계가 없는 도리는 '하나처럼 통하는 마음'(一心)에서 섞이어 융합된다. 이리하여 펼침(開)과 합함(合)이 자유롭고 수립(立)과 해체(破)가 걸림이 없다. [또한] 펼쳐도 어지럽지 않고 합해도 좁지 않으며, 수립해도 얻음이 없고 해체해도 잃음이 없다. 이것이 마명馬鳴의 기묘한 솜씨이고 『대승기신론』의 '가장 중요한 본연'(宗體)이다."[40]

『대승기신론』(이하 '기신론'으로 약칭한다)은 저자와 역자 및 성립배경 등에 대해 아직도 학계의 합의가 어려운 문헌이다. 기신론의 산스크리트 및 티베트본※이 발견되지 않는 한, 이러한 상황은 지속될 수밖에 없다. 그럼에도 불구하고 기신론이 동아시아 불교계에서 특별한 지위를 차지한 것은 기신론의 내용 때문이다. 기신론이 중국에 등장한 시기는 6세기 중엽인데, 기신론은 그때까지 전개되었던 주요 대승교학과 개념들을 망라하는 종합이론을 수립하고 있다. 명료하고 간략하며 체계적인 불교 종합이론이었기 때문에, 기신론은 등장 이후 불교계의 비상한 시선이 집중되었다. 그런데 필자가 보건대, 기신론에 관해 지금까지 등장한 주석서나 해설서 가운데 아직 원효의

---

40 『기신론소』(1-698c). "此論之意, 旣其如是, 開則無量無邊之義爲宗, 合則二門一心之法爲要. 二門之內, 容萬義而不亂, 無邊之義, 同一心而混融. 是以開合自在, 立破無礙. 開而不繁, 合而不狹, 立而無得, 破而無失. 是爲馬鳴之妙術, 起信之宗禮也."

『별기』와 『소』를 능가하는 것은 없다고 생각한다. 기신론의 핵심 포착, 개념과 이론에 대한 이해 수준에 있어 원효는 단연 탁월하다.[41]

기신론은 모든 불교이론을 두 개의 문門(진여문眞如門과 생멸문生滅門)으로 분류한 후, 그 두 문門을 펼쳐 내고 포섭하는 자리에 일심一心을 놓는다. 진여문도 일심에 기대고 있고, 생멸문도 그렇다. 따라서 두 문門의 거점이 마음의 국면인 일심一心이라는 점에서 이문二門 앞에 '심心'을 붙여 각각 심진여문心眞如門, 심생멸문心生滅門이라 부르기도 한다. 심진여문은 '마음에 의거하는 참 그대로의 측면/맥락', 심생멸문은 '마음에 의거하는 분별 동요의 측면/맥락'이라는 의미를 담고 있다. '마음'이라 부르는 경험현상은 그 발생조건에 따라 두 가지 계열로 전개될 수 있다는 것이 일심이문一心二門의 기본 취지이다. 마음이 근본무지(無明)의 영향력에서 풀려나면, 그것이 조건이 되어 '참 그대로'(眞如)의 경험지평에 올라 그에 상응하는 '지적 현상'(知慧/後得智, 사실에 상응하여 적절히 판단하고 평가하는 지적 능력)과 '정서적/신체적 현상'(慈悲/菩薩行, 자기와 타인을 이롭게 하는 정서와 행동)을 펼친다. '참 그대로의 인과계열'(眞如門)을 전개하고 경험하는 마음 국면이다. 그래서 '심진여문心眞如門'이다. 이와는 달리, 마음이 근본무지의 영향력에 종속되면, 그것이 조건이 되어 '사실 왜곡의 경험지평'(生滅)에 올라 그에 상응하는 '지적 현상'(分別, 사실을 왜곡적으로 판단하고 평가하는 지적 능력)과 '정서적/신체적 현상'(탐욕과 분노, 자기와 타인을 해롭게 하는 정서와 행동)을

---

41 필자는 학위논문인 『대승기신론 사상평가에 관한 연구』(고려대대학원 박사학위논문, 1990)에서 이 문제를 다룬 바 있다.

펼친다. '사실 왜곡의 인과계열'(생멸문生滅門)을 전개하고 경험하는 마음 국면이다. 그래서 '심생멸문心生滅門'이다.

그런데 기신론이 펼치고 있는 심진여문과 심생멸문의 실제내용을 보면, 심진여문은 '참 그대로'(眞如) 지평을 여는 조건인과를 말하기보다는 '참 그대로' 지평의 내용과 특징을 개진해 놓는 데 그친다. '참 그대로' 지평을 열 수 있는 구체적 조건인과는 심생멸문 안에서 포착된다. 따라서 정확하게 말하면, 삶의 내용을 결정하는 두 가지 조건인과 계열/범주를 구조적으로 구분하면 심진여문과 심생멸문이 되지만, 내용적으로 보면 심생멸문 안에 두 가지 조건인과 계열이 모두 포함된다. 기신론의 이문二門은 구조적 구분과 내용적 구분이 복합되어 있는 셈이다. 그리고 이 복합적 구성은 혼란이나 모순이 아니라 매우 정교하고 적절한 기획이다. 구조적으로 심진여문이 설정되었기 때문에 심생멸문 안에 내재한 '참 그대로' 지평을 여는 조건인과가 식별될 수 있고 작동될 수 있기 때문이다. 이것은 기신론 이해에 매우 중요한 문제인데, 이 글의 초점에서 일탈할 우려가 있어 더 이상의 상세한 논의는 하지 않는다.

기신론의 일심이문一心二門은 붓다의 12연기 법설이 지니는 두 측면을 마음에 대한 통찰에 의거하여 재구성한 것이다. '근본무지(無明)를 조건으로 한 인과적 경험연쇄의 발생'(生緣起) 및 그 소멸(滅緣起)이라는 12연기 법설의 구조를, 마음(心)을 축으로 삼아 진여문과 생멸문으로 재구성한 것이 기신론의 이심이문 연기설이다. 이 기신론의 연기설을 당나라 법장法藏(643-712)은 진여연기설眞如緣起說로 규정하였고 현대 학계도 대부분 법장의 관점을 그대로 따르고 있다. 그러나 필자는 법장의 관점이 자신의 사상적, 교파적 선호를 반영한 특수한 해석으로서, 기신론 연기설에 대한 정확한 이해도 아니고 공정한 평가도 아니라고 본다.[42]

붓다의 12연기 법설은 삶의 조건인과적 사태를 두 유형으로 분류하고 있다. 삶이라는 현상의 두 가지 인과계열을 '조건인과적'으로 밝히는 것이다. 모든 현상을 조건인과적으로 보는 연기적 사유의 표현이다. 기신론의 일심이문은 정확하게 이 연기적 사유를 계승하고 있다. 심화시킨 마음 이론을 축으로 삼아, 12연기 법설이 드러내려는 '삶의 두 가지 조건인과 계열'에 대한 이해를 이문二門으로 표현하고 있는 것이다. 따라서 일심이문은 '조건인과 계열들'을 포착하려는 연기적 사유의 기신론적 계승이다. 그리고 원효는 이 점을 정확하게 이해한 것으로 보인다. 이문二門은 '삶의 내용을 결정하는 조건인과 계열'을 두 유형으로 망라한 것이다. 따라서 삶의 오염과 훼손을 발생시키는 조건인과 및 치유의 조건인과를 종합적으로 설명할 수 있는 통합이론이다. 그러기에 원효는 이문二門에 대해 "'두 가지 측면/맥락/계열/방식'(二門) 안에서는 온갖 뜻을 받아들여도 혼란스럽지 않다"거나 "펼침(開)과 합함(合)이 자유롭고 수립(立)과 해체(破)가 걸림이 없다. 펼쳐도 어지럽지 않고 합해도 좁지 않으며, 수립해도 얻음이 없고 해체해도 잃음이 없다"고 평가한다.

원효는 진여문과 생멸문을 지관止觀 수행과 연관시켜 설명하기도 하는데, 흥미로운 대목이다. 지관은 선禪 수행의 두 축이다. 삶의 궁극적 해방이

---

[42]   이 문제는 다른 기회에 상세히 거론할 생각이다.

자 최고의 안락인 해탈/열반 지평에 올라서기 위한 방법으로서 붓다는 세 유형의 수행법을 제시한다. '이해를 통한 향상 노력'(慧學), '행위를 통한 향상 노력'(戒學), '선禪 수행을 통한 향상 노력'(定學)이 그것이다. 이 세 가지 향상의 노력을 '세 가지 공부'(三學)라고 부른다. 이 가운데 지관은 '선禪 수행을 통한 향상 노력'(定學)의 핵심부를 차지한다. 그래서 정학定學을 아예 지관止觀수행으로 대치시키는 경우가 일반화되어 있을 정도이다. 그런데 흥미롭게도 원효는 '삶의 내용을 구성하는 두 가지 조건인과 계열'(二門)을 각각 지止 수행과 관觀 수행에 배정하여 풀이하고 있는 것이다.

"'두 가지 문을 펼쳐 놓는다'(開二種門)는 것은 두 번째 의문을 제거하는 것이니, '[진리에 들어가는] 가르침의 문'(教門)들이 비록 많이 있지만 처음 수행에 들어가는 것은 두 가지 문門에서 벗어나지 않음을 밝히는 것이다. '참 그대로인 측면'(眞如門)에 의하여 '[빠져들지 않고] 그치는 수행'(止行)을 익히고, '[근본무지에 따라] 생멸하는 측면'(生滅門)에 의거하여 '[사실대로] 이해하는 수행'(觀行)을 일으키니, '[빠져들지 않고] 그침'(止)과 '[사실대로] 이해함'(觀)을 함께 운용하면 '온갖 실천 수행'(萬行)이 갖추어지고 이 '두 가지 문'(眞如門/生滅門)으로 들어가면 [진리에 들어가는] 어떤 문門과도 다 통한다. 이렇게 의문을 제거하면 수행을 일으킬 수 있는 것이다."[43]

---

43 『기신론소』(1-701c). "開二種門者, 遣第二疑, 明諸教門雖有衆多, 初入修行, 不出二門. 依眞如門, 修止行, 依生滅門, 而起觀行, 止觀雙運, 萬行斯備, 入此二門, 諸門皆達. 如是遣疑, 能起修行也."

원효의 이러한 이문二門 해석을 제대로 음미하려면 지관 수행이 과연 어떤 것인가를 깊이 들여다보아야 한다. 여기서는 다만 이문二門과 지관止觀을 짝 지우는 원효의 안목에서 주목해야 하는 점 하나만 지적하기로 한다. 지止(samatha)는 분별과 번뇌의 동요가 그친 국면이다. 분별은 주로 '사실을 왜곡하는 지적 이해'와 관련된 현상으로서 무지/오해/편견/독단/선입견 등의 모습을 취하고, 번뇌는 분별과 상응하여 발생하는 정서적 현상으로서 탐욕과 분노의 다양한 표현들로 나타난다. 그리고 분별과 번뇌는 모두 마음과 연관되어 있다. ('이해'와 '마음'의 문제는 붓다의 법설을 이해하기 위해 반드시 숙고해야 할 문제이다. 특히 삼학三學이나 지관止觀을 음미하기 위한 토대이다. 뿐만 아니라 '이해와 마음'의 문제는 원효철학을 관통하는 주제이기도 하고, 선종禪宗의 선禪사상, 특히 돈점론頓漸論을 파악하기 위해서도 필수적이다.[44]) 지止가 '분별과 번뇌의 동요가 그친 국면'이라는 점에서, "'참 그대로인 측면'(眞如門)에 의하여 [빠져들지 않고] 그치는 수행'(止行)을 익힌다"고 하여 지止를 진여문에 배대시키는 것은 이해가 어렵지 않다. 주목되는 것은 "'[근본무지에 따라] 생멸하는 측면'(生滅門)에 의거하여 '[사실대로] 이해하는 수행'(觀行)을 일으킨다"고 하여 관觀과 생멸문을 짝짓고, 이어 "'[빠져들지 않고] 그침'(止)과 '[사실대로] 이해함'(觀)을 함께 운용하면 '온갖 실천수행'(萬行)이 갖추어진다"고 말하는 대목이다.

관觀(vipassanā)은 '제대로 이해하기 위한 관찰 수행'이다. 따라서 관觀

---

44 필자는 '이해'와 '마음'에 대한 생각의 일단을 돈점론과 관련하여 개진한 바가 있다(『돈점 진리담론 －지눌과 성철을 중심으로』, 세창출판사, 2016). 이후에도 계속 생각을 가다듬고 있다. 더 정밀하고 체계화된 내용을 갖추면서 지속적으로 거론해 보겠다.

수행은 언제나 '관찰해야 할 대상' '제대로 이해해야 할 대상'을 전제로 성립한다. 달리 말해, '아직 제대로 이해하지 못하고 있는 대상들'을 조건으로 성립하는 것이 관觀 수행이다. 따라서 "[근본무지에 따라] 생멸하는 측면'(生滅門)에 의거하여 [사실대로] 이해하는 수행'(觀行)을 일으킨다"는 원효의 해석은 정곡을 찌르고 있다.

인간의 모든 경험은 '대상과의 관계'에서 발생한다. 이때 '대상'은 '주관적 현상'(主觀/我)과 '객관적 현상'(客觀/我所)을 모두 지칭한다. 그리고 인간의 모든 주/객 대상경험은 관점과 이해를 조건으로 발생한다. 대상을 일종의 '처리해야 할 자료'라고 본다면, 이 자료를 분류하고 측정하는 기준은 '관점'이다. 그리고 이 관점에 의거하여 판단/평가/분석/추론한 것은 '이해'가 된다. 모든 분별과 번뇌는 대상과의 관계에서 발생하며, 그 분별과 번뇌는 관점과 이해의 산물이다. 모든 주/객관적 대상을 처리하는 적절한 관점을 수립하지 못하고, 그리하여 제대로 이해하지 못하기에, '분별의 왜곡'과 '번뇌의 오염'이 발생하고 지속되며 또 확산된다. '참 그대로'(眞如)의 경험도 대상과의 관계에서 발생한다. 그 어떤 대상도 없다면 '참 그대로'의 경험도, 열반과 해탈의 경험도 없다. 진여나 열반을 대상경험과 무관하거나 대상을 지워 버린 결과로 이해하는 것은, 인간 경험의 발생연기에 대한 무지이고 붓다의 의중과도 어긋나는 것이다. 근원적/현실적으로 해로운 분별이나 번뇌 경험과는 달리, '참 그대로'(眞如)의 경험은 근원적/현실적으로 이롭다. 그리고 이 궁극의 이로움을 펼치는 '참 그대로'(眞如)의 경험은 적절한 관점과 바른 이해를 조건으로 발생한다. '참 그대로'(眞如)의 경험은 사실과 부합하는 관점/이해와 인과적

으로 연루되고, '왜곡된 경험'은 사실을 왜곡하는 관점／이해와 인과
관계가 있다.

이렇게 보면 진여문과 생멸문은 상호 조건적으로 성립한다. 대상
세계가, 부적절한 관점과 굴절된 이해를 조건으로 삼아, 분별과 번뇌
를 발생시키는 방식으로 처리되고 있는 인과계열이 생멸문이다. 그
런데 분별과 번뇌를 발생시키는 방식으로 처리되고 있는 대상세계
를 마주하면서 그 잘못된 처리방식을 관찰하여 교정하는 것도 내내
생멸문에서의 일이다. 생멸문은 관觀 수행이 작동될 수 있는 근거이
다. 생멸문에서의 관 수행이 대상세계에 대한 잘못된 처리방식을 고
치면, 분별과 번뇌 경험을 발생시키던 대상세계와의 관계가, 지혜와
자비 경험을 발생시키는 것으로 바뀐다. 그럴 때 '참 그대로'(眞如) 지
평이 열리고 '참 그대로'의 경험을 누리게 된다. 이것이 진여문이다.
따라서 **생멸문을 조건으로 삼아야 진여문이 성립하고, 진여문을 조건으로
삼아야 생멸문이 치유의 희망을 품게 된다.** 이문二門의 이러한 관계를 기신론
은 '서로 분리되지 않는다'(不相離)고 말하는데, 이에 대한 원효의 해설은 정곡
을 찌르고 있다. 원효는 기신론이 말하는 '서로 분리되지 않음'(不相離)을, '진
리'(理)와 '현상'(事)의 '서로 열리고 서로 끌어안는'(通攝) 관계로 설명한다.

"만약 '두 측면'(二門)이 서로 다른 본연(體)은 아니라도 두 측면
이 서로 어긋나 서로 통하지 않는 것이라고 한다면, '참 그대로인 측
면'(眞如門)에서는 진리(理)는 포섭하지만 현상(事)은 포섭하지 못해야
할 것이고, '[근본무지에 따라] 생멸하는 측면'(生滅門)에서는 현상(事)은
포섭하지만 진리(理)는 포섭하지 못해야 할 것이다. 그러나 지금 두

측면은 서로 융합(融)·소통(通)하여 경계가 [확정적으로] 구분되지 않으므로 [두 측면이] 다 각각 진리(理)와 현상(事)의 모든 것들을 통섭通攝하며, 따라서 "두 측면은 서로 분리되지 않기 때문이다"(二門不相離故)라고 하였다."[45]

원효는 이문二門의 이러한 통섭적 관계를 지관止觀의 관계에 적용하고 있는 것이다. "'참 그대로인 측면'(眞如門)에 의하여 '[빠져들지 않고] 그치는 수행'(止行)을 익히고, '[근본무지에 따라] 생멸하는 측면'(生滅門)에 의거하여 '[사실대로] 이해하는 수행'(觀行)을 일으키니, '[빠져들지 않고] 그침'(止)과 '[사실대로] 이해함'(觀)을 함께 운용하면 '온갖 실천수행'(萬行)이 갖추어진다"는 원효의 해석은, 이문二門의 통섭적 관계를 끌어와 선禪 수행의 핵심인 지관止觀의 관계를 밝히고 있다는 점에서 매우 주목할 만한 안목이다. 지관을 탐구하는 학인들이 유심히 음미해야 할 대목이다. 이문二門을 지관止觀으로 해석하는 방식은 얼핏 부자연스러워 보일 수 있지만, 그 속내를 살펴보면 기신론 이문二門 구조에 대한 원효의 심층적 이해를 드러내고 있다. 원효는 기신론의 이문二門에서 '문門 구분의 사유방식'을 형성하였으며, 그것을 지관止觀의 이해에도 적용하고 있다.

원효는 『대승기신론』의 일심이문 구조에서 포착한 '문門 구분의 사유방식'을 『대승기신론』의 내용해설에서부터 발전시켜 적극적으로 활용한다. 그런 사례들은 일일이 열거할 수 없을 정도로 많다. 몇 가지 사례만

---

45 『별기』(1-679c). "設使二門雖無別體, 二門相乖不相通者, 則應眞如門中, 攝理而不攝理事, 生滅門中, 攝事而不攝理. 而今二門互相融通, 際限分無, 是故皆各通攝一切理事諸法, 故言〈二門不相離故〉."

확인해 보자.

　"『십권입능가경十卷入楞伽經』에서는 〈여래의 면모가 간직된 창고'(如來藏)가 아리야식阿梨耶識이며, '일곱 가지 식識'(七種識)과 함께 생겨나는 것을 '[근본무지에 따라] 바뀌어 가는 양상'(轉相)이라 부른다〉고 말하니, 그러므로 '[근본무지에 따라] 바뀌어 가는 양상'(轉相) 역시 아리야식阿梨耶識[의 범주]에 있다는 것을 알아야 한다. '스스로의 참된 면모'(自眞相)라는 것은 『십권입능가경』에서는 〈참다움에 맞아진 것을 '스스로의 면모'라 부른다〉고 하였으니, '깨달음의 본연으로서의 마음'(本覺之心)이 '망상을 짓는 조건'(妄緣)에 의지하지 않고 [온전한] 본연의 면모가 스스로 신묘하게 이해하는 것'(性自神解)을 '스스로의 참된 면모'(自眞相)라 부른다. 이것은 '같지 않은 측면'(不一義門)에 의거하여 설명한 것이다. 그런데 '근본무지의 바람'(無明風)에 따라 '[근본무지에 의해] 생멸하는 [마음]지평'(生滅)을 지을 때에도 '신묘하게 이해하는 면모'(神解之性)는 '본연의 것'(本)과 다르지 않으므로 역시 '스스로의 참된 면모'(自眞相)라 부를 수 있게 된다. 이것은 '다르지 않은 측면'(不異義門)에 의거하여 설명한 것이다. '스스로의 참됨'(自眞)이라는 명칭은 '[근본무지에 따라] 생멸하지 않는 [마음]지평'(不生滅)에만 있는 것이 아니라는 것을 알아야 한다."[46]

---

[46] 『별기』(1-681c). "如『十卷經』云, 〈如來藏阿梨耶識, 共七種識生, 名轉相〉, 故知轉相亦在阿梨耶識. 言'自眞相'者, 『十卷經』, 〈中眞名自相〉, 本覺之心, 不藉妄緣, 性自神解名爲自眞相. 是約不一義門說也. 然隨無明風作生滅時, 神解之性, 與本不異, 故亦得名爲自眞相. 是依不異義門說也. 當知自眞名不偏在不生滅."

"묻는다.『유가사지론』등에서 설하는 아리야식은 '다르게 변해 가는 식'(異熟識)이어서 한결같이 [근본무지에 따라] 생멸하기만 하는데, 무슨 까닭으로 이『기신론』에서는 이 아리야식이 ['근본무지에 따라 생멸하지 않음'과 '근본무지에 따라 생멸함'의] '두 가지 측면'(二義)을 모두 가진다고 말하는가? 답한다. 각자가 말하는 것이 서로 위배되지 않는다. 어째서인가? [아리야식이라는] 이 미세한 마음에는 대략 두 가지 측면(義)이 있다. 만약 그 ['미세한 마음'(微細心)인 아리야식]이 '[근본무지에 따른] 행위의 번뇌에 감응되는 측면'(業煩惱所感義邊)이 되면 없던 것을 [분별하여] 있게 하니, [그 마음은] 한결같이 [근본무지에 따라] 생멸한다. 만약 ['미세한 마음'(微細心)인 아리야식을] '근본적인 무지에 의해 동요되는 측면'(根本無明所動義邊)에서 논한다면 고요하던 ['미세한 마음'(微細心)]에 [근본무지의] 세력을 끼쳐 [그 '미세한 마음'(微細心)을] 동요하게 하니, [그렇다면] '동요와 고요함은 그 본연을 같이 한다'(動靜一體). 저 [『유가사지론』]에서 [생멸하기만 한다고] 논의된 것들은『해심밀경』에 의거한 것이니, [아리야식이] 동일하다(一)거나 불변한다(常)는 견해들을 제거하기 위해 '[근본무지에 따른] 행위의 번뇌에 감응되는 측면'(業煩惱所感義門)에 의거하였다. 그러므로 이 [아리야]식이 한결같이 생멸하면서 마음작용(心)과 마음현상(心數法)이 달라지면서 바뀌어져 간다고 말한다. 지금 이『대승기신론』에서 [아리야식은 '근본무지에 따라 생멸하지 않음'과 '근본무지에 따라 생멸함'의 두 가지 측면을 모두 가진다고] 논한 것은『능가경』에 의거한 것이니, 〈'[온전한] 진리'와 '[오염된] 세속'이 다른 실체라고 집착하는 것〉(眞俗別體執)을 치유하기 위해 그 ['미세한 마음'(微細心)인 아리야식의] '근본무지에 의해 동요되는 측면'([根本]無明所

動義門)에 의거하였다. 그러므로 '[근본무지에 따라] 생멸하지 않는 [마음]지평'(不生滅)이 '[근본무지에 따라] 생멸하는 [마음]지평'(生滅)과 '어울려 동거'(和合)하면서 [서로] 다르지 않다고 말한다. 그런데 이 '근본무지에 의해 동요되는 양상'(無明所動之相)은 또한 곧 저 '[근본무지에 따른] 행위의 번뇌에 감응되는 것'(業惑所感)이기도 하다. 그러므로 [『유가사지론』과 『대승기신론』의] 두 가지 의도가 비록 다르지만 '[아리야]식의 온전한 본연'(識體)에서는 '[불변·독자의 실체나 본질이 있다는 생각에 의해] 둘[로 나뉨]이 없다'(無二)."⁴⁷

"'깨닫지 못함의 면모'(不覺義)라고 말한 것에도 두 가지가 있으니, 첫째는 '근본적으로 깨닫지 못함'(根本不覺)이고, 둘째는 '지엽적으로 깨닫지 못함'(枝末不覺)이다. '근본적으로 깨닫지 못함'(根本不覺)이란, 아리야식 내의 '근본적인 무지'(根本無明)를 '깨닫지 못함'(不覺)이라 부르는 것이 그것이다. 아래 [『대승기신론』의] 문장에서 "아리야식을 조건으로 삼아 근본무지가 있다고 말하니, 깨닫지 못하여 [깨닫지 못하는 마음이] 일어나"(依阿梨耶識說有無明, 不覺而起)라고 한 것과 같은 것이다. '지엽적으로 깨닫지 못함'(枝末不覺)이란, 근본무지(無明)에 의해 일어난 '모든 오염된 현상들'(一切染法)을 다 '깨닫지 못함'(不覺)이라 부르

---

47 『별기』(1-681c-682a). "問. 如瑜伽論等說阿梨耶識, 是異熟識, 一向生滅, 何故此論乃說此識具合二義? 答. 各有所述, 不相違背. 何者? 此微細心略有二義. 若其爲業煩惱所感義邊, 辨無令有, 一向生滅. 若論根本無明所動義邊, 熏靜令動, 動靜一體. 彼所論等, 依深密經, 爲除是一是常之見, 約業煩惱所感義門. 故說此識一向生滅, 心心數法差別而轉. 今此論者, 依楞伽經, 爲治眞俗別體執, 就其無明所動義門. 故說不生滅與生滅和合不異. 然此無明所動之相, 亦卽爲彼業惑所感. 故二意雖異, 識體無二也."

는 것이 그것이다. 아래 [『대승기신론』의] 문장에서 "모든 오염된 현상들이 다 '깨닫지 못함의 양상'이기 때문이다"(一切染法, 皆是不覺相故)라고 한 것과 같은 것이다.

만약 '아리야식의 차별하는 양상이 근본에서 떨어지게 하여 지엽을 다르게 만들어 가는 측면'(識相差別簡本異末義門)에 의거[하여 말]한다면 아리야식에는 오로지 '깨달음의 본연'(本覺)과 '근본적으로 깨닫지 못함'([根]本不覺)[의 두 가지 면모]만이 있는 것이고, 만약 '아리야식의 온전한 본연에는 [불변·독자의 실체나 본질에 의해] 둘[로 나뉨]이 없어 [나뉜] 지엽을 거두어 [나뉨이 없는] 본연으로 돌아가는 측면'(識體無二攝末歸本義門)에 나아가 [말하]면 저 '비로소 깨달아 감'(始覺)과 '지엽적으로 깨닫지 못함'([枝]末不覺)도 [모두] 아리야식 안의 면모이다. 그러므로 앞의 [『대승기신론』] 문장에서 "이 아리야식에는 두 가지 면모가 있다"(此識有二義)고 말한 것은 이와 같은 두 가지 의미를 모두 포함한다. 따라서 아래의 해석에서 '깨달음의 본연'(本覺)과 '비로소 깨달아 감'(始覺)의 두 가지 깨달음과 ['근본적으로 깨닫지 못함'(根本不覺)과 '지엽적으로 깨닫지 못함'(枝末不覺), 이] 두 가지 '깨닫지 못함'(不覺)의 면모를 모두 거론한다."[48]

---

48 『별기』(1-683b). "言不覺義, 亦有二種, 一者根本不覺, 二者枝末不覺. 根本不覺者, 謂梨耶識內根本無明名爲不覺. 如下文云,〈依阿梨耶識說有無明, 不覺而起〉故. 言枝末不覺者, 謂無明所起一切染法, 皆名不覺. 如下文云,〈一切染法, 皆是不覺相故.〉若依識相差別簡本異末義門, 則梨耶識中, 唯有本覺及本不覺, 若就識體無二攝末歸本義門, 則彼始覺及末不覺, 亦是梨耶識內之義. 故上云,〈此識有二義〉者, 通含如是二種之意. 故下釋中, 通擧本始二覺及二不覺義也.

이상의 구문들에서 무엇보다 시선을 끄는 것은, 기신론의 '진여문/생멸문 이문二門 구별'에 상응하면서도 개념과 내용을 달리하는 다양한 이문二門 구별을 전개한다는 점이다. '진여/생멸 이문二門'에서 발전시킨 새로운 유형의 이문二門들을 설정하여 기신론 내용의 분석과 이해에 활용하고 있는 것이다. 또 하나 주목되는 것은, 이러한 새로운 유형의 이문二門 구별들을 통해 상호 통섭적 관계를 드러내려고 한다는 점이다. 따라서 이렇게 말할 수 있을 것이다; 〈원효는 기신론의 '진여/생멸 이문二門 구별'에서 포착한 '문門 구별의 연기적 사유'를 다양한 유형의 이문二門 구별로 발전시킨다. 그리고 이를 통해 이론과 주장들을 조건적으로 이해함으로써 사실에 부합하는 정확한 이해에 접근하려 한다. 아울러 다양하게 분석한 이문二門들의 '통섭通攝적 관계'를 밝힘으로써 배타적으로 엇갈리는 이론과 주장들이 화해할 수 있는 자리를 마련한다.〉

『대승기신론』 일심이문 구조에서 눈뜬 것으로 보이는 원효의 '문門 구분 사유방식'은, 이처럼 『대승기신론』 해설(『별기別記』와 『소疏』) 과정에서 더욱 발전한 것으로 보인다. 이후 원효는 이 '문 구분 사유방식'을 크게 두 가지 목표를 달성하는 통로로 활용한다. '교학의 통섭적 이해와 종합'이 그 한 목표이고, '상이한 견해와 이론들의 배타적 충돌을 해소하는 것'이 또 하나의 목표이다.

이 두 가지 목표는 내용적으로 결합되어 있다. 교학의 통섭적 이해와 종합을 방해하는 것이 바로 교학을 둘러싼 상이한 견해들의 불화와 충돌이었기 때문이다. 경론의 내용에 대한 '해석학적 이해'(교학)의 차이들을 어떻게 처리하는가에 따라 교학의 통섭적 종합 여부가 결정된다. 그리고 원효는 화쟁의 방식으로 그 해석학적 차이들을 처리하여 교학의 통섭적 이해와 종합을 성취하였다. 그런 점에서 **화쟁**

은 교학의 통섭방식이라는 의미를 지닌다. 이론과 사상들이 '서로 열고 서로 안을 수 있는' 통섭通攝과 화쟁和諍의 공간을, 원효는 '문 구분 사유방식'에 의거하여 마련해 가고 있는 것이다. '문 구분의 사유방식'을 활용하여 '교학의 통섭적 이해와 종합'을 시도하는 사례 몇 가지를 보자.

"이와 같이 [〈'번뇌의 오염이 없는 참 그대로'(無垢眞如)가 '열반의 본연'(涅槃體)이라는 것과 〈과보로서 갖추는 온갖 능력'(果地萬德)이 '열반의 본연'(涅槃體)이라는 이] 두 가지 주장에는 모두 일리가 있다. 왜냐하면 [무구진여無垢眞如인] 열반涅槃과 [만덕萬德 중 하나인] 깨달음(菩提)에는 '[서로] 통하는 측면과 [각각] 구별되는 측면'(通別)이 있기 때문이다. '[각각] 구별되는 측면'(別門)에서 말하자면, 깨달음(菩提)은 과보[인 만덕萬德 중 하나]이지만 [열반을] 증득할 수 있는 능력이기도 하여 [열반을 증득하게 하는 원인으로서] '괴로움의 소멸로 나아가는 길에 관한 진리'(道諦)에 속한다. [이에 비해] 열반이라는 과보는 '증득의 대상'(所證法)으로서 [수행 결과로서의] '괴로움의 소멸에 관한 진리'(滅諦)에 속한다. '[서로] 통하는 측면'(通門)에서 말하자면, 〈[수행의] 결과인 '괴로움의 소멸로 나아가는 길에 관한 진리'(道諦)〉(果地道諦)[에 해당하는 깨달음(菩提)]이 ['번뇌의 오염이 없는 참 그대로'(無垢眞如)인] 열반이기도 하고, 〈증득한 '참 그대로'〉(所證眞如)[에 해당하는 열반]이 깨달음(菩提)이기도 하다.

예컨대 '태어나고 죽는 것'(生死)에 '[서로] 통하는 측면과 [각각] 구별되는 측면'(通別)이 있는 것과 같다. '[각각] 구별되는 측면'(別)에서 말하자면 '내부의 감각기관'(內根)이 시작되고 끝나는 것을 [각각] '태어남'(生)과 '죽음'(死)이라고 하니, 『승만경勝鬘經』에서 〈태어나는 것은 새롭게 모든 감각기관이 생겨나는 것이고, 죽는 것은 모든 감각기관이 다 사라지는 것이다〉[49]라고 말한 것과 같다. '[서로] 통하는 측면'(通)에서 논하자면 모든 '[번뇌에 의해] 오염된 것'(雜染法)은 다 '태어나고 죽는 것'(生死)이니, 『열반경』에서 〈'허망한 것'(空者)은 모두가 '태어나고 죽는 것'(生死)이다〉 등으로 자세히 말하고, 이어서 〈'[참된] 자기가 없는 것'(無我)은 모두가 '태어나고 죽는 것'(生死)이다〉[50]라고 말한 것과 같다. 이렇게 [통별通別의 두 측면을 갖는] '태어나고 죽는 것'(生死)에 대비시켜 열반涅槃을 말하는 것이기 때문에 열반涅槃에도 [깨달음(菩提)과] '[서로] 통하는 측면과 [각각] 구별되는 측면'(通別)이 있다는 것을 알 수 있다."[51]

---

49 『승만사자후일승대방편방광경(勝鬘師子吼一乘大方便方廣經)』 권1(T12, 222b9-10). "死者諸根壞, 生者新諸根起." 『승만경』 원문과 차이가 있으나 내용상 차이가 없다. 〈산스크리트본의 해당 내용. 이 경문은 『보성론』(T31, 833b20-21)에 인용되어 범본 확인이 가능하다. RGV 45,20-46,4: loka-vyavahāra eṣa bhagavan mṛta iti vā jāta iti vā/ mṛta iti bhagavann indriyoparodha eṣaḥ/ jāta iti bhagavan navānām indriyāṇāṃ prādurbhāva eṣaḥ/ na punar bhagavaṃs tathāgata-garbho jāyate vā jīryati vā mriyate vā cyavate votpadyate vā/ tat kasmād dhetoḥ/ saṃskṛta-lakṣaṇa-viṣaya-vyativṛtto bhagavaṃs tathāgata-garbho nityo dhruvaḥ śivaḥ śāśvata iti/ l 세존이시여! 이 죽음과 탄생이란 세간의 언어용법입니다. 세존이시여! 죽음이란 감관의 파괴입니다. 세존이시여! 탄생이란 새로운 감관의 발생입니다. 세존이시여! 여래장은 결코 태어나지도 않고 늙지도 않으며 죽지도 않고 떠나지도 않으며 생겨나지도 않습니다. 그 이유는 무엇입니까? 세존이시여! 유위를 특징으로 가진 대상을 초월해 있는 여래장은 상주하며 항구적이며 적정하고 영원합니다.〉

50 『열반경』 권25(T12, 767c21-23). "空者一切生死, 不空者謂大涅槃, 乃至無我者即是生死, 我者謂大涅槃."

51 『열반종요』(1-528a-b). "如是二說皆有道理. 所以然者, 涅槃菩提有通別. 別門而說, 菩提是果, 在能證德, 道諦所攝. 涅槃果之, 是所證法, 滅諦所攝. 通門而言, 果地道諦亦是涅槃, 所證眞如亦是菩提. 例如生死, 有通有別. 別而言之, 內根始終, 名爲生死, 如經言, 〈生者新諸根起, 死

"'취하는 자'(能取)[라는 분별을] '비로소 떠남'(始離)은 '비로소 깨달아 감'(始覺)의 측면(義)이고, '본래부터 떠남'(本離)인 '실체관념이 없는 마음'(空心)은 '깨달음 본연'(本覺)의 측면(義)이다. 측면(義)에는 비록 두 가지가 있지만 [이 두 측면이] 서로 섞여 '하나처럼 통하게 하는 깨달음'(一覺)을 이루니, ['비로소 떠남'(始離)과 '본래부터 떠남'(本離)은] 모두가 주관(能)과 객관(所)을 떠나고 '새로운 [분별]'(新)과 '오래된 [분별]'(舊)을 떠나기 때문이다. [이것은] 『대승기신론』에서 〈'비로소 깨달아 감'(始覺)이란 것은 바로 '깨달음의 본연'(本覺)과 같다〉(以始覺者, 卽同本覺)고 한 것과 같다. … 또 이 '하나처럼 통하게 하는 깨달음'(一覺)에는 〈'깨달음 본연의 측면'과 '비로소 깨달아 감의 측면'〉(本始義)이 [모두] 있으니, 〈깨달음 본연의 '[있는 그대로를] 드러내어 이루는 측면'〉(本覺顯成義)이 있기 때문에 '진리대로 닦는다는 설명'(眞修之說)에도 도리가 있고, 〈비로소 깨달아 감의 '닦아서 이루는 측면'〉(始覺修成義)이 있기 때문에 '새로 닦는다는 주장'(新修之談)에도 도리가 있다. [따라서 본각 本覺이나 시각始覺의 어느 한 측면에만] 치우쳐 집착하면 곧 '완전하지 못함'(未盡)이 있는 것이다."[52]

"다음으로 '뜻이 같은 것을 모은다'(會義同)는 것은, '같거나 유사한

者諸根滅盡.〉 通而論之, 諸雜染法皆是生死. 如經言, 〈空者一切生死,〉 廣說乃至, 〈無我一切生死.〉 對此生死以說涅槃故, 知涅槃亦有通別."

52 『금강삼매경론』무상법품(1-611c-612a). "始離能取是始覺義, 本離空心是本覺義. 義雖有二, 混成一覺, 同離能所離新舊故. 如論說言, 以始覺者, 卽同本覺. … 又此一覺, 有本始義, 以有本覺顯成義故, 眞修之說, 亦有道理, 以有始覺修成義故, 新修之談, 亦有道理. 如其偏執, 卽有未盡."

뜻'(同類義)에 대해 문장과 구절을 달리하는 것이 있기에 '뜻이 유사한 것'(義類)으로 여러 문장들을 모으는 것이다. '부처면모가 지닌 뜻'(佛性之義)에는 '헤아릴 수 없이 많은 측면'(無量門)이 있지만, [뜻이] 유사한 것들끼리 서로 모으면 다섯 가지를 벗어나지 않는다. 첫 번째는 '본연이 온전한 측면'(性淨門)이니 '[본연에] 늘 머무르는 부처면모'(常住佛性)[에 관한 문장들]이고, 두 번째는 '오염에 따르는 측면'(隨染門)이니 '[본연에] 늘 머물지 않는 부처면모'(無常佛性)[에 관한 문장들]이다. 이 두 가지 측면은 모두 '원인으로서의 [부처] 면모'(因性)를 말하는 것이다. 세 번째는 '현재 나타난 결실[의 측면]'(現果)이니 '모든 부처가 얻는 것'(諸佛所得)[에 관한 문장들]이고, 네 번째는 '미래[에 있을 부처라는] 결실[의 측면]'(當果)이니 '중생이 갖추고 있는 것'(衆生所含)[에 관한 문장들]이며, 다섯 번째는 '하나처럼 통하는 마음[의 측면]'(一心)이니 '원인도 아니고 결실도 아닌 것'(非因非果)[에 관한 문장들]이다. 이 '다섯 가지 측면'(五門)에 의거하여 여러 문장들을 모으겠다. … [『열반경』에서] 이렇게 많은 명칭들을 말하는 까닭은 여러 경전들이 오직 '한 맛[처럼 서로 통하는 것]'(一味)임을 드러내기 위해서이니 …"[53]

"이리하여 앞에서 말한 [본연이 온전한 측면'(性淨門), '오염에 따르는 측면'(隨染門), '현재에 나타난 부처라는 결실의 측면'(現果門), '미래에 있을 부처

---

[53] 『열반종요』(1-544c-545a). "次會義同者, 於同類義有異文句, 以義類而會諸文. 佛性之義有無量門, 以類相攝, 不出五種. 一性淨門, 常住佛性, 二隨染門, 無常佛性. 是二種門皆說因性. 三者現果, 諸佛所得, 四者當果, 衆生所含, 五者一心, 非因非果. 依是五門, 以攝諸文. … 所以說是衆多名者, 爲顯諸經唯一味故, …"

라는 결실의 측면'(當果門), 이] 네 가지 측면에서 '오염[에 따르는 측면] 및 [본연이] 온전한 [측면]이라는 두 가지 원인[으로서의 부처 면모]'(染淨二因)와 '미래[에 있을 측면] 및 현재에 나타난 [측면]이라는 두 가지 결실[로서의 부처 면모]'(當現二果)는 그 본연(性)이 '다르지 않고'(無二) 오직 '하나처럼 통하는 마음'(一心)임을 알아야 하니, '하나처럼 통하는 마음의 본연'(一心之性)은 오직 '부처가 체득하는 것'(佛所體)이기 때문에 〈이 '[하나로 통하는] 마음'(心)을 '부처의 면모'(佛性)라 부른다〉고 말한다. 다만 ['부처의 면모'(佛性)는] '여러 [차이 나는] 측면'(諸門)에 의거하면서 이 '하나처럼 통하는 본연'(一性)을 드러내는 것이기에 '차이 나는 측면'(異門)에 따르면서도 '독자적 본질'(別性)이 있는 것은 아니니, ['여러 차이 나는 측면'(諸門)에] '[불변·독자의 실체로서의] 차이'(異)가 없는데 어찌 [독자적 본질을 지닌] 하나(一)가 있을 수 있겠는가? '[독자적 본질을 지닌] 하나'(一)가 아니기 때문에 '여러 [차이 나는] 측면'(諸門)에 해당할 수 있고, '[불변·독자의 실체로서의] 차이'(異)가 아니기 때문에 '여러 [차이 나는] 측면'(諸門)은 '한 맛[처럼 서로 통하는 것]'(一味)이다."[54]

"묻는다. [진여문과 생멸문이라는] 두 측면이 같지 않다는 것은 알겠는데, 두 측면에 포섭되는 진리(理)와 현상(事)에도 각 측면에 따라 다른 의미가 있는 것은 아닌지 아직 잘 모르겠다.

답한다. 각 측면에 따라 나누어 보면 또한 같지 않음이 있다. 어

---

54 『열반종요』(1-545c). "是故當知前說四門, 染淨二因當現二果, 其性無二, 唯是一心, 一心之性唯佛所體故, 說是心名爲佛性. 但依諸門, 顯此一性, 非隨異門而有別性, 卽無有異, 何得有一? 由非一故, 能當諸門, 由非異故, 諸門一味."

떤 것인가? [먼저] '참 그대로인 측면'(眞如門)에 포섭되는 현상(事法)은 '분별된 것'(分別性)이다. 모든 것은 '[근본무지가 세운 불변·독자의 실체로] 생겨나는 것도 아니고 사라지는 것도 아니어서'(不生不滅) '본래부터 [근본무지의 분별로 인한 왜곡과 동요가 없이] 고요하지만'(本來寂靜) 단지 '[근본무지에 따라] 잘못 분별하는 생각'(妄念)에 의거하여 차별됨이 있는 것이라고 설하기 때문이다. [다음으로] '[근본무지에 따라] 생멸하는 마음측면'(心生滅門)에서 설해지는 현상(事法)은 '다른 것에 의존하는 것'(依他性)이다. 모든 것은 인연의 화합으로 생멸함이 있게 된다고 설하기 때문이다. 그런데 이 [분별성과 의타성의] 두 면모는 비록 같지 않지만 다르지도 않다. 어째서인가? 인연으로 생겨난 모든 생멸하는 것은 '[근본무지에 따라] 잘못 분별하는 생각'(妄念)을 떠나 차별이 있는 것은 아니므로, '[근본무지에 따라] 분별된 것'(分別性)은 '다른 것에 의존하는 것'(依他性)과 다르지 않아서 역시 '[근본무지에 따라] 생멸하는 측면'(生滅門)에도 속한다. 또 인연으로 생긴 것에서는 '자기만의 본질'(自性)과 '다른 것의 본질'(他性) 및 '공통되는 본질'(共性)을 모두 얻을 수 없기 때문에[55] '다른 것에 의존하는 것'(依他性)은 '[근본무지에 따라] 분별된 것'(分別性)과 다르지 않아서 또한 '참 그대로인 측면'(眞如門)에도 속한다. [또] 이와 같은 [분별성과 의타성의] 두 면모는 비록 다르지 않지만 또한 같지도 않다. 어째서인가? '[근본무지에 따라] 분별된 것들'(分別性法)은 본래 있는 것이 아니지만 없지 않은 것도 아니며, '다른 것에 의존하는 것들'(依他性法) 또한 비록 있는 것이 아니지만 없

---

55 용수, 『중론』권1(T30, 2b6-7). "諸法不自生 亦不從他生 不共不無因 是故知無生."

는 것도 아니다. 그러므로 [분별성과 의타성의] 두 면모는 또한 뒤섞여 어지러워지는 것이 아니다. 『섭대승론』에서 설명하기를, 〈[의타기성과 변계소집성과 원성실성이라는] 세 가지 면모는 서로 기대어 있어 다른 것도 아니고 다르지 않은 것도 아니니, 반드시 이와 같이 설명해야 한다〉[56]라고 한 것과 같다. 만약 이 [의타기성과 변계소집성과 원성실성이라는] 세 가지 면모가 같지도 않고 다르지도 않다는 뜻을 이해할 수 있는 사람은 온갖 논쟁을 화해시키지 못할 것이 없다."[57]

『대승기신론』에서 눈떠 『대승기신론』 해설과정에서 더욱 발전시킨 것으로 보이는 '문門 구분 사유방식'을, 원효는 화쟁 작업에서 적극적으로 구사한다. 그 사례도 일일이 열거하기 어려울 정도로 많은데, 몇 가지 사례만 선별적으로 확인해 보자. 무엇보다도 원효의 저술을 인용하는 타인의 시선이 주목된다. 지금도 그렇지만 누군가의 저술 내용을 인용하

---

56 무착(無著), 『섭대승론(攝大乘論)』 권중(T31, 139b24-25), "復次, 此三自性爲異爲不異? 應言非異非不異." 전문을 인용해 두면 다음과 같다. "復次, 此三自性爲異爲不異? 應言非異非不異. 謂依他起自性, 由異門故成依他起; 卽此自性由異門故成遍計所執, 卽此自性由異門故成圓成實. 由何異門此依他起成依他起? 依他熏習種子故. 由何異門卽此自性成遍計所執? 由是遍計所緣相故, 又是遍計所遍計故. 由何異門卽此自性成圓成實? 如所遍計畢竟不如是有故."

57 『별기』(1-679c-680a). "問. 二門不同, 其義已見, 未知二門所攝理事, 亦有隨門差別義不. 答. 隨門分別, 亦有有不同. 何者? 眞如門中所攝事法, 是分別性. 以說諸法不生不滅本來寂靜, 但依妄念而有差別故. 心生滅門所說事法, 是依他性. 以說諸法因緣和合生滅故. 然此二性雖復非一, 而亦不異. 何以故? 因緣所生生滅諸法, 不離妄念而有差別故, 分別性不異依他, 亦在生滅門也. 又因緣之生, 自他及共皆不可得故, 依他性不異分別, 亦在眞如門也. 如是二性雖復不異, 而亦非一. 何以故? 分別性法本來非有亦非不無, 依他性法雖復非有而亦不無. 是故二性亦不雜亂. 如『攝論』說, 〈三性相望, 不異非不異, 應如是說.〉若能解此三性不一不異義者, 百家之諍無所不和也."

98

여 소개할 때에는 그 저술에서 주목되는 내용을 선택하기 마련이다. 고려의 화엄 거장인 균여均如(923-973)는 원효 저술에서 화쟁 논법을 주목하고 있다.

"원효는 〈다섯 가지 성품이 차별된다(五性差別)는 주장은 [차이들이] 의존적 관계로 수립되는 측면/맥락'(依持門)이고, 모두 '[깨닫는] 부처 면모'(佛性)가 있다는 주장은 '연기[의 통찰에 의해 하나로 보는] 측면/맥락'(緣起門)이다〉라고 말하여, 두 이론의 배타적 주장(諍)을 이와 같이 '만나 통하게'(會通) 한다."58

"『십문화쟁론』에서는 [다음과 같이] 말하고 있다; 묻는다. 〈모든 중생에게 '[깨닫는] 부처면모'(佛性)가 있는가? [아니면] '[깨닫는] 부처면모'(佛性)가 없는 중생(無性有情)이 있다고 말해야 하는가?〉 답한다. 어떤 사람은 〈중생세계(有情界)에는 분명 '[깨닫는] 부처면모'(佛性)가 없는 중생이 있다. 모든 세계가 차별이기 때문이고, 무시이래 그러하기 때문이다(無始法爾)〉는 등으로 말하고, 또 어떤 사람은 〈모든 중생에게 '[깨닫는] 부처면모'(佛性)가 있다〉는 등으로 말한다. 묻는다. 〈두 논사의 주장 가운데 어떤 것이 맞는가?〉 답한다. 어떤 이(원효)는 말한다. 두 논사의 주장이 모두 맞다. 왜 그런가? 모두 성스러운 가르침(聖敎)에 의지하여 세워졌기 때문이고, 진리의 문(法門)은 하나가 아니

---

58   균여(均如), 『석화엄교분기원통초(釋華嚴敎分記圓通鈔)』(한불전4-311c). "曉公云, 〈五性差別之敎, 是依持門, 皆有佛性之說, 是緣起門,〉如是會通兩家之諍."

어서 걸림(障碍)이 없기 때문이다.

이것은 무슨 의미인가? 진리다움(眞)과 속됨(俗)의 상호 관계(相望)
에는 두 가지 측면/맥락(門)이 있으니, '[차이들이] 의존적 관계로 수
립되는 측면/맥락'(依持門)과 '연기[의 통찰에 의해 하나로 보는] 측면/
맥락'(緣起門)이 그것이다. '[차이들이] 의존적 관계로 수립되는 측면/
맥락'(依持門)이라는 것은 큰 허공이 바람(風輪) 등을 의지하는 것과 같
고, '연기[의 통찰에 의해 하나로 보는] 측면/맥락'(緣起門)이라는 것은
큰 바다가 파도와 물결 등을 일으키는 것과 같다.

'[차이들이] 의존적 관계로 수립되는 측면/맥락'(依持門)에 나아가
면, 진리다움(眞)과 속됨(俗)이 같지 않아(非一) 중생과 진리의 '본래 그
러함'(本來法爾)이 차별된다. 그러므로 무시이래로 생사에 즐겨 달라
붙어 구제해 낼 수가 없는 중생이 있다. 이 측면/맥락(門)에서는, 중
생의 세계경험(六處) 가운데서 출세간법을 생겨나게 할 수 있는 면모
(性)를 구해도 끝내 얻을 수가 없다. 그러므로 이 측면/맥락(門)에 의
거하여 〈'[깨닫는] 부처면모'(佛性)가 없는 중생〉(無性有情)을 주장하는
것이다.

'연기[의 통찰에 의해 하나로 보는] 측면/맥락'(緣起門)에 의한다면, 진
리다움(眞)과 망령됨(妄)이 별개의 것이 아니며, 일체의 것이 모두 '하
나로 보는 마음자리/마음지평'(一心)을 본연(體)으로 삼는다. 그러므
로 모든 중생이 무시이래로 이 진리세계의 흐름(法界流轉)과 같지 않
음이 없다. 이 측면/맥락(門)에서는, 모든 중생의 마음 가운데서 자
신의 근원으로 돌아가지 못하는 자를 구하려 하여도 끝내 얻을 수가
없다. 그러므로 이 측면/맥락(門)에 의거하여 〈모든 중생에게 '[깨닫

는] 부처면모'(佛性)가 있다〉고 주장하는 것이다. 이와 같은 '두 측면/맥락'(二門)은 본래 서로 방해함이 없다."[59]

신라 견등見登(?-?)의 저술로 기재되어 전하는 『대승기신론동이약집大乘起信論同異略集』도 원효의 화쟁 논법을 소개하고 있다.

"구룡의 『화쟁론』에서는 말한다. 〈무릇 부처자리(佛地)의 온갖 덕에는 대략 두 가지 측면/맥락(門)이 있다. 만약 '원인(因)에 따라 생겨나는 측면/맥락'(從因生起之門)으로 본다면, '과보로 성취한 부처의 공덕'(報佛功德)은 찰나에 생멸한다. 앞의 논사가 말한 것은 또한 이 측면/맥락(門)을 취한 것이다. 만약 '[근본무지에 따라 생멸하게 되는] 조건(緣)을 그치고 근원으로 돌아가는 측면/맥락'(息緣歸原之門)으로 본다면, 과보로 성취한 부처의 공덕은 분명히 한결같다. 뒤의 논사가 말한 것은 또한 이 측면/맥락(門)을 취한 것이다. 각각의 덕을 따라 이 '두 측면/맥락'(二門)이 있는데, '두 측면/맥락'(二門)은 서로 통하지 서로 위배되지 않는다.〉"[60]

---

59 같은 책(한불-전4-325b-c). "和諍論云. 問. 〈一切衆生皆有佛生耶? 當言亦有無性有情耶?〉答. 又有說者, 〈於有情界, 定有無性. 一切界差別故, 無始法爾故〉云云. 又有說者, 〈一切衆生皆有佛性〉云云. 問. 〈二師所說, 何者爲實?〉答. 又有說者, 二師所說, 皆是實. 何以故? 皆依聖教而成立故, 法門非一無障礙故. 是義云何? 眞俗相望, 有其二門. 謂依持門及緣起門. 依持門者, 猶如大虛持風輪等, 緣起門者, 猶如巨海起波浪等. 就依持門, 眞俗非一, 衆生本來法爾差別. 故有衆生, 從無始來樂生死, 不可動拔. 就此門內, 於是衆生六處之中, 求出世法可生之性, 永不可得. 故依此門, 建立無性有情也. 約緣起門, 眞妄無二, 一切法同一心爲體. 故諸衆生從無始來, 無不卽此法界流轉. 就此門內, 於諸衆生心神之中, 求不可令歸自源者, 永不可得. 故依此門, 建立一切皆有佛性. 如是二門, 本無相妨."

"이러한 뜻 때문에 구룡화상은 말한다. 〈만약 '원인을 지어서 결과를 받는 측면/맥락'(作因受果之門)으로 본다면, 새로 훈습하는 종자(新熏種子)가 바로 인연이 된다. 자기 과보를 생겨나게 하는 데 공능이 있기 때문이다. [이때] 저 '본연의 면모'(本性)라는 것은 바로 '결과를 이루는 법칙성'(果法)이다. [이것은] 생겨나게 할 수 있는 면모(性)지만, 과보를 생겨나게 하는 데에는 공능이 없다. [그래서] 단지 '과보가 될 수 있는 면모'(果性)라고 부를 뿐 '작용'이라고는 부르지 않는다. 따라서 만약 이 측면/맥락(門)으로 본다면, 오직 '새로 성립한 종자'(新成種子)만 있지 '본래 성립한 종자'(本成種子)는 없다. 저 '새로운 훈습'(新熏)[을 주장하는] 논사들의 뜻은 이 측면/맥락(門)을 취한 것이다. 만약 '본연의 면모에 따라 결과를 이루는 측면/맥락'(從性成果之門)으로 본다면, 오직 '본연의 면모'(本性界)가 바로 종자가 된다. 이것이 '결과를 이루는 법칙성'(果法)의 '스스로의 본연적 면모'(自性)이기 때문이다. '새로운 훈습'(新熏)은 '결과를 이루는 법칙성의 면모'(果法自性)를 만들지는 못한다. 그러므로 이 측면/맥락(門)으로 본다면, 저 새로운 훈습(新熏習)은 오직 '본연 면모의 종자'(本性種子)를 훈습하여 작동하게 할 수 있지 '자기 본연의 종자'(自體種子)를 이룰 수는 없다. 저 '오직 본래 있는 종자(本有種子)'[만을 주장하는 논사들]의 뜻은 이 측면/맥락(門)을 취한 것이다. 만약 '[두 가지가] 화합하여 결과를 생겨나게 하는 측

---

60 견등(見登), 『대승기신론동이약집(大乘起信論同異略集)』(한불전3-695a). "丘龍和諍論云. 〈夫佛地萬德, 略有二門. 若從因生起之門, 報佛功德, 刹那生滅. 初師所說, 且得此門. 若就息緣歸原之門, 報佛功德, 凝然常住. 後師所說, 亦得此門. 隨一一德, 有此二門, 二門相通, 不相違背.〉"

면/맥락'(和合生果門)으로 본다면, 새로 훈습하는 종자(新熏種子)는 오직 공능이 있을 뿐이며 만약 '본연의 면모'(性)가 없다면 결과가 생겨나지 않는다. 결과를 생겨나게 하는 것은 '본연의 면모'(性) 때문이니, '본연의 면모'가 바로 원인이 된다. [그런데] 비록 '본연의 면모'(本性)가 있어도 만약 새로운 훈습(新熏)이 없다면 곧 공능이 없다. 공능이 결과를 생겨나게 하는 것이니, [그렇다면 새로운 훈습이] 어찌 종자가 아니겠는가? 그러므로 이 측면/맥락(門)으로 본다면, 마땅히 다음과 같이 말해야 한다. '두 가지 종자가 있어 함께 하나의 결과를 생겨나게 한다'라고. 저 '새로운 훈습(新熏)과 본래 있는 것(法爾)이 함께 하나의 결과를 세운다'[라고 주장하]는 논사의 뜻은 이 측면/맥락(門)을 취한 것이다.)"[61]

〈'문門 구분 사유방식'을 정교하게 그리고 적절하게 구사하면 경론/교학적 이견異見들을 통섭적으로 소통시키고 결합시킬 수 있다〉는 원효의 태도는 동시대 불교계에서 매우 인상적이었던 것으로 보인다. 지금 소개한 인용문의 출처인 원효의 저서는 안타깝게도 일실되어 전하지 않는다. 『십문화

---

[61] 같은 책(한불전3-709a). 같은 내용이 균여의 『석화엄교분기원통초』(한불전4-315a)에도 인용되어 있는데, 『대승기신론동이약집』의 인용 구문이 완전한 형태이다. "由如是義, 故丘龍和上云.〈若依作因受果之門, 新熏種子正爲因緣. 於生自果, 有功德故. 彼本性者, 直是果法. 可生之性, 而於生果, 無有功能. 但名果性, 不名爲用. 故若依此門, 唯有新成種子, 而無本性種子. 彼新熏師意, 得此門也. 若依從性成果之門, 唯本性界正爲種子. 以是果法之自性故. 新熏不作果法自性. 故約此門, 彼新熏習但能熏發本性種子, 不能則成自體種子. 其唯有本種子意, 得此門也. 若就和合生果門者, 新熏種子唯有功能, 如其無性, 果則不生. 生果由性, 性則爲因. 雖有本性, 若無新熏, 則無功能. 功能生果, 豈非種子? 故依此門, 則當說云. '有二種子, 共生一果.' 其新熏法爾竝立一果師意, 得此門也.〉"

쟁론』도 극히 일부만 전하고 있다. 그러나 현존하는 원효 저서만 해도, 교학적 이견異見들의 불필요한 불화와 다툼을 정밀한 '문門 구분'을 통해 통섭적으로 해결하는 내용은 허다하게 확인된다. 원효가 구사하는 '문門 구분'이 얼마나 정교하고 정확하며 설득력이 있는지, 또한 그가 '문門 구분에 의한 통섭'에 얼마나 자신감을 지니고 있었는지를 확인시켜 주는 것으로서, 『열반종요』의 한 대목만 소개한다.

"묻는다. 이와 같은 두 가지 설명에서 어떤 것이 타당하고 어떤 것이 부당한가? 답한다. 만약 말대로만 붙든다면 두 가지 설명이 모두 부당하다. 서로 다르다고 다투어 부처님의 본뜻을 잃게 되기 때문이다. [그러나] 만약 반드시 [그렇다고] 집착하지 않는다면 두 가지 설명이 모두 타당성을 지니게 된다. '진리로 들어가는 문'(法門)에는 제한이 없어서 서로 방해하지 않기 때문이다. 이 [말의] 뜻은 무엇인가? 만약 '[열반 증득으로 인한] 능력과 [생사의] 괴로움이 서로 맞서는 측면'(德患相對之門)에 의거해 본다면, 생사生死는 '헛된 것'(空)이고 열반涅槃은 '헛되지 않은 것'(不空)이다. '망상분별하는 마음이 붙잡고 있는 것'(妄心所取)[인 생사生死]에는 알아야만 할 대상이 없기 때문에 '헛된 것'(空)이라 말하고, '[생사生死를] 붙들고 있는 망상분별하는 마음'(能取妄心)은 '자유자재[의 능력]'(自在)을 얻지 못하기 때문에 [참된] 자기가 없는 것'(無我)[62]이라고 말한다. [이에 비해] '참된 지혜로 증득한 도

---

62 『열반경』은 '무상(無常)·고(苦)·무아(無我)·부정(不淨)'에 대비되는 '상(常)·낙(樂)·아(我)·정(淨)'이라는 개념을 부각시켜 열반 지평의 긍정적 내용을 긍정용어로 기술하고 있다. 여기서의 '무아(無我)'는 긍정기술로서의 '아(我)'가 없다는 의미이다. 따라서 무지

리'(眞智所證道理)[인 열반]은 [깨달음(菩提)의] 마음(心)에 해당하기 때문에 '헛되지 않은 것'(不空)이라 말하고, '[열반을] 증득하게 하는 참된 지혜'(能證眞智)는 '걸림 없는 자유자재[의 능력]'(無礙自在)[을 지니기] 때문에 '크나큰 자기'(大我)라고 부른다. 이와 같은 [덕환상대德患相對의] 측면(門)에 의거하면 [생사生死는 '헛된 것'(空)이고 열반涅槃은 '헛되지 않은 것'(不空)이라고 하는] 앞 논사[의 주장]이 타당한 것이 되고, [『열반경』, 『능가경』 등에서] 그가 인용한 글들은 '완전한 뜻을 지닌 설명'(了義說)이 된다.

[그런데] 만약 '서로 기대어 있어서 [독자적 본질로서의] 자기모습이 없는 측면'(相待無自相門)에 의거해 본다면, 생사生死와 열반涅槃은 똑같이 '자기만의 변치 않는 본질'(自性)이 없다. '헛되지 않은 것'(不空)은 '헛된 것'(空)에 기대어 성립하고, '[참된] 자기'(我)는 '[참된] 자기가 없는 것'(無我)에 기대어 성립하며, '기대는 것이 없음'(無待)까지도 '기대는 것이 있음'(有待)에 기대어 성립하기 때문이다. [이것은]『대승기신론』에서 〈또 모든 '오염된 것'(染法)과 '온전한 것'(淨法)이 다 서로 기대어 있어서 [독자적 본질로서의] 자기모습'(自相)이라고 할 만한 것이 없다〉[63]라고 말한 것과 같다. 이와 같은 글에 의거하면 [열반涅槃과 생사生

에 매인 '불변/독자의 자아관념'을 부정하는 측면(門)에서 기술하는 '무아(無我)'를 '불변/독자의 자아가 없음'으로 번역하고 있는 점을 고려하여, 여기서의 '아(我)'는 '자기'로 번역한다. 『열반경』의 취지에 따라 본 번역에서는 '아(我)'를 두 가지로 번역한다. 치유와 극복의 맥락인 부정기술에서의 '아(我)'는 '자아'로, 구현된 긍정내용을 나타내는 긍정기술에서의 '아(我)'는 '자기' 혹은 '참된 자기'로 번역한다.

63 마명(馬鳴), 『대승기신론』 권1(T32, 580b8~11). "復次究竟離妄執者, 當知染法淨法皆悉相待, 無有自相可說. 是故一切法從本已來, 非色非心, 非智非識, 非有非無, 畢竟不可說相."

死가 모두 '불변 독자의 실체가 없는 것'(空)이라는] 뒤의 설명이 타당한 것이 되고, [『열반경』, 『화엄경』, 『대품경』 등] 그 인용된 글들은 '완전한 [뜻을 지닌] 설명'(了說)이 아닐 수 없는 것이 된다.

또 '크나큰 열반'(大涅槃)은 '[고정된] 모습'(相)도 떠나고 '[변치 않는] 본질'(性)도 떠나며, '헛된 것'(空)도 아니고 '헛되지 않은 것'(不空)도 아니며, '[불변의 독자적] 자아인 것'(我)도 아니고 '[참된] 자기가 없는 것'(無我)도 아니다. 왜 '헛된 것'(空)이 아니냐 하면 '본연이 없다는 것'(無性)에서 떠나기 때문이고, 왜 '헛되지 않은 것'(不空)이 아니냐 하면 '[변치 않는] 본질이 있는 것'(有性)에서 떠나기 때문이다. 또 '[고정된] 모습이 있는 것'(有相)에서 떠나기 때문에 '[불변의 독자적] 자아인 것'(我)이 아니고, '[아무런] 모습이 없는 것'(無相)에서 떠나기 때문에 '[참된] 자기가 없는 것'(無我)이 아니다. '[참된] 자기가 없는 것'(無我)이 아니기 때문에 '크나큰 자기'(大我)라고 말할 수 있지만, '[불변의 독자적] 자아인 것'(我)이 아니기 때문에 '자아가 없는 것'(無我)이라고도 말할 수 있다. 또 [열반은] '헛된 것'(空)이 아니기 때문에 '실제로 있는 것'(實有)이라 말할 수 있고, [생사는] '헛되지 않은 것'(不空)이 아니기 때문에 '허망한 것'(虛妄)이라고 말할 수 있다. '여래[의 면모]에 신비롭게 간직된 것'(如來秘藏)[64]은 그 뜻이 이와 같으니, 어찌 그 [다른 말들] 사이에서 [서로] 다르다고만 다투어야 하겠는가!"[65]

---

64 『금강삼매경론(金剛三昧經論)』 권1에서 원효는 '일각(一覺)'에 대해 "一覺了義者, 一心本覺 如來藏義"(H1, 610a2)라고 하여 여래장(如來藏)의 뜻을 一覺으로 설명하고 있다. 따라서 如來秘藏은 곧 '하나처럼 통하게 하는 깨달음의 완전한 뜻'(一覺了義)이기도 하다.

65 『열반종요』(1-529a-b). "問. 如是二說, 何得何失? 答. 故若如言取, 二說皆失. 互相異諍, 失佛

이렇게 볼 때 연기적 사유의 원효적 유형인 '문門 구별의 사유방식'은 크게 세 단계에 걸쳐 발전하고 있다. 첫 단계는 기신론의 '진여/생멸 이문二門 구별'에서 문門 구별의 사유방식에 눈뜬 것이며, 두 번째 단계는 이 '문門 구별의 사유방식'을 활용하여 '문二門 구별의 다양한 방식들'을 전개하는 것이고, 세 번째 단계는 '문門 구별의 사유방식'을 통해 상이한 이론과 관점들이 '서로 열고 서로 안을 수 있는' 통섭通攝과 화쟁和諍의 공간을 마련하는 것이다. 그리고 원효의 '문門 구별 사유방식'은 이 세 번째 단계를 발전의 정점으로 삼는다.

意. 若非定執, 二說俱得. 法門無礙不相妨故. 是義云何? 若就德患相對之門, 卽生死是空, 涅槃不空. 以妄心所取無境當知, 故說爲空, 能取妄心不得自在, 故說無我. 眞智所證道理稱心, 故說不空, 能證眞智無礙自在, 故名大我. 依如是門, 前師爲得, 彼所引文是了義說. 若就相待無自相門, 則生死涅槃等無自性. 以不空待空, 我待無我, 乃至無待待於有待故. 如『起信論』云, 〈復次一切染法淨法皆是相待, 無有自相可說.〉 依如是文, 後說爲得, 其所引文非不了說. 又大涅槃離相離性, 非空不非空, 非我非無我. 何故非空, 離無性故, 何非不空, 離有性故. 又離有相故, 說非我, 離無相故, 說非無我. 非無我故, 得說大我, 而非我故, 亦說無我. 又非空故, 得言實有, 非不空故, 得說虛妄. 如來祕藏其義如是, 何蜜異諍於其間哉!"

'문門 구分의 화쟁和諍과 통섭通攝'을
'지금 여기'로 소환하기 위한 성찰

1) 인간 ─ 언어적 인지능력자

지구상의 생물들은 경쟁한다. 살아남기 위해, 종족을 유지하고 복제하기 위해 경쟁한다. 특히 동물은 동종同種 내에서도 치열하게 경쟁하고 싸운다. 그러나 동물의 다툼은 생존과 번식에 필요한 일차적 욕구가 채워지면 그친다. 그에 비해 인간의 경쟁과 다툼은 특이하다. 채워야 할 욕구의 내용과 범위는 끝없이 확장되기에, 경쟁과 다툼도 끝을 모른다. 잔인성과 폭력성도 밑을 드러내지 않는다. 기억을 계승하며 싸움의 기간을 무한히 연장하기도 한다. 혈통이나 지역, 종교나 신념의 차이를 두고, 언제든지, 얼마든지, 기꺼이 피의 강물을 만드는 것이 인간의 싸움이다. 그런 점에서는 인간 종은 '싸우는 존재'이다.

'싸우는 인간'의 면모에는 언어가 깊숙이 개입하고 있다. 욕구의 무한증식과 싸움의 무제한성에는 인간의 언어능력이 심층에서부터 개입하고 있다. 인간의 등장이 언어에 앞서겠지만, 현실의 인간은 언어와 선후를 가르기 어렵게 한 몸이 되어 있다. 우리가 무엇을 욕구하거나 생각할 때, 이미 그 욕구의 형성과 생각의 발생에는 선행하는 언어적 관념이 개입한다. 언어적 관념과 무관한 순수사유나 순수욕망은 발라내기가 어렵게 된 것이 현존 인간의 실제이다. 그래서 인간은 '언어로 싸우는' 존재다. 언어로 싸울 줄 아는 유일한 생명체가 인간이다. 인간의 싸움은 관점과 욕구를 담은 언어들의 각축이다. 언어의 승패가 곧 현실과 삶의 승패가 되고, 언어의 승리를 위해서라면 공감이나 연민 같은 생명 본래의 감성은 한순간에 내팽개친다.

인간을 포함한 모든 살아 있는 생물종이 세계와 만날 때 발생하는 초기현상은 '차이 경험'일 것이다. 이 차이 경험을 어떻게 처리하는가에 따라 생존 여부도 결정된다. 그래서 차이 경험을 생존이익에 부합하는 방식으로 처리하고 반응하는 능력을 확보해 가는 과정이, 생물종 진화의 핵심이라고 생각한다. 그리고 필자는, 생존의 이익을 확보하기 위해 세계의 차이들을 '의도에 따라 임의로' 분류하고 또 선택적으로 반응하는 인간의 면모를 주목한다. 그리고 이 면모를 '언어적 인지능력'이라 부르고, 이것이 일반화시킬 수 있는 인간 특유의 면모라고 생각한다. 인간은 이 언어적 인지능력을 고도화시킴으로써 지구상 생물종 가운데 매우 독특한 존재가 될 수 있었다.

인간 이외의 생물들이 생존을 위해 세계의 차이들에 대응하는 방식은 '본능적' 수준에 머물러 있다. 차이의 분간과 선택적 반응방식이 본능적 양상이다. 이에 비해 인간의 경우는 의도에 따라 차이의 분류와 반응방식을 임의적으로 구성하는 면모를 보여 준다. 인간의 차이 대응방식도 상당 부분 본능적이지만, 본능적 방식에 머물지 않는 면모도 보여 주는 것이 사실이다. 그리고 바로 이 비본능적 반응방식에 인간 특유의 가능성이 있고, 인간은 이 가능성을 발달시킴으로써 먹이사슬의 정점을 차지할 수 있었다. 그리고 세계의 차이들과 관계 맺는 이 비본능적 방식의 핵심이 언어적 인지능력이다. 언어라는 기호를 사용하여 차이를 개념적으로 분류하고, 그 개념화된 차이들을 기억/비교/분석/추리/종합하여 사실을 판단하고 가치를 평가하는 능력. ─ 이 인지능력을 확보하게 된 것이야말로 '인간적 세상'을 수립한 핵심 동력이다. 이 언어능력과 인지능력은 분리될 수 없이 결합되어 있다는 점에서 '언어적 인지능력'이라 불러 보는 것이다.

두 발로 걷고 두 손으로 도구를 만드는 존재로 진화한 이후에도, 인간은 한동안 표정이나 몸짓, 음성으로 의사를 교환했을 것이다. 좋음과 싫음, 위험과 안전을 알리는 단순한 발성단계로부터, 의미를 복잡하게 분절하는 개념적 언어를 구사하는 단계로 진화하다가, 급기야 그 개념 구사력이 문자라는 고도의 유형적 기호 조작능력과 결합되는 단계에 접어들면서, 비로소 진정한 '언어 인간'의 시대가 개막되었을 것이다. 약 150(혹은 138)억 년 전에 빅뱅으로 우주가 생겨나고, 약 47억 년 전에 생성된 지구에서 인간이 살 만한 환경이 갖춰진 시기는 불과 수천만 년 전이고, 약 6-8백만 년 전에 인류의 조상인 유인원으로의 진화가 이루어졌고, 약 360만 년 전에 유인원 중 하나가 두 발로 걷기 시작하였으며, 두 발로 걷게 되자 인간은 두 손의 자유를 얻었고 발성기관의 변화로 목소리가 나왔으며, 현생 인류의 조상이라 할 만한 인간이 출현한 것은 대략 4-6만 년 전으로 추정된다. 그리고 약 5-6천 년 전에야 가장 단순한 문자인 그림문자가 일반화된 것으로 보인다. 그림문자가 표의문자가 되고 다시 표음문자로 발전하여 마침내 현재 우리가 구사하는 고도의 언어능력이 자리잡는다. 이렇게 보면 현재 인간이 구사하는 언어능력의 나이는 지구와 인간의 나이에 비교할 때 매우 젊다. 단기간에 역동적으로 발전해 온 특수한 현상이다. 컴퓨터 세상을 가능케 한 형식언어의 발전과 더불어 향후 인간의 언어 면모가 어떤 내용으로 진화해 갈지 자못 흥미롭다.

인류가 영성의 원천으로 삼는 고전 지혜들이 집중적으로 등장한 것은 대략 지금부터 약 2550년 전(기원전 6세기) 무렵의 일이다. 이 시기에 각 문명권에서는 심오한 혜안을 지닌 인물들이 앞서거나 뒤서거니 등장하는 흥미로운 일들이 벌어진다. 불교권 국가들의 합의된 산정방식에 따르면, 붓다(Buddha)는 기원전 624년에 출생하여 80년을 살다가 기원전 544년에 삶을 마감하였다. 노자老子(기원전 6세기경)나 공자孔子(기원전 551-479)의 활동시기도 거의 겹친다. 기원전 5세기 후반에 활동했던 소크라테스(기원전 470년경), 기원전 4세기 후반으로 추정되는 장자莊子까지 고려하면, 기원전 6세기를 전후한 1-2백 년간은 동서양 보편지혜의 원천들이 앞다투어 지혜의 감로수를 흘리기 시작한 각별한 시대이다. 칼 야스퍼스(1883-1969)는 기원전 8세기에서 기원전 3세기를 제1차 '지식의 폭발'이 일어난 '축軸의 시대'라고 불렀는데, 인류 정신사의 중심축이 형성되어 구르기 시작한 시대라는 의미로 이해할 수 있다. 그 축의 시대 중에서도 기원전 6세기 즈음은 가히 중심에 해당한다.

주목되는 것은 이 시기 영성들이 구사한 언어의 수준이다. 개념 선택, 명제 설정, 분석과 추론, 상징과 비유, 의미지평 등에 있어서 그들의 언어능력이 보여 주는 수준은 '언어적 인간'의 고도 단계에 있음을 보여 준다. 우리가 현재 구사하는 언어능력은 기본적으로 그 시기 그들이 보여 준 수준을 넘지 못한다. 이것은 무엇을 의미하는가? 약 5-6천 년 전에 문자언어와 결합하기 시작한 인간의 언어능력이, 그로부터 약 2500년이 지나서는 현재 우리가 구사하는 정도의 고도 언어능력을 보여 주는 수준에 이미 진입했다는 것을 의미한다. 그 시기의 인간은, '사유와 욕구가 언어와 한 몸처럼 결합하고 상호작용하는 길' '언어의 화려한 궁전을 건축하고 그 안에 거주하는 길' 그리고 '언어로 싸우는 길'에 올라, 거침없이 질주하는 존재가 되었다는 것을 의미한다. '야만-미개-문명'이라는 부실한 시대구분 도식에 맞추어 지금으로부터 2500여 년 전 사람들의 언어능력을 '문명 이전의 미개 수준'으로 추정하는 통념은 근거 없는 무지의 자만이다. 2500년 전의 혜안이 펼쳐 놓은 언어들은 현재언어가 아직도 충분히 소화해 내지 못하는 수준이라는 점을 간과해서는 안 된다.

2500여 년 전에 펼쳐진 언어들은, '사유와 욕구가 언어와 한 몸처럼 결합하고 상호작용하는 언어적 삶'과 '언어를 통한 이익 관철과 승리'를 추구하는 길을 인간이 질주하고 있었다는 것을 확인시켜 준다. 그래서인가. 이 시기를 전후하여 등장한 영성들은 흥미롭게도 인간과 언어의 관계에 대한 근원적인 통찰들을 쏟아 낸다. 특히 붓다와 노자, 장자는 언어에 대한 유사한 혜안을 펼친다. 그들은 하나같이 인간이 이익의 배타적 관철을 위해 언어적 허구를 사용하고 있다는 점을 들추어내는 동시에 그 언어 환각으로부터 해방되는 길을 일러 준다. 그중에서도 붓다의 혜안은 그 철저함과 체계성에서 단연 우뚝 하다. 그는 연기緣起(조건인과에 의한 발생) 통찰에 의해 개념 언어의 무본질/무실체성과 견해의 조건성을 밝혀 줌으로써 언어 환각으로부터 해방될 수 있는 길로 안내한다.

붓다와 노자, 장자에 의하면, 인간은 새로운 언어능력을 성취할 수 있다. 언어의 응달에서 벗어나려면, 언어 이전으로 퇴행하는 것이 아니라 한 걸음 더 나아가 언어능력을 한 차원 더 향상시켜야 한다는 것이 이들의 조언이다. 언어 허구에 지배받는 언어노예가 아니라, 언어 환각을 떨쳐 버리고 언어를 진실과 우애를 위해 굴리는 언어 주인공이 될 수 있다는, 실로 존재 차원의 설레는 희망을 제시한다.

2) 언어와 쟁론諍論의 길

개념들을 채택하여 차이들을 적절히 분류하고, 그것들을 결합하여 판단과 평가의 명제들을 만들어 특정한 관점과 이론을 펼치는 언어능력의 진화과정은, 우연의 산물이거나 어떤 전능한 조물주의 시혜가 아니다. 언어능력의 고도화를 발생시킨 현실의 조건들이 있다고 보아야 한다. 환경과 삶의 경험적 조건들이 인과적으로 결합하여 전개한 결과물이 언어능력의 고도화라고 보아야 합리적이다. 그렇다면 언어능력의 고도화 과정에 개입하는 환경과 삶의 경험적 조건들은 무엇인가? 무엇보다도 생물학적 관점을 유념해야 할 것이다.

모든 생물의 보편적 충동인 생존과 번식에 필요한 조건들을 간과할 수가 없다. 인간도 개인이나 소속집단의 생존과 번식에 유리한 조건들을 확보하기 위해 언어능력을 환경에 맞추어 지속적으로 진화시켰을 것이다. 인간은 언어가 생물학적 본능을 충족시키는 데 매우 효과적 도구라는 점을 알고는, 그 효과를 극대화시키기 위해 언어능력을 지속적으로 고도화시켰을 것이다.

언어가 생존과 번식이라는 생물학적 욕구를 충족시키는 데 어떤 기여를 할 수 있을까? 단순히 위험신호를 전파하고 짝을 찾는 소리의 단계를 벗어난 언어의 공능은 무엇일까? 개념이 지닌 '분간分揀' 기능이 원천일 것이다. 달리 말하면, 개념적 규정의 '동일화 작용'과 '배제 작용'이야말로 생존과 번식의 이익을 확보하거나 극대화할 수 있는 가장 효과적인 수단이었을 것이다. 언어 집짓기의 1차 건자재인 개념은 그것에 담긴 것들에 동일성을 부여하는 동시에 담기지 않은 것들을 배제함으로써 건축 자재의 기능을 수행한다. '책상'이라는 명칭은 그것으로써 지칭되는 대상들에 동일성을 부여하는 동시에, 책상 아닌 것들을 배제함으로써 명칭의 기능을 발휘하는 것이다. 이 언어 개념의 동일성과 배제성은 인간의 생존에 어떤 기여를 하는가?

소가족 규모이건 대가족 규모이건 군집생활을 선택한 인간은, 위험을 극복하기 위해 방어하고 싸워야 할 상황에 노출된다. 그럴 때는 구성원들의 결집력이 강할수록 유리하다. 소속 집단의 구성원들을 묶는 힘은 '동일성'에서, 대적해야 할 상대에 대한 전투력은 '배타성'에서 발생한다. 그런 점에서 언어는 매우 효과적이다. 개념과 그에 의거한 언어는 동일성과 차이성을 명백히 구획함으로써 분류와 비교, 선택을 가능하게 한다. 개념 언어의 이러한 속성은 생존의 강력한 도구가 된다. 예컨대 일정한 혈연이나 지연, 국가나 민족을 언어로 지칭함으로써, 방어와 공격의 동력인 '같음에 대한 동일성'과 '차이에 대한 배타성'을 명백히 확보할 수 있다.

생존 이익을 위한 또 하나의 언어적 전략은 판단/평가의 견해를 '무조건적'이거나 '절대적'인 것으로 주장하는 것이다. 대부분의 시비 판단이나 선악 평가는 개인이나 집단의 이익과 깊숙이 연관되어 있다. 견해 수립은 진실을 온전히 포착하고 구현하기 위한 진리 의지에 의거하기도 하지만, 개인과 소속 집단의 이익을 구현하려는 이익 의지가 판단과 평가를 지배하는 경우가 더 많을 것이다. 진실에 반하더라도 이익 확보에 유효한 판단과 평가를 내리려는 이익 의지가 일상을 주도한다. '우리는 정의의 사도이고 저들은 악의 무리들이다'라는 견해를 무오류의 절대 진리로 수용할수록, 집단의 결집력과 전투력은 커지게 마련이다. 따라서 이익 의지가 지배하는 판단/평가의 견해는 무조건적/절대적 타당성을 주장하려는 충동이 수반된다. 만약 '우리는 선이고 정의, 저들은 악이고 불의'라는 견해와 주장을 조건적/상대적으로 수용한다면, 이익을 관철하기 위한 집단 결집력과 배타의 전투력은 원천에서부터 희석되고 만다. 조건적/상대적 이해가 사실에 부합하고 합리적이지만, 이익 의지는 진실과 합리성을 얼마든지 외면한다. 언어를 통한 동일성과 배제성 확보, 견해의 무조건화와 절대화는, 이처럼 개인과 집단의 이익을 관철하는 강력한 기능을 수행한다. 쟁론은 언어가 지닌 이런 속성을 견해에 담아 개인과 집단이 싸우는 상황이다.

3) 견해의 두 가지 힘
— '승리의 힘'과 '합리의 힘'

견해는 '차이들을 분류/선택하고 판단/평가하는 방식이 언어적으로 구현된 것'으로, 언어적 인지능력의 대표적 산물이고 표현이다. 그래서 '견해 주장'은 인간 종에서만 목격되는 독특한 현상이다. 인간은 견해 주장을 통해 개인과 집단의 이익을 도모하는 존재이다. 그리고 삶의 이익을 확보하는 수단이라는 점에서, 견해는 '힘을 추구하며 또 힘을 지닌다.' 견해가 힘을 지녀야 구체적 이익이 확보되므로, 모든 견해는 힘을 지향한다. 문제는 견해를 통해 '어떤 이익'을 추구하는가에 있다. 이익 내용에 따라 힘의 유형이 결정된다.

견해는 다를 수 있다. 아니, 다를 수밖에 없다. 하나의 사안에 대해서도 수많은 관점들, 이익 및 손해를 결정하는 수많은 좌표들이 얽혀 있기 마련이다. 따라서 그런 만큼이나 수많은 견해와 주장이 엇갈릴 수밖에 없다. 이것은 언제나 어디서나 누구라도 피할 수 없는 현실세계의 운명적 구조이다. 이 다양하고 수많은 견해들은 저마다 힘을 추구하는데, 크게 보아 두 가지 유형의 힘이 있다. 하나는 '합리의 힘'이고, 다른 하나는 '승리의 힘'이다. 이 두 가지 힘이 때로는 결합하고, 때로는 각축을 벌이며 충돌해 온 이력이 인간의 역사이다. 그리고 그 이력은 아직도 현재진행형으로 만들어지고 있고, 미래에도 그럴 것이다.

필자가 '합리의 힘'이라는 용어를 선택한 것은 '논리의 힘'을 의미하려는 것이 아니다. '합리의 힘'은, '사실을 있는 그대로 보려는 의지'와 '서로 열고 서로 껴안는 태도'(通攝)가 견해에 담고자 하는 힘이다.

이에 비해 '승리의 힘'은, '개인 및 집단의 이익을 배타적으로 관철하려는 충동'이 견해에 싣고자 하는 힘이다. 따라서 합리의 힘을 추구하는 견해는 '진실, 공존, 정의로운 공익, 평화, 열린 우애'를 이로움으로 간주한다. 반면에 승리의 힘을 확보하려는 견해는 '사적/집단적 이익의 폐쇄적/배타적 관철'을 지상 과제로 삼기 때문에, 이익 관철을 위해서는 독단과 독선, 허위와 무지, 부당한 폭력도 기꺼이 선택하고 또 정당화시킨다.

인류는 어떤 견해의 힘을 선호해 왔을까? 압도적 대세는 '사적/집단적 이익의 폐쇄적/배타적 관철'에 필요한 '승리의 힘'으로 기울어진 것으로 보인다. 그것은 자연스러운 선택이기도 하였다. 험난한 환경에서 무리를 지어 생존 이익을 확보해 온 것이 인류학적 이력이다. 그리고 생존을 위해 환경의 차이들을 유리하게 처리하는 방식과 능력을 진화시켜야 했던 것이 생물학적 진실이다. 가장 최초기의 인간 삶에서부터 개인 생존은 자신이 속한 무리의 생존과 운명을 같이하였을 것이다. 그리고 소속된 무리의 이익을 확보하는 과정은 흔히 다른 무리의 이익과 충돌하였을 것이다. 이 생존의 야생에서는 일단 승리해야 살아남는다. 자기 무리의 이익을 위해 성공적으로 방어하고 공격해야 한다. 그런데 인간에게 특화된 생존능력은 '견해'이다. 견해를 세워 아군과 적군을 선별/판단/평가함으로써 생존을 도모하는 것이 인간이다.

최초기의 인간세상에서부터 지금까지, 이러한 생존의 야생적 구조와 속성은 이어지고 있다고 보아야 한다. 문명과 문화의 옷으로 아무리 치장한다 해도 이 생존 구조는, 인간 세상의 전부라 하기는 어럽지만, 여전히 압도적이다. 이렇게 본다면, 인간이 추구한 견해의 힘이 '사적/집단적 이익의 폐쇄적/배타적 관철'에 필요한 '승리의 힘'으로 기울어져 온 것은 자연스러운 현상이다. 그리고 견해가 이러한 승리의 힘을 갖추기 위해, 독단과 독선, 허위와 무지, 증오와 폭력을 정서적으로나 논리적으로 정당화시키려는 충동이 깊이 뿌리내려 왔을 것이다. 인간에게는 이 '승리의 힘을 추구하는 견해'에 대한 선호가 의식적/무의식적으로 내면화되어 있다. 이 내면화된 충동은 과거로부터 계승해 왔고, 현재에 공유하며, 미래로 전승하려고 하는 도도한 경향성이다.

견해는 사고방식과 상호 인과적으로 맞물려 있다. 견해의 지향성이 사고방식을 직조해 내기도 하고, 사고방식이 견해를 산출하거나 지탱하기도 한다. 승리의 힘을 확보하려는 견해도 그에 상응하는 사고방식을 구축한다. 대략 두 유형의 사고방식이 목격된다. 하나는 '절대주의 사고방식'이고, 다른 하나는 '본질/실체주의 사고방식'이다. 그리고 두 사고방식은 동전의 앞뒷면처럼 맞물려 있다.

절대주의 사고방식은 '판단과 평가의 절대화'를 지향하는 사고방식이다. '무조건' 맞거나 틀리고, '무조건' 좋거나 싫다는 사고법이다. 우리의 일상경험은 모든 경험이 '상대와 조건에 따라' 이루어진다는 것을 알려 준다. 그리고 그 상대와 조건은 변화를 속성으로 갖는다. 따라서 인간의 판단과 평가는 조건적이고 상대적이며 변화에 열려 있다. 이것이 경험세계가 보여 주는 '있는 그대로'이다. 이 경험세계의 상대적/조건적 면모는 '승리의 힘을 추구하는 견해'에게 불리하다. 무리의 이익을 배타적으로 관철하려면, 구성원들이 자기 진영에 유리한 판단이나 평가를 '무조건' '절대적으로' 승인하고 수용해 주어야 한다. 전쟁에 나선 각 진영은 모두 상대를 '악' '불의' '야만'으로, 자신을 '선' '정의' '문명'으로 규정한다. 그래야 응집력과 배타적 전투력이 극대화되어 승리할 수 있기 때문이다. 이 배제적 타자규정과 절대적 자기규정에 동의하지 않는 구성원들이 있다면, 그 숫자만큼이나 전투력이 훼손된다. 진영 입장에서는 구성원들 모두가 예외 없이 '무조건' '절대적으로' 자기 진영에 유리한 견해에 동의하고 수용해 주기를 원하기 마련이다. 아마도 근대 이전의 교육이나 문화, 관습 등 모든 집단적 제도들은 이러한 집단 기대를 구현하려는 기획과도 무관하지 않을 것이다. 이것이 절대주의 사고방식을 출발시킨 연원이고 지속적으로 강화시켜 온 삶의 조건들이다.

절대주의와 맞물려, '승리의 힘을 추구하는 견해'가 만들어 낸 또 하나의 작품이 본질/실체주의 사고방식이다. 진영 집단으로서는, 자기 이익에 기여하는 견해가 '절대적/무조건적'인 동시에, 그 견해를 타당한 것으로 만드는 이유가 100% '순수하고 변치 않는 것'이길 원한다. 동시에 그것은 자기 견해만의 소유여야 한다. '순수하고 변치 않으며 배타적으로 독점하는 그 무엇'이 자기 견해에 있다면, 그것을 근거로 삼아 구성원들을 설득할 수 있고 그것으로써 견해에 강력한 승리의 힘을 장착할 수 있을 것이다. 이 '순수하고 변치 않으며 배타적으로 독점할 수 있는 그 무엇'을 '본질'이라 부른다. 또 '변화하는 현상 이면에 자리 잡고 있는 불변의 절대적/독자적 그 무엇'을 '실체'라고 부른다. '승리의 힘을 추구하는 견해'는 자기 견해가 본질이나 실체로 대접받길 기대한다. 이러한 기대는 흔히 사회/국가적으

로는 인종이나 혈통, 신분에 투영되고, 철학에서는 존재론에 반영되
곤 한다. 이런 까닭에 '본질주의적 인종/혈통/신분론'이나 '실체주
의 존재론'은 예외 없이 폭력적 배제와 부당한 차별의 근거로 채택
된다. 그리고 이 본질/실체주의는 '동일화'와 '배제'를 속성으로 삼는
개념적 언어와 불가분의 관계를 맺고 있다.

　쟁론諍論은 다름 아닌 '승리의 힘을 추구하는 견해들의 충돌 상황'
이다. 그러기에 쟁론의 주체들이 선호하는 사고방식은 절대주의와
본질/실체주의에 기울어져 있다. 자기 견해는 '무조건 절대적으로'
맞는 것이라서 비판과 이견을 허락할 수 없다고 생각하고, 자기 견해
의 진리 타당성은 '100% 순수한 불변의 본질'을 갖는 것이라서 바뀔
수도 없고 다른 견해와 섞일 수도 없다고 여긴다. 그래서 너무나 쉽
게 독단적이고, 독선적이며, 배타적이고, 폭력적이다. 쟁론의 주체들
은, 자기 견해에 승리의 힘을 부여하기 위해, 무지와 편견, 독단과 독
선을 정당화시키려는 의지와 노력으로 무장한다. 그들에게 논리적
능력은 견해에 절대와 본질의 환각을 씌워 미화하거나 정당화시키
는 수단에 불과하다. 그들에게 견해의 조건성/상대성/가변성/잡종
성에 관한 성찰은 진영의 성채에 구멍을 내는 이적 행위이기에 억압
하고 외면하며 추방해야 한다. 그러기에 쟁론의 현장에서는 승리한
자의 축가와 패배한 자의 신음 소리가 뒤섞인다. 축배의 향연을 즐
기는 자들보다 훨씬 많은 자들이 고통과 분루를 삼킨다. 이런 풍경은
승자와 패자가 수시로 자리를 바꾸면서 반복된다. 문명의 야만이다.

　인간 특유의 면모인 '견해 주장'이 만약 '승리의 힘'만을 추구해 왔
다면, 인간의 역사와 세상은 생물종들 가운데 가장 추악한 것이 되었

을 것이다. 그러나 다행인 것은, 인간이 확보한 '언어적 인지능력'은 다면적 가능성과 능력을 지녔다는 점이다. 이 다면적 면모의 어느 면을 선택하느냐에 따라 인간 세상의 명암이 결정된다. 인류의 역사적 행보는 그 점을 충분히 증언한다. 인간의 언어적 인지능력은 견해로 하여금 '합리의 힘'을 추구하도록 하는 면모를 발현시켰다. 경이로운 일이다.

통상적으로 '합리合理'라는 말은 '논리적 정합성'을 의미한다. 인간의 언어적 인지능력은, '지각이 분류한 차이들의 법칙적 관계'를 포착하는 면모를 발전시키는 동시에, 이 법칙적 사고를 언어와 기호를 통해 공유 가능한 형태로 표현한다. 또한 이 법칙적 사고의 규칙들도 마련해 왔다. 이 법칙적 사고의 규칙에 부합하는 방식의 견해 주장을 '논리적'이라고 부른다. 그리고 언어적 인지능력을 논리적으로 펼치는 것을 '합리적'이라 부른다. 이 '논리적 합리성'은 문명과 문화의 동력이다. '물질과 같은 가시적 현상과 관련한 인간의 산물'을 문명 현상, '정신과 같은 비가시적 현상과 관련한 인간의 산물'을 문화 현상이라고 정의할 때, '논리적 합리성'은 이 두 현상을 구축한 동력이다. 문명 현상에서는 자연현상의 이해와 제어, 예측과 활용에서 놀라운 힘을 발휘하는 자연과학이 '논리적 합리성'의 힘을 대변한다. 문화 현상을 구성하는 철학, 역사, 문학, 정치, 문화, 종교, 경제 등의 자기 표현과 주장에서도 '논리적 합리성'이 결정적 역할을 한다. 정서적 표현과 주장일지라도 논리적 호소력과 결합되어야 효과적이다. 논리의 정합성 여부를 판단하는 법칙적 사유의 규칙들이 과연 얼마나 타당한 것인지는 별개의 문제이지만, 법칙적 사고를 하고 논리적 합리성을 추구한다는 것은 분명 경이로운 인간의 면모이고 능력이다.

그런데 쟁론과 화쟁의 문제를 다루면서 필자가 거론하는 '합리성'은 단지 '논리적 합리성'만을 지칭하는 것이 아니다. 논리적 합리성으로 추구하는 '목표'를 반영한 용어이다. 논리적 합리성은 양날의 검이다. 한 날은 인간을 살리는 활인검의 날이고, 또 한 날은 인간을 파멸시키는 살인검의 날이다. 포스트모더니즘이라는 이름 아래 진행된 '근대의 반성'은 그 핵심이 이성이 지닌 '논리적 합리성'을 비판적으로 성찰하는 것이다. 이성의 이름으로 자행된 폭력, 논리의 힘이 만들어 낸 기만의 체제, 물리적 논리가 생산해 낸 가공할 무기들, 논리로 무장한 채 지구 생태계를 존망의 기로에 서게 하는 시장의 괴물 이성. ― 이 말법末法적 현상들도 일면 논리적 합리성의 산물이다. 살인검으로 휘두르는 논리적 합리성이다.

화쟁의 길에서 주목하는 '합리의 힘'은 활인검이 되는 논리적 합리성을 토대로 하는 힘이다. 이때의 '합리'는 논리적 합리성에 기대어 '세상을 이롭게 하는' '진리'와 '관계'를 구현하려는 것이다. '사실을 있는 그대로 보려는 의지'가 추구하는 합리의 힘은 '세상을 이롭게 하는 진리'와 만나려는 것이고, '서로 열고 서로 껴안는 태도'(通攝)가 추구하는 합리의 힘은 '세상을 이롭게 하는 관계'를 구현하려는 것이다. 홍미롭게도 인간의 행보에는 이러한 '활인검의 합리'를 추구해 온 궤적도 끊이질 않는다. 인간의 언어적 인지능력이 오늘 우리의 그것과 같은 수준으로 정착된 시기로 보이는 이른바 '축의 시대', 특히 붓다와 노자, 소크라테스와 공자가 동시다발적으로 등장한 의미심장한 시대에는, 견해에다가 '활인活人하는 합리의 힘'을 실어 가는 인간의 행보가 뚜렷하다. 적어도 이 시기 이후 인간의 행보는, 견해에 이러한 '합리의 힘'을 장착하려는 노력과 성과가 모든 문명권에서 다양한 방식과 내용으로 이어진다.

다양한 견해들의 관계를 '개인 이익과 사회 이익의 균형 잡힌 정의正義를 지향하는 공익公益의 산출에 긍정적으로 기여할 수 있는 것'으로 만들려는 것이 '합리의 힘'이다. 이때 공익의 범주는 클수록, 개방적일수록 바람직하다. 공익의 현실범주는 사실상 유동적이다. 사적 개인에게 가장 작은 범주의 공익인 '가정의 이익'은 직장/지역/계층/성/종교/민족/국가 등의 다양한 공익 범주들과 동시적/다층적으로 얽혀 있다. 개인은 여러 범주의 공익들과 동시적으로 관계 맺을 뿐 아니라, 그 관계는 역동적으로 선택되고 또 변화한다. 이 복잡한 공익 범주들의 역동적 관계 속에서, 보다 개방적이고 정의로우며 큰 범주의 공익을 향상시켜 가는 것이 인류의 당위일 것이다. 공익의 이름으로 개인을 희생시키고 박탈하는 전체주의적 방향, 개인 이익의 이름으로 공동체 이익이 외면되고 손상되는 강한 이기적 개인주의의 방향은, 결국 개인을 포함한 모두에게 해롭다는 경험이 실증적으로 누적되어 있기 때문이다.

다양할 수밖에 없는 견해들의 상호 관계는 '개방적이고 정의로우며 더 큰 범주로 상향해 가는 공익'의 산출에 기여할 수 있어야 한다. 이 요청을 기준 삼을 때, 견해들의 '관계 맺기 방식'은 두 가지로 나뉜다. '화쟁적和諍的 관계 맺기'와 '쟁론諍論적 관계 맺기'가 그것이다. 전자는 정의로운 공익 산출의 향상에 기여하고, 후자는 그 반대이다. 그리고 견해들의 화쟁적 관계 맺기는 '합리의 힘'을 지닌 견해들에 의해서만 가능하다.

정의로운 공익을 키워 가려는 인류의 행보는 '견해들의 쟁론적 관계 맺기'에 의해 번번이 좌절되어 왔다는 것, 또한 '견해들의 화쟁적 관계 맺기'에 의해 지지되고 전진할 수 있었다는 것을, 인간의 역사는 증언한다. 인간의 집단적 행보에서 가장 소중하고 빛나는 성취 하나를 꼽으라고 한다면, 필자는 '견해들의 화쟁적 관계 맺기'에 해당하는 성공사례를 누적시켜 온 점을 선택하고 싶다. 비록 불충분하지만, 견해에 '합리의 힘'을 실어 가면서 화쟁 능력을 향상시켜 온 일련의 행보야말로, 인간종이 온갖 상처 속에서 만들어 낸 아름다운 진주라고 본다. 아직도 그 화쟁의 길은 좁고 험한 데 비해, 쟁론의 길은 넓고 화려하다. 그러나 희망의 조짐은 보인다. 견해들의 접속과 소통 가능성을 그 어느 때보다 높일 수 있는 문명/문화적 조건들이 몇 십 년 사이에 비약적으로 구축되고 있다는 점에 기대어, 필자 개인적으로는 화쟁의 길의 확대전망에 대해 긍정적 전망을 품어 본다. 쟁론의 집단적 업력이 보여 주는 반항의 역행 또한 여전히 강력하지만, 희망의 근거는 그 어느 때보다 확실하고 튼실해지고 있다고 본다.

4) 붓다의 연기 깨달음과 화쟁

생각건대, 확인하는 '합리의 힘'과 '견해'의 결합을 가장 먼저 가장 높은 수준에서 가장 성공적으로 성취한 인물은 붓다이다. 필자가 보기에는 그렇다. 그가 밝힌 연기적 사유의 길은 인간이 선택하고 추구해야 할 '합리의 힘'이 어떤 것이어야 하는지를 명증하게 보여 준다.

이후 현재까지도 우리는 붓다가 열어 준 연기적 사유, 연기적 사유로 세운 견해, 그 견해가 지닌 힘을 충분히 소화해 내지 못하고 있다. 불교 내부의 교학전통에서도 그렇고 현실에서도 그렇다고 본다. 주목되는 것은 불과 최근 1-2백 년, 짧게는 반세기 정도 사이에 인류가 보여 주는 사유의 행보이다. 이 기간 동안 누적되고 상승적으로 결합하고 있는 언어적 인지능력의 수준과 내용은 매우 인상적이다. 필자가 보기에, 인류는 근자에 이르러 비로소 붓다가 밝힌 연기적 사유의 길을 이해하고 그 길에 오를 수 있는 지적知的 조건들을, 지성 공동체의 전위前衛에서 공유할 수 있게 된 것 같다. 적어도 '지적知的 자격'이라는 측면에서는, 이제야 비로소 붓다와 제대로 대화할 수 있는 조건들을 마련하는 것으로 보인다.

붓다는 인간 내면에 본능수준으로 뿌리내린 '절대주의 사고방식'과 '본질/실체주의 사고방식'을 원천에서부터 해체하고 새로운 사고방식을 제시한다. 견해에 '승리의 힘'을 장착하려는 오랜 관성에 제동을 걸고, 견해에 '합리의 힘'을 싣는다. 견해가 '승리의 힘' 대신 '합리의 힘'을 만날 때 어떤 이로움이 발생하는가를 조목조목 일깨워 준다. 스스로 성공적 모범을 보일 뿐 아니라 자신처럼 성공할 수 있는 방법론까지 친절하고 정교하게 일러 준다. 붓다가 보인 그 새로운 사고방식은 연기적 사고방식이다. 모든 것을 '가변적 조건들의 인과적 관계에 의한 성립'으로 보는 사고방식이다. 견해에 '무조건/절대'와 '불변의 독자적 본질/실체'라는 기만적 환각을 덧붙여 배타적 승자의 자리를 영구히 차지하려는 쟁론의 사유를 뿌리에서부터 해체시켜 버리는 새로운 사고방식이다.

고타마 싯다르타는 기존의 사상과 수행법에 의거하여 깨달음을 추구하였으나 실패한다. 노력이 부족하지도 않았고, 성취가 남들보다 못한 것도 아니었지만, 자신의 갈증과 의문을 완전히 해결할 수는 없었다. 그가 실패의 경험을 딛고 성공의 단서를 잡은 것은 발상의 연기적 전환 때문이었다. 즐거운 경험은 모두 수행의 장애이고 삶의 오염물로 간주하던 기존의 관점에서 벗어나 〈즐거운 경험은 조건적으로 발생한다. 그리고 그 발생조건이 무엇인가에 따라 즐거움은 해로울 수도 있고 이로울 수도 있다〉는 사고의 전환이었다. 어떤 현상, 어떤 경험도 '조건인과적으로 발생한다'는 연기 깨달음의 여명이 밝은 것이었다. 그는 이후 이 연기적 사유를 수행에 적용하여 마침내 자신이 원하던 경지에 도달한다. 그와 동시에 연기 깨달음이 체득적 수준에서 완성된다.[66]

붓다가 된 고타마 싯다르타의 이후 행보는, 깨달음으로 확증한 연기적 사유의 전방위적 전개였다. 그의 연기 법설은 단지 12연기에 국한되는 것이 아니다. 사상과 수행, 삶과 세상에 대한 모든 법설이 연기적 사유의 변주였다. 신분의 우월적 지위를 혈통 본질주의로써 관리해 가던 브라흐만 계급의 무지와 허구를 가차 없이 비판하고 설득시킬 수 있었던 것도 연기적 사유에 의한 합리적 비판이었다.

---

66 고타마 싯다르타는 12연기를 성찰하여 깨달음을 성취하였다는 것이 종래의 통설이지만, 필자는 그런 이해가 불충분하다고 생각한다. 붓다 자신이 빈번하게 술회하고 있는 수행경험담의 내용을 너무 피상적으로 음미해 온 것이 아닌가 싶다. 관련된 생각의 일단을 「고타마 싯닷타는 어떻게 붓다가 되었나?」(『철학논총』 제88집, 새한철학회, 2017)에 담은 바 있다.

붓다의 연기 깨달음이 화쟁과 관련하여 일깨워 주는 통찰은 다음과 같은 것이라 생각한다; 〈어떤 현상, 어떤 세상사, 어떤 문제도 가변적 조건들의 인과적 결합에 의해 발생한다. 그리고 그 조건인과적 발생은 단선적이거나 일면적이 아니라 대부분 다면적이고 다층적이다. 그러므로 어떤 현상, 특히 인간사 문제를 볼 때는 그 문제의 발생에 얽힌 조건인과를 개방적/다면적/다층적으로 읽으려 노력해야 한다. 아울러 인간이 선택한 조건들에 의해 발생한 현상과 인과관계는 언제나 인간 자신의 의지와 성찰에 의해 새로운 것으로 재구성될 수 있다. 그 어떤 기존의 견해나 해답, 이미 확립된 질서나 제도일지라도 완결된 불변의 정답일 수는 없다. 따라서 더욱 진리에 부합하고 더욱 합리적이며 더욱 이로운 것으로 재구성하기 위해, 기존의 조건인과를 '조건적으로 재성찰하고', 더 좋은 조건인과를 '조건적으로 선택'하라. 그것이 화쟁이다.〉

조건인과에 대한 탐구가 '개방적'이어야 한다는 것은, 인과관계를 맺는 조건들은 언제나 가변적이므로 새로운 변화를 수용할 수 있어야 한다는 것이다. 또 '다면적/다층적 독해'가 필요하다는 것은, 문제에 얽혀 있는 다면/다층의 조건인과를 얼마나 포착하느냐에 따라 문제해결 능력의 수준이 결정되기 때문이다. 제한된 조건인과만을 포착하는 특정한 견해에 갇혀 버리면, 문제를 이해하지 못하는 무지의 독단/독선, 그에 수반하는 부당한 편향과 배타성이 쟁론으로 나타나 세상을 오염시키기 때문이다.

5) 원효의 화쟁

붓다 이후 약 1200년 지난 한반도. '언어로 싸우는 인간'을 치유하려는 위대한 영성의 빛 한 줄기가 다시 밝아진다. '다투는 견해'(諍論)들을 껴안아 치유하려는 화쟁和諍의 스승 원효元曉(617-686). 그가 황홀한 언어치유의 춤을 춘다.

언어를 통해 이익을 관철하려는 언어 인간이 된 이후, 싸움은 불필요하게 커지고 격렬해졌으며 잔인해졌다. 싸워야 할 이유와 동력을 언어에서 얻게 된 인간은 적개심을 무한히 증폭하고 장기화시킨다. 이 모든 언어적 투쟁에서 활약하는 것은 언어규정의 동일성과 배제성, 그리고 견해의 무조건화/절대화이다. 싸우는 인간의 언어적 투쟁에서, '다른 견해'(異見)는 같게 만들거나(동일화) 소거해야 할 대상이며(배제), 무조건적/절대적으로 틀리거나 잘못된 것이 되어야 한다. 서로 다른 견해들이 이처럼 동일화와 배제, 무조건화/절대화의 태도를 지니고 만나는 것이 쟁론諍論이다. 다른 견해들을 편입적 정복이나 소거적 승리의 대상으로 간주하지 않는 길이 있을까? 그런 길을 내려면 오래되고 강력한 언어적 관행을 거스를 수 있어야 한다. 어떻게 그런 역행逆行과 자유가 가능할까?

원효는 '견해의 문門 구분'에서 그 실마리를 잡는다. 원효 시대의 한반도에는 다양, 다층의 불교이론들이 동시다발적으로 유입되었고, 불교 지성들은 그 다채로운 이론들에 대한 다양한 이해를 수립하여 개진하였으며, 그것은 흔히 이견異見들의 쟁론으로 이어진 것으로 보인다. 원효 사후 그의 삶에 대한 최초의 평전적 기록으로 보이는 '서당화상비誓幢和上碑'는 그때의 정황을 이렇게 전한다.

"[화상의 저술] 가운데『십문화쟁론+門和諍論』은, 여래가 세상에 계실 적에는 온전한 가르침(圓音)에 의지하였지만, 중생들이 … 빗방울처럼 흩뿌리고 헛된 주장들이 구름처럼 내달리며, 나는 맞고 다른 사람은 틀리다고 말하기도 하고, 나는 타당한데 다른 사람은 타당하지 않다고 주장하여, [그 상이한 견해들의 배타적 주장이] 황하黃河와 한수漢水처럼 큰 강물을 이루었다. … [공空을 싫어하고 유有를 좋아하는 것은 마치] 산을 [버리고] 골짜기를 돌아가는 것과 같고, 유有를 싫어하고 공空을 좋아하는 것은 나무를 버리고 큰 숲으로 달려가는 것과 같다. 비유하자면, 청색과 남색은 바탕을 같이하고, 얼음과 물은 근원을 같이하며, 거울은 모든 형상을 받아들이고, 물이 [수천 갈래로] 나누어지는 것과 같다. … [유有와 공空에 관한 주장들을] 통하게 하고 화합하게 하여(通融) 서술하고는『십문화쟁론』이라고 이름하였다. 수많은 사람들이 [이 책에] 동의하며 모두 '훌륭하다!'고 칭송하였다. 또『화엄종요華嚴宗要』는 진리는 비록 근본적으로 하나이지만 … [당나라에 왔던 진나陳那, Dignāga의 문도가『십문화쟁론』을 읽고는] 찬탄하여 덩실덩실 춤을 추었다. [『십문화쟁론』을] 범어로 번역하여 곧 (?)사람에게 부쳐 보냈으니, 이것은 [바로] 그 나라(천축) 삼장三藏법사가 [『십문화쟁론』을] 보배처럼 귀하게 여기었던 까닭에서였음을 말하는 것이다."

차이가 존중되며 상호작용하는 관계방식을 '소통'이라 한다면, 차이를 정복하여 동일하게 만들거나 제거하고 일방의 완전한 승리를 추구하는 관계방식은 '불통'이다. 그러기에 쟁론의 특징은 '차이들과의 불통'이다. 원효의 화쟁은 '쟁론의 불통'을 '이견異見들의 소통'으로 바꾸려는 방법이고 과정이며 결과이다. 원효는 불교이론에 대한 다양한 이견들을 '만나게 하고 통하게 하는'(會通) 데 특별한 관심과 노력을 기울인다. 그리고 이 소통 작업을 관통하는 핵심 방법론은 '문門 구분'이다. 원효는 '문門'이라는 용어를 즐겨 채택하여 사상을 개진하고 있는데, 크게 두 가지 의미로 사용한다. 하나는 '종류, 유형, 가지' 등으로 번역될 수 있는 것이고, 다른 하나는 '방식, 측면' 등으로 번역될 수 있는 것이다. 이견을 회통하여 쟁론을 화쟁할 때 채택하는 문門의 의미는 후자인데, 철학적으로는 '견해/관점/이론의 조건인과 계열'을 의미한다.

그런데 원효가 시도하는 '문門 구분'의 목적은 화쟁에 국한되지 않는다. 이론이나 견해를 구성하는 '다면적 조건인과 관계'를 포착하려는 것이 또 하나의 목적이다. 원효의 저서에는 명시적으로 화쟁으로 귀결시키지는 않아도 '문門 구문'을 시도하는 경우가 빈번하게 등장한다. 횟수로만 보면 '화쟁과 연결시키는 문門 구문'보다 더 많다. 이론과 논리, 견해나 주장을 성립시키는 조건인과를 다면적으로 읽을수록 그 이론/논리/견해/주장을 정확하고 공정하게 이해할 수 있기 때문인 것으로 보인다. 그리고 이렇게 조건인과를 다면적/중층적으로 읽어 내는 것은 화쟁과 무관하지 않다. 교학 이론들, 자기나 타인의 견해들을 수립하는 조건인과를 다면적으로 읽을수록 이해 지평이 넓어지고 포섭능력이 커지므로, 결과적으로 화쟁적일 수 있기 때문이다. '명시적으로 화쟁과 연결시키는 형태의 문 구분'이든, 단지 '조건인과를 다면적으로 읽어 내기 위한 문 구분'이든, 원효의 '문 구분'은 모두 화쟁과 연관된다.

〈A 문門으로 보면 이런 뜻이 되고 B 문門으로 보면 저런 뜻이 된다. 그러므로 모두 살려 통하게 할 수 있다.〉 — 원효가 구사하는 화쟁 논법의 정형이다. 원효가 시도하는 문門 구분은 견해/이론에 대한 '조건인과적 이해'이다. 모든 현상은 '일정한 조건들의 상호작용이 인과적으로 결합하여 발생한다'고 보는 것이 붓다의 연기緣起 통찰이다. 원효는 이 연기적 사유를 '견해/이론의 문門 구분'으로 계승하여 쟁론의 치유와 소통에 적용한다. 견해의 문門을 구별하여 배타적 다툼을 화해적으로 소통시킨다는 것은 어떤 의미인가?

시큼한 김치를 두고 견해 다툼이 벌어진다. 한국인 '갑'은 '세상에 둘도 없는 진미'라고 군침을 흘리는데, 외국인 '을'은 '악취가 풍겨 차마 입에 넣을 수 없는 썩은 채소'라고 고개를 돌린다. '갑'은 '을'을 '맛을 모르는 사람'이라고 비난하고, '을'은 '갑'을 '야만인'이라고 경멸한다. '갑'은 김치를 좋아하는 다른 한국인들을 불러 자기 견해가 옳고 '을'이 틀리다는 것을 증명하려고 하고, '을' 역시 김치를 혐오하는 외국인들을 불러 자기 견해가 옳다는 것을 입증하려 한다. '갑'과 '을' 모두 '좋은 맛'과 '싫은 맛'을 직접 경험하고, 자기와 견해를 같이하는 많은 사람들을 확보할 수 있다. 그래서 자기 견해의 무오류에 대한 절대적 확신이 있다. 김치가 맛있다는 것을 인정하고 맛없다는 견해를 철회하든가, 맛없다는 것을 인정하고 맛있다는 견해가 틀렸으니 버려야 한다고 생각한다. 어느 한편도 도저히 양보할 수 없어 팽팽히 맞서는 이 견해 다툼은, 급기야 두 사람의 관계를 심각하게 훼손한다.

그러자 '병'이 다툼을 해소시키기 위해 '갑'과 '을'을 불러 대화한다.

'병'은 같은 대상을 두고 첨예하게 대립하는 두 사람의 이견異見을 '조건인과적'으로 설명한다; 〈한국인 '갑'은 오랫동안 누적되고 공유되는 한국의 식자재와 음식 맛에 익숙해 있고 감각과 신체도 그에 상응하여 최적화되어 있다. 그러니 '갑'은 시큼한 김치를 감미로운 진미로 경험할 수밖에 없다. 이에 비해 외국인인 '을'은 전혀 다른 식자재와 음식 문화 속에서 살아온 사람이니, 그의 상이한 환경과 경험 및 감각 조건이 원인이 되어 시큼한 김치를 악취 나는 썩은 채소로 경험할 수 있다. 그렇다면 '갑'과 '을'의 견해는 나름대로 일리가 있어 모두 살릴 수 있다. 굳이 옳고 그름을 다투어 한쪽 견해의 일방적 승리를 추구할 수 없는 문제가 아닌가? 서로의 차이를 존중하여 이해하려고 노력하는 것이 좋겠다.〉

'병'의 말을 듣고 '갑'과 '을'은 자신들이 '견해 차이의 조건인과'를 주목하지 못하고 있었다는 점을 깨닫는다. 그 결과 김치 맛에 대한 견해 차이를 동일화나 배제의 문제로 보지 않을 수 있게 되고, 또 자기 견해의 타당성을 무조건적/절대적으로 주장하는 태도가 부당하다는 점도 알게 되었다. 김치에 대한 견해 차이를 승패의 다툼이 아니라 음식과 맛에 대한 이해와 경험을 심화하고 풍요롭게 만드는 계기로 삼을 수 있게 되었다.

모든 물질적, 정신적 현상은 조건인과적으로 발생하고 소멸한다. 아무런 조건인과 없이 우연히 생기는 것은 없고, 일인 권력자의 뜻대로 조건인과를 조작할 수도 없다. 인간사와 세계는 '조건인과의 자연自然(스스로 그러함)'이다. 견해도 그러하다. 인간은 동일 대상과 사안에 대해 다양한 견해를 수립한다. 한 현상, 한 문제를 보는 견해에는 다면적/다층적 조건인과들이 반영된다. 각자가 처한 환경적 조건, 유전적 조건, 이익 관계 등이 상이하기 때문에, 각자의 견해를 발생시킨 조건인과가 다르다. 이 점을 인지하여 조건인과의 차이와 내용을 포착하려는 태도를 지니면, 상당수의 배타적 쟁론들은 해소되거나 조정된다. 특정 견해를 형성한 조건인과의 특징과 타당성 정도에 대한 이해력이 커지는 만큼, 견해 차이의 상생적 상호작용이나 조정 가능성도 커진다. 그럴 때 견해 차이는 정복이나 소거의 대상이 아니라 공존의 벗이 될 수 있다.

모든 현상과 견해를 '조건인과적'으로 파악하는 것은 실재와 진실에 부합한다. 현재의 모든 지식 가운데 가장 신뢰도와 영향력이 큰 과학적 지식이 설득력을 갖는 것도 다름 아닌 '검증 가능한 조건인과에 대한 열린 탐구' 때문이다. 그러므로 견해를 조건인과적으로 파악하려는 태도는 과학과도 공유하는 오래된 합리성이다. 그러나 개인과 집단의 생물학적 이익(생존과 복사에의 이익)을 관철하기 위한 언어 전략의 오랜 관행은, '견해의 조건인과적 이해'에 저항한다. 이익을 확보하고 극대화하기 위해서는 언어 속성인 동일화와 배제를 견해에 적용하고, 견해를 무조건화/절대화하는 것이 유효하다는 경험을, 오랫동안 체화시켜 왔기 때문이다. 인간의 신체적/정신적 유전자에는, 견해 차이를 동일화와 배제의 승패 문제로 처리하고, 무조건적/절대적 옳음이나 그름으로 확정하려는 충동이, 본능처럼 강력하게 각인되어 있다.

쟁론의 당사자들도 자기 견해와 상대의 견해를 조건인과적으로 이해한다고 말할지 모른다. 그러나 대부분의 경우, 견해를 성립시키는 조건들의 인과적 연관을 사실대로 포착하려고 하는 것이 아니라, 자기 견해의 옳음과 상대 견해의 틀림을 입증하기 위해 유리한 조건 인과들을 자의적으로 선택한다. 이미 답을 정해 놓고 이유를 채집하는 태도는 그 전형이다. 원효가 견해와 이론의 문門 구분을 통해 '불통의 쟁론'을 '소통의 화쟁'으로 바꾸려 한 것은, 인류의 오래된 '동일화와 배제, 무조건화와 절대화'의 언어 사유의 관행을 치유하려는 행위였다. 그리고 이 '문門 구분을 통한 화쟁'은 견해에 '합리의 힘'을 실을 수 있는 원천인 붓다의 연기 법설을 원효식으로 계승한 것이라 생각한다.

견해의 차이를 조건인과적으로 이해하려고 노력하면 '부분적 타당성/부당성'이 눈에 들어온다. '~한 조건에서는 타당하다'거나 '~한 조건에서는 부당하다'라고 하는 '조건적 타당성/부당성'이 포착되는 것이다. '무조건 맞다'거나 '다 맞다'는 것이 아니라 '조건적으로 맞거나 틀리다'라고 볼 수 있게 된다. 이 부분적/조건적 타당성을 원효는 "일리一理가 있다"고 말한다. 예컨대 이런 식이다.

"이러한 뜻이기 때문에 여섯 법사의 설명은 비록 모두가 '부처면모의 실제 바탕'(佛性實體)을 [다 드러내기에는] 미진하지만, ['오염되어 있지만 오염되지 않거나' '오염되지 않았지만 오염되어 있는'] 측면(門)에 따라 말하여 각기 [부처면모의 바탕'(佛性體)에 대한] 뜻을 얻었다. 그러므로 아래 [『열반경』의] 문장에서 〈마치 저 눈먼 사람들이 각각 코끼리를 설명하는 것과 같으니, [그들은] 비록 실제를 얻지는 못하지만 코끼리를 설명하지 않은 것도 아니다. '부처의 면모'(佛性)를 설명하는 것도 이와 같으니, [불성佛性이] 바로 '[색色·수受·상想·행行·식識·아我의] 여섯 가지 현상'(六法)인 것은 아니지만 '[색色·수受·상想·행行·식識·아我의] 여섯 가지 현상'(六法)에서 벗어나는 것도 아니다)[67]라고 말한다. 여기 여섯 [법사의] 설명도 이러함을 알아야 한다."[68]

견해를 조건 인과적으로 파악하려는 노력은, 언어의 '동일화와 배제' 속성, 무조건화/절대화의 충동이 초래하는 '언어 본질주의'나 '절대적 규정'의 환각에서 풀려나게 하여, 언어의 실용적 유연성을 극대화시켜 준다. '언어 본질주의'란 언어에 해당하는 불변의 동일한 내용이 독자적으로 존재한다는 관점이다. 예컨대 '책상'이라는 명칭 안에는 책상을 책상이게 하는 불변의 동일한 본질이 있고, 마찬가지로 걸상에는 걸상의 본질이, 장미꽃에는 장미꽃의 본질이, 갑돌이와 갑순이라는 명칭에는 각각 고유한 불변의 본질이 독자적으로 있다고 간주하는 시선이다. 만약 언어에 해당하는 불변의 고유한 본질이 있는 것이라면, 언어의 속성인 동일성과 배제성은 실재에 부합한다고 할 수 있다. 그러나 실제로는 언어에 해당하는 그 어떤 내용에서도 경험 가능한 불변의 독자적 본질을 발견할 수가 없다. 언어뿐 아니라 세계의 모든 존재나 현상에서도 경험 가능한 불변의 독자적 본질

---

67 『열반경』권30(T12, 802b29-c2). "如彼盲人各各說象, 雖不得實, 非不說象. 說佛性者亦復如是, 非卽六法, 不離六法."

68 『열반종요』(1-539상). "由是義故, 六師所說雖皆未盡佛性實體, 隨門而說, 各得其義. 故下文說, 〈如彼盲人各各說象, 雖不得實, 非不說象. 說佛性者亦復如是, 不卽六法, 不離六法.〉當知此中六說亦爾."

은 없다. 수학이나 논리 같은 추상적 범주에서는 불변의 형식이 있지 않느냐고 말할지 몰라도, 그 논리와 추상을 발생시킨 경험세계는 불변의 본질이 아니다. 논리를 수립하고 구사하는 인간도 불변의 본질은 아니다. 일체의 존재와 현상은 가변적이고 상호의존적이다. 언어의 기초소재인 그 어떤 개념도 '그것 아닌 것'에 기대어 성립한다. '책상'은 독자적 / 절대적으로 존재하는 본질 / 실체가 아니라, '책상 아닌 것'을 조건으로 그것에 기대어 성립한다. 본질주의나 실체주의가 설정하는 불변 / 독자 / 절대의 본질이나 실체는 그 어디에도 없다.

만약 언어가 지시하는 불변의 독자적 본질이 있다면, 언어 용법은 고정적이고 절대적 규정도 가능할 것이다. '장미'는 '장미'로만 불러야 하고, 견해나 이론적 규정도 절대화시킬 수 있을 것이다. 그러나 불변의 독자적 본질이나 실체는 실재하지 않는 허구다. 언어적 환각일 뿐이다. 그 어떤 명칭과 명제 및 견해도 '유동하고 의존하는 조건들에 의해' '조건인과적'으로 성립한다는 점을 수용할 수 있다면, 본질주의 / 실체주의의 허구를 깨뜨릴 수 있고 언어 본질주의와 무조건적 / 절대적 규정에서 벗어날 수 있다. 이때 주어지는 선물은, 언어 채택과 구사의 실용주의적 유연성과 탄력성 및 개방성이다. 특정한 언어용법과 규정에 갇히지 않고, 조건인과적 진실에 부합하고 문제 해결에 기여하는 실용주의적 / 탄력적 / 개방적 언어 구사를 통해, 불통과 불화의 쟁론을 소통과 화해의 화쟁으로 바꾸는 데 강력하게 기여한다. 문門 구분에 의한 조건인과적 이해가 선물하는 새로운 언어능력을 원효는 이렇게 말한다.

"〈[듣는 사람의 마음에] 따라 주기도 하고 따라 주지 않기도 하면서 말한다〉(順不順說)라는 것은, 만약 오로지 저 [듣는] 사람의 마음에 따라 주기만 하면서 말하면 [그는] '잘못된 집착'(邪執)을 움직이지 않고, [또] 오로지 따라 주지 않으면서 말한다 하여도 [듣는 사람이] '올바른 믿음'(正信)을 일으키지 않으니, 저 [듣는] 사람으로 하여금 '올바르게 믿는 마음'(正信心)을 얻게 하여 '지니고 있던 잘못된 집착'(本邪執)을 없애 주고자 하기 때문에 반드시 어떤 때는 [듣는 사람의 마음에] 따라 주고 어떤 때는 따라 주지 않으면서 말해야 하는 것이다. 또한 오로지 진리(理)에 따라서 말해도 '올바른 믿음'(正信)을 일으키지 않으니 저 [듣는 사람]의 뜻과 어긋나기 때문이고, 진리에 따르지 않고 말하면 [듣는 사람이] '올바른 이해'(正解)를 일으키지 못하니 도리에 어긋나기 때문이다. [그러므로 듣는 사람으로 하여금] '믿음과 이해'(信解)를 얻게 하려고 하기 때문에 '[듣는 사람의 마음에] 따라 주기도 하고 따라 주지 않기도 하면서 말하는 것이다. '갖가지 다른 견해의 배타적 말다툼'(諸異見諍論)이 일어날 때, 만약 '있다는 견해'(有見)에 동의하여 말하면 '없다는 견해'(空見)와 달라지고 만약 '없다는 집착'(空執)에 동의하여 말하면 '있다는 집착'(有執)과 달라지니, 동의하는 것과 달라지는 것이 더욱 그 '배타적 말다툼'(諍)을 일어나게 한다. 또 [만약] 저 ['있다는 견해'(有見)와 '없다는 견해'(空見)] 두 가지에 모두 동의하면 자기 안에서 [두 가지 견해가] '서로 배타적으로 다투게 되고'(相諍), 만약 저 두 가지 [견해]와 모두 [입장을] 달리하면 두 견해와 '서로 배타적으로 다투게 된다'(相諍). 그러므로 [전적으로] 같은 입장을 취하지도 않고 [전적으로] 다른 입장을 취하지도 않으면서 말해야 하는 것이다. 〈[전적으로] 같은 입장을 취하지도 않는다〉(非同)는 것은 말한 그대로 취하면 [다른 주장들을] 모두 허용하지 못하기 때문이고, 〈[전적으로] 다른 입장을 취하지도 않는다〉(非異)는 것은 뜻을 파악하여 말하면 [다른 주장들을] 허용하지 못할 것이 없기 때문이다. [전적으로] 다른 입장을 취하지 않기 때문에 저 [듣는 사람의] 감정(情)과 어긋나지 않고, [전적으로] 같은 입장을 취하지 않기 때문에 도리와도 어긋나지 않아, 감정(情)에 있어서나 도리(理)에 있어서나 서로 기대면서 어긋나지 않으니, 그러므로 〈서로 응하게 설해야 한다〉(相應如說)고 말하였다."[69]

6) 화쟁의 현실적 조건들

견해에 담을 수 있는 두 가지 힘을 둘러싼 긴장은 여전히 팽팽하다. 다만 장구한 세월동안 압도적 우위를 누려 왔던 '견해에 승리의 힘을 담으려는 충동'에 제동을 걸 수 있는 조건들이 갈수록 선명해지는 변화는 분명하다. 한반도의 역사와 지성 공동체의 선택도 거시적으로는 견해에 '합리의 힘'을 더해 가려는 방향에서 이루어지고 있다고 본다. 견해에 '합리의 힘'을 실어 가려는 행보가 전진일로前進一路이기만 할 수는 없을 터. '승리의 힘'을 선호해 온 관성들의 거센 저항으

---

69 『금강삼매경론』(1-637하~638상). "〈順不順說〉者, 若直順彼心說, 則不動邪執, 設唯不順說者, 則不起正信, 爲欲令彼得正信心, 除本邪執故, 須或順或不順說. 又復直順理說, 不起正信, 乖彼意故, 不順理說, 豈生正解, 違道理故. 爲得信解故, 順不順說也. 若諸異見諍論興時, 若同有見而說, 則異空見, 若同空執而說, 則異有執, 所同所異, 彌興其諍. 又復兩同彼二, 則自內相諍, 若異彼二, 則與二相諍. 是故非同非異而說. 〈非同〉者, 如言而取, 皆不許故, 〈非異〉者, 得意而言, 無不許故. 由非異故, 不違彼情, 由非同故, 不違道理, 於情於理, 相望不違, 故言〈相應如說〉."

로 퇴행도 하고 부침도 할 것이지만, 길고 넓게 보면 '합리의 힘'을 견해에 실어 화쟁의 길을 넓히려는 행보에 갈수록 탄력이 붙을 것이다. 아니, 그래야만 한다. 인류가 지구 행성 위에서 이로운 관계를 펼치며 살 수 있는 선택은 그 길밖에 없다. 그 길에 올라서기를 머뭇거리거나 외면한다면, 지구 행성의 물리적 한계보다 훨씬 일찍이 지구 생명체는 공멸할 것이다. 인간에 의해.

원효의 '문^門 구분을 통한 화쟁'은, 붓다의 연기 법설처럼, 견해에 '합리의 힘'을 장착할 수 있는 원천이다. 하여 '지금 여기'의 쟁론 세상으로 소환할 수 있다. 다만 이 소환이 성공하려면, 필요한 현실적 부가조건들(緣)을 확보해야 한다. 견해의 문^門을 구분하여 화쟁하기 위해, 다시 말해 '견해의 다면적 조건인과'를 이해하여 이견의 불통과 배타적 다툼을 치유하기 위해 갖추어야 할 몇 가지 문제들을 거론해 본다.

첫째는 견해 주체들 간의 상호신뢰 문제이다. 인간의 견해는 대부분 사적, 집단적 이익과 연관되어 있다. 파당적 이익 확보와 증대를 위해, 언어의 동일화와 배제의 속성을 적극 활용하여 견해 차이를 정복과 섬멸, 승패의 문제로 대접하고, 견해의 무조건적/절대적 타당성을 주장한다. 우리는 빈번하게 확인한다. 그럴싸한 논리적 주장이 실은 파당적 이익을 보호하고 관철하기 위한 언어적 위장이라는 사실을. 그런 사람들과 관계 맺을 때 〈내 의견은 ~한 조건인과에서 타당/부당하고, 당신 의견은 ~한 조건인과에서 타당/부당한 것입니다. 그러니 각자 의견의 조건적 타당성을 제한적으로 인정하고 조정해 봅시다〉라고 말할 수 있을까? 자기 견해를 관철하기 위해 사실과 다른 조건인과를 내세우며 무조건 자기 말이 옳다고 우기는 사람에게, 견해의 문門을 구분해 보자고 제안하는 것이 유효할까? 〈나만 손해다. 싸움에서 밀릴 뿐이다〉라는 생각을 떨칠 수 있을까?

인간사 현실은 예상보다도 냉엄해 보인다. 나의 선의와 합리적 태도를 악용하려는 사람들이 도처에서 기회를 기다린다. 그럼에도 불구하고 포기하지 않는 사람들이 종종 있다. 그들은 단기간의 손해에도 불구하고 상호 신뢰의 구축을 위한 용기 있는 선택만이 냉소와 불신의 악순환 고리를 끊는 분기점이 된다고 생각한다. 〈견해의 조건인과를 사실대로 살펴 조건적/부분적 타당성(一理)을 모아 봅시다〉라는 제안과 태도가, 단기적으로는 상대에 의해 악용되고 자기에게 손해가 되어도, 진정성을 가지고 꾸준히 노력하는 용기와 결단이 필요하다고 생각하는 것으로 보인다. 이런 태도와 결단은 분명 소중하다. 그러기에 그런 선택을 응원하고 지지해 주는 사회적 여론과 장치가 필요하다. 처음에는 〈이런 어리숙한 인간 보았나. 실컷 이용해 주마〉 하던 상대가, 지속되는 진정성과 사회적 요청 및 압박으로 인해 마침내 변화되는 가능성을 최대한 살려야 한다.

단기간의 손익계산에 연연하지 않는 이러한 영웅적 선택과 노력이 가능하려면, '인간에 대한 근원적 신뢰'가 필요하다. 〈언젠가는 진실의 진정성에 공감하여 변할 것이다〉라는 장기적이고 근원적인 인간 신뢰가 요구된다. 과연 그럴 수 있는 사람이 얼마나 될까? 이런 근원적 수준의 신뢰가 가능하려면 그에 걸맞은 인간관이 필요하다. 적어도 원효는 그런 근원적 인간 신뢰를 가졌던 것으로 보인다. 그의 말기저술인 『금강삼매경론金剛三昧經論』에는 본각本覺사상이 핵심부를 차지한다. 일찍이 『대승기신론』이 펼치는 본각本覺·불각不覺·시각始覺의 깨달음(覺)사상을 주목했던 원효는, 사상적 탐구의 완결판에서도 본각사상을 중요하게 다루고 있다.

이미 언급했듯이, 인간의 감관이 만나는 최초의 세계는 차이들이다. 그리고 인간은 자기이익을 위해 그 차이들을 처리하는 방식을 만들어 왔다. 이 산물이 인식의 문법이다. 인간은 인식 문법으로 차이들을 재구성하고 재처리한다. 그리고 '무조건화／절대화'를 선호하는 사고방식, 불변·독자의 본질／실체를 설정하는 사고방식이 인식 문법을 구성하는 강력한 원리가 되어 왔다. 인식 문법은 인간의 인지능력으로 하여금 세계를 작위적으로 왜곡하고 오염시키는 면모에 힘을 싣게 하였다. 이 굴절의 인식 문법이 정착되었을 때, 인간의 인지능력은 새로운 자기성찰에 착수한다. 이른바 '축軸의 시대', 그중에서도 핵심이라 보이는 붓다 전후의 시기가 변곡점이었던 것으로 보인다. 붓다, 노자, 장자는 그 새로운 성찰의 장場을 열고 알찬 성취를 드러낸 선지자들이다. 붓다의 경우는 그들 가운데서도 가장 정밀한 통찰과 언어를 펼쳐 보이고 있다. 이들로 인해 인간은 인지능력의 새로운 면모와 차원을 확보하게 된다. 또 한 번의 진화가 이루어진 것이다. 어쩌면 마지막 궁극의 진화를 성취하는 길이 이들에 의해 열린 것이다. 필자의 생각으로는, 그들에 의해 열린 길이야말로 견해에 '합리의 힘'을 실어 화쟁의 세상을 만드는 근원적 통로이다. 그러나 인류의 대부분은 아직도 그들이 열어 놓은 길에 오르길 거부하고 있다. 눈길조차 주지 않는 경우가 대다수다.

이 '인식 문법의 왜곡과 오염'에 관한 통찰을 붓다는 빠빤짜(papañca,

사념의 확산, 희론)와 빠빤짜싼냐쌍카(papañcasaññāsaṅkhā, 희론에 오염된 관념)에 관한 설법[70]으로써 드러내고 있다. 인식 문법의 병증을 치유하는 통찰, 인지능력의 자기치유가 시작된 것이다. 인간의 인지능력이, 자기가 만들어 내어 '차이의 작위적 왜곡체계'이자 세상과 삶의 오염원으로 작동하는 인식 문법을, 스스로 재인지하고 그것을 치유하기 시작한 것이다. 그러자 인지능력이 품게 된 이 새로운 면모, 인식 문법을 치유하여 세상과 삶의 오염을 거두어 내는 자기치유의 능력을 주목하는 용어들이 등장한다. 불교 전통에서 등장한 불성佛性이나 여래장如來藏, 진여眞如, 진심眞心과 같은 용어의 기원을 필자는 이런 맥락에서 이해한다. 그리고 그 연장선에서 마침내 일심一心과 본각本覺이라는 용어가 등장한다('일심一心'이라는 용어의 의미를 발생시키는 조건과 맥락들은 간단치가 않고 치밀한 철학적 검토가 필요하므로 여기서는 거론하지 않는다).

본각本覺이란 '인지능력의 본래적/본연적 완전성'을 가리키는 말이다. '본래적' 혹은 '본연적'으로 번역한 '본本'은 '아직 현실화되지는 않았지만 현실화될 수 있는 면모'를 지시한다. 그리고 '각覺'은 인지능력과 관련된 용어이다. 따라서 '본각'은 인간이 진화 과정에서 품게 된 인지능력의 최고가능성과 면모를 지칭하는 것이라 본다. 인식 문법의 인지적 프리즘에 의해 오염된 차이들, 그리고 그 오염된 차이들의 병리현상들에서 '풀려날 수 있는 가능성과 능력', 그리고 '풀려난 인지 지평'을 모두 지시하는 용어가 본각이다. 필자가 본각을 '본연적

---

70 「꿀과자의 경(Madhupiṇḍikasutta)」(전재성 번역, 『맛지마니까야』, 한국빠알리성전협회, 2009).

깨달음'이라 번역할 때는 이러한 의미를 담고자 함이다. 따라서 '깨닫지 못함'(不覺)은 감관의 최초 지각인 차이들을 오염시켜 개인적/사회적 병증(苦)을 발생시키는 인지 문법이고, '비로소 깨달아 감'(始覺)은 그 인지 문법에 대한 성찰적 자각과 치유과정이다. 원효는 인간이 지닌 다중적 면모 가운데 이 본각의 면모를 중시한다. 중시하는 정도가 아니라 인간 존재의 최고 면모로 보고 그 구현에 집중한다. 원효는 모든 인간이 본각의 터 위에서 존재한다고 보았다. 존재의 나무가 서 있는 그 본래의 옥토를 여래장如來藏(여래가 될 수 있는 가능성과 능력이 저장되어 있는 것)이나 불성佛性(부처의 면모)이라 부르기도 한다.

현실은 불각不覺의 무성한 잡초와 해충으로 인해 옥토의 풍요로운 결실력이 드러나지 못하고 있다. 그러나 옥토에는 본래의 건강한 지력이 있다. 성급하게 농약 살포하고 인위적으로 비료 뿌리지 말고 땅의 건강한 힘을 믿어 잘 간수해 주면, 땅은 서서히 본래의 풍요로운 결실력을 작동하여 마침내 잡초와 해충이 어쩌지 못하는 건강한 활력을 드러낸다. 원효는 옥토 본래의 자생력과 자기회복력을 '본각의 불가사의한 훈습熏習'이라 부르며 주목한다. 본각의 면모를 드러내게 하는 조건들을 쉽게 계산하고 예측하기가 어렵다는 의미에서 '불가사의'라 하고, 마치 연기에 시나브로 몸을 맡기면 어느새 온 몸에 냄새가 배이듯 서서히 그러나 강력하게 변화가 일어난다는 의미에서 '훈습'이라 한다. 내적, 외적 조건들을 갖추어 주고 잘 선택하기만 하면(始覺), 까마득히 잊어 있는 줄도 몰랐던 존재 본연의 본각 면모가 불가사의하게 꿈틀거리며 작동하여, 결국에는 인지능력과 본각 면모가 하나가 된다. 그리고 그럴 때, 인간의 언어적 인지능력은 '합리의 힘'을 구사하면서 자기와 타인, 개인과 세상을 두루 이롭게 한다. 이것이 본각·불각·시각으로 펼치는 깨달음(覺)의 인간관이고 전망이다.

원효는 '본각의 불가사의한 훈습'에 의한 '삶과 세상의 새로운 구현'을 굳게 확신한다. 이 존재 차원의 신뢰에 기반하여, 그는 현실의 살벌한 견해 각축전에서 문門 구분의 화쟁에 필요한 상호 신뢰를 전망하는 것으로 보인다. 언어로 싸우는 인간의 행적에는 각다귀 같은 이익다툼만 새겨져 있는 것이 아니다. 비록 대세는 아니었다 해도, 언어능력을 통해 진실과 공익을 향해 걸어온 진보의 자취, 달리 말해 본각本覺 구현을 위한 시각始覺의 행보도 끊이지 않고 이어져 왔다. 동일화와 배제, 무조건화/절대화의 무지와 독단을 극복할 수 있는 조건인과적 사유의 계발과 실천은, 범주와 유형을 달리하면서 꾸준히 이루어져 왔다. 최근 들어 자연과학뿐 아니라 인문, 사회과학의 모든 영역에서는, '차이와 관계를 주목하는 성찰' '무조건/절대/본질주의적 사고를 극복하는 관계적 사유와 조건인과적 사유'에 갈수록 힘이 실리고 있다. 필자는 이런 현상이, 견해에 합리의 힘을 싣는 '화쟁의 여정', 차이 왜곡과 오염의 인식문법을 치유하는 '비로소 깨달아감'(始覺)의 길에 인류가 본격적으로 동참할 수 있는 희망의 단서라 보고 싶다. 또 이러한 의미심장한 현상들은, 인간에 대해 근원적 신뢰를 품고, 견해의 문門 구분을 통해 쟁론을 치유하여, 차이들로 하여금 '서로 열고 서로 껴안게'(通攝) 하려는 원효의 화쟁이, 한갓 공허한 낭만이 아닐 수 있다는 유력한 근거가 된다.

현실 감각이 뛰어난 사람들에게는 인간에 대한 근원적 신뢰가 낭만적이거나 공허한 태도로 보일지도 모른다. 그들에게는 인간의 사악한 이기심을 직시하고 그 이기심을 신속하고도 효과적으로 제어할 수 있는 타율적 장치가 유일한 대안으로 보일 것이다. 아닌 게 아니라, 성악적 인간관에 의거하여 마련한 인간세상 운영 장치들이 지닌 강력한 효과성은 쉽게 무시할 수 없는 것이다. 법적/제도적 강제에 의한 이기심의 합리적 조정은 사회운영의 필수조건이고, 현대국가의 법치주의를 정당화시키는 원리이기도 하다. '전지전능한 권력자의 심판에 의한 사면과 징벌'을 교리로 구축하는 것은, 어찌 보면 성악적 인간관의 종교적 버전이다. 원죄를 설정하는 성악적 인간관과, 성악적 인간관의 전형적인 대안인 사법적司法的 발상이, 종교언어를 매개로 결합되어 있는 측면이 있다.

그러나 성악적 인간관과 달리, 성선적 인간관이 끝까지 포기할 수 없었던 인간에 대한 근원적 신뢰의 시선은 현실의 이름으로 무시되어서는 안 된다. '무엇이 현실적인가?'라는 물음은 차치하더라도, 인간은 자신의 존재근거인 인지능력의 자율적 향상을 통한 근원적 문제해결의 가능성을 끝까지 놓아서는 안 된다. 그 길을 포기하는 것은 존재의 근거를 포기하는 것이기 때문이다. 인간관을 둘러싼 이런 문제에는 연관된 많은 주제들이 기다린다. 여기서는 다만 원효가 보여주는 본각의 인간관이 지니는 개인과 사회에 대한 의미와 전망을 제대로 읽으려면 많은 준비가 필요하다는 점을 지적하는 것으로 그친다. 본각을 축으로 삼는 원효의 인간관은 향후 시간이 흐를수록 더욱 주목받을 것이며, 탐구할수록 값진 보물이 발굴될 것이다.

화쟁의 현실적 조건으로서 생각해 볼 두 번째 문제는 이른바 '기울어진 운동장에 대한 고려'이다. 이 문제는 보편적 가치를 천명하는 모든 언명이 걸려들 수 있는 '현실의 덫'과 관련된 문제이다. 무조건/절대적 사유에 제동을 걸고 다층/다양한 조건인과를 개방적이고도 통섭적으로 읽어 쟁론을 치유하려는 노력, 원효의 방식으로는 '견해의 문門 구분을 통한 화쟁'은, 지고한 보편적 언명이다. 모든 사람들이 수긍할 수 있는 보편적 합리성을 담은 말이다. 그러나 이 언명이 지닌 보편적 합리성이 현실에서 구현되려면 전제가 있다. 쟁론의 주체들이 모두 이런 태도와 노력을 수용하고 또 실천해 주어야 한다는 점이다. 그렇지 않을 경우, 시도하는 사람만 손해 본다는 지적을 피할 수 없다. 무조건/절대적으로 자기 견해는 옳고 다른 견해는 틀리다는 태도와 주장을 고집하는 사람과, 양자의 견해 모두 조건인과적으로, 그것도 다면적으로 성찰해 보자는 사람이 만나 대화한다면, 누가 유리하겠는가? 견해의 무조건화/절대화/본질화/실체화, 그리고 물러서지 않는 배타적 주장은, 인류가 오랜 세월동안 축적해 온 배타적 이익관철의 노하우가 아니던가? 한쪽은 그 배타적 독단과 독선을 '무조건적'으로 펼치는데, 한쪽은 자기 견해도 틀릴 수 있다는 태도를 가지고 '조건적으로' 다면적 타당성을 성찰해 보자면, 화쟁이 될까? 게다가 견해의 문門을 구분해 보려는 사람이 상대에 대한 근원적 신뢰를 끝까지 유지하려 한다면, 어떻게 될까? 보편적 합리성과 인간에 대한 신뢰를 선택한 사람은 스스로 무장해제하는 것이어서 패자로 전락할 수밖에 없는 것은 아닐까?

개인적이든 집단적이든, 보편적 합리성을 지닌 주장이나 태도가 현실에서 흔히 맞게 되는 딜레마이다. '진리는 언젠가 반드시 승리한다'는 자위적 신념만이 이 딜레마에 대한 대응인가? 아니면, 누구라도 그 보편적 합리성을 거부하지 못하게 강제할 수 있는 타율적 장치에 기대어야 하는가? 보편적 합리성은 원래 강제할 수 없다. 제도나 법으로 강제하여 실현될 수 있는 것은 '보편성 합리성'의 지위를 쉽게 상실한다. 제도와 법으로 지원할 수는 있어도 타율적으로 강제하여 성공할 수는 없는 것이 '존재 차원의 보편적 합리성'이다. 인간이 추구하는 궁극적 합리성의 어쩔 수 없는 속성이다. 적절한 제도적 지원을 충분히 구축할 때라도 마지막 관건은 각자의 자율적 선택일 수밖에 없다. 견해에 합리의 힘을 싣는 마지막 관문은 개인의 자율적 선택이어야 한다.

그렇다면 이 딜레마에서 탈출하기 위해 어떤 제안을 할 수 있을까? 필자는 '기울어진 운동장의 고려'가 필요하다고 본다. 기울어진 운동장에서 치르는 게임은 공정할 수가 없다. 견해의 충돌을 일종의 게임이라고 한다면, 쟁론이라는 언어 게임이 열리는 운동장은 이미 기울어져 있다. 강자와 약자, 유리한 조건과 불리한 조건의 주체들이 만나는 것이다. 똑같은 조건에서 만나는 게임은 아마 찾기 어려울 것이다. 인생도 그런 것 아닌가. 이미 기울어진 운동장에 서서 시작하는 것이 인생이라는 게임 아닌가.

어차피 기울어진 운동장이라면, 구조에서 발생하는 불공정의 격차를 최소화시킬 수 있는 규칙이 필요하다. 게임에 참여한 사람들, 특히 약자의 조건에 놓인 사람들이 게임에 기꺼이 참여할 의지를 낼 수 있게 하는 게임의 룰이 필요하다. 그 게임 규칙은 어차피 강자의 유리한 지위에 제동을 거는 것이기에 강자로서는 내키지 않겠지만, 약자가 게임에 참여하지 않을 때는 게임 자체가 성립하지 않아 자기도 손해이므로 합의할 수밖에 없다. 사회적 정의와 공정성의 구현을 위한 모든 노력도 결국은 '이미 기울어진 운동장에서의 게임에 기꺼이 참여할 수 있게 하는 룰'을 만드는 문제일 것이다.

이 '기울어진 운동장'의 문제를 쟁론에 적용한다면 어떤 제안이 가능할까? 쟁론에는 반드시 현안이 있다. 이익과 연관된 현안을 놓고 견해의 각축전이 벌어지는 것이 세간사 쟁론 상황이다. 또한 이런 쟁론의 당사자들은 동일한 지위가 아니다. 법적으로는 동일한 지위여도 현실적으로는 차별적 지위이다. 가족, 직장 등 모든 범주에서 그렇다고 보아야 한다. 기운 운동장처럼 차별적 조건들을 지닌 주체들이 이견으로 충돌하는 것이 현실의 쟁론이다. 견해의 무조건화/절대화를 통해 '승리의 힘'을 장착하여 '차별의 승리'를 꾀하려는 쟁론 상황을, 견해의 조건적/다면적 성찰을 통해 '합리의 힘'을 확보하여 '차이들의 공정한 동거'를 추구하는 화쟁 지평으로 바꾸는 일이 현실에서 어떻게 가능할까? 철학적으로나 이론적으로 그려 놓은 화쟁의 원리와 세상을 어떻게 세간 현실에 접속시킬 수 있을까?

견해에 '합리의 힘'을 실으려는 선택, 조건인과적/다면적 성찰의 선택, 자기 견해마저 그 조건적 타당성과 부당성을 성찰하려는 열린 연기적 사유의 선택은, 쟁론 주체들에게 '차별적'일 필요가 있다. 유리한 조건을 지닌 사람이 먼저 선택할 필요가 있다는 의미이다. 양자가 동시에 똑같은 선택을 하는 것을 상정하는 것은 비현실적이고 공허하다. 어떤 경우라도 선택의 선후나 정도는 같을 수가 없다. 그렇다면 기울어진 운동장의 게임 규칙처럼, 이미 유리한 지위를 차지한 자가 그 유리함을 상쇄하는 정도의 차별적 규칙을 수용해야 한다. 쟁론적 게임에서 화쟁적 태도를 선택함으로써 발생할 수 있는 불이익을 감내하는 선택은 강자가 먼저 행하는 것이 공정하다. 그래야 약자도 화쟁적 선택을 할 의지가 생기고 결과에도 승복할 가능성이 높아진다. 화쟁적 사유의 실행은 유리한 조건을 선취하고 있는 자들에게 먼저 요구되는 것이 화쟁을 위한 게임의 규칙일 수 있다.

그런 점에서 노자의 제안에는 현실 감각이 돋보인다. 노자가 펼치는 무위無爲의 통찰과 행위는 분명 무조건적/절대적/본질적/실체적 사고방식의 해체를 지향하는 보편적 합리성을 지닌다. 흥미로운 것은 노자가 그 무위의 행위적 실천 주체로서 언제나 통치자인 성인聖人을 거론한다는 점이다.

노자는 무위에 관한 통찰을 펼친 다음, 그 통찰의 실천을 통치자에게 요구한다. 가장 유리한 지위를 대변하는 통치자 내지 권력자들이 우선적으로 실천해야 무위의 보편적 합리성이 현실에서 구현될 수 있다는 고려가 반영된 것이라고 생각한다. 만약 이런 추정이 맞는다면, 노자는 보편적 합리성을 지닌 통찰을 현실에 구현하기 위해서는 '차별화된 실행'이 필요하다는 점을 인지하고 있었던 셈이다.

그렇다면 '화쟁적 사유의 차별적 적용'의 성공 가능성은 결국 유리한 지위를 선취한 자들의 선행적 선택 여하에 달려 있다. 따라서 〈유리한 자들의 선행적 선택 확률을 높일 수 있는 조건들은 무엇이며, 또 어떻게 확보할 수 있는가?〉 하는 문제가 과제로 등장한다. 이 과제를 풀어 나가기 위해 어떤 해법을 마련하고 사회적 합의까지 도출해 내는가의 문제가 기다린다. 이 문제를 해결해 가는 것은 그리 요원하거나 불가능하지 않다고 본다. 사회적으로는 이미 유사한 문제들을 풀어 온 경험이 누적되어 있기도 하다. 견해에 '합리의 힘'을 실어야 한다는 것, 그리고 쟁론의 사유방식을 화쟁의 사유방식으로 전환해야 한다는 것에 집중해야 한다는 사회적 합의만 굳건해진다면, 그리 어려운 과제가 아니라고 본다. 원효가 보여 주는 '문門 구분을 통한 화쟁'의 철학은 이러한 목표와 사회적 합의를 확립하고 문제를 풀어 가게 하는 견실한 철학적 이정표이다. 특히 인류가 지향해야 할 보편적 가치의 철학적 근거를 한반도 전통지성에서 확보할 수 있다는 점은 중요하다. 한국 사회의 화쟁적 전망을 구현해 가는 강력한 내부역량이기 때문이다.

7) 화쟁과 통섭을 위한 용기

현재 한국사회의 화두인 '적폐청산'은 각별해 보인다. 정권교체 때마다 반짝하다 사그러드는 의례적 관행들과는 그 성격이 달라 보인다. 한국사회를 운영하는 문법 자체를 재구성해 가는 큰 틀에서의 변혁이 국민적 요청에 기대어 작동하는 것으로 보인다. 전후戰後 베이비붐 시대에 태어난 필자로서는 특히 감회가 새롭다. 불과 몇십 년 사이에 겪은 한국사회의 다채로운 격랑이 작금에 전개되는 변화에 특별한 의미를 부여한다. 한 생애 주기 안에 이처럼 다층적인 사회적 경험을 할 수 있다는 것은 특별한 일이다. 더욱이 향상진보에 대한 사회적 의지와 열정이 이끌어 낸 큰 틀의 변화를 직접 겪을 수 있다는 것은 분명 행운이다. 이 변화가 개인적으로 특히 주목되는 것은, 원효가 추구했던 화쟁/통섭의 세상과 연관시켜 볼 수 있기 때문이다.

필자가 경험한 한국사회는 전반적으로 '견해'와 '승리의 힘'을 결합시키려는 충동이 압도적이었다. 견해의 신념화를 위한 무조건/절대적 사고방식이 공적으로나 사적으로나 거의 모든 영역을 장악했다. 남북 분단 상황은 이러한 사고방식을 요청하고 유지해 가는 구조적 원천이었다. 능률, 승리, 개발을 위한 '견해의 무조건적 신념화'가 압축 경제성장의 비결인 것으로 회자되었다. 경제발전의 동력으로 개발독재를 거론하는 시선도 그 연장선에서 득세하였다. 모든 견해의 타당성과 부당성을 '조건인과적'으로 성찰하면서 다층적/다면적으로 소화해 가는 사고방식은 비효율적인 것으로 치부되는 시대였다. 쟁론적 사고방식이 생존과 번영의 도구로 선택되었다. 원효사상도 '통일' '통합'의 근거로 거론되곤 하였다. 화쟁과 통섭이 아니라 쟁론과 통일이 선호되었다.

지금 돌이켜 보면 질식할 것 같은 문법이었다. 그러나 그 속에서도 그 쟁론의 문법을 비판적으로 성찰하고 치유하여 화쟁의 문법으로 바꾸어 가려는 향상의 열정과 힘은 끊어지지 않고 축적되어 왔다. 한국사회에서 목격되는 격변의 소용돌이는 기본적으로 이 상이한 두 문법의 충돌에서 생겨난 것이었다고 생각한다. 동학혁명, 독립운동, 근현대 정치/사회/경제의 격변, 최근의 촛불 혁명까지도, 쟁론적 사유와 화쟁적 사유, 힘의 견해와 합리의 견해라는 이질적 지향들의 충돌과 연관된 현상으로 읽을 수 있다.

작금의 변화는 이제 한국사회가 몇십 년 동안 위세를 떨쳤던 쟁론의 문법을 청산하려는 의지의 표현이라고 본다. 이른바 '갑질' 논란만 해도 그렇다. '갑질'은 무조건적 사유의 전형적 표현이다. 신분이나 지위의 상위에 기대어 견해와 행동, 욕망을 '무조건적'으로 관철시키려 하기 때문이다. 그런 점에서 최근에 정치, 경제, 교육, 문화, 군대, 직장, 성 등 거의 모든 영역 내의 관행이던 갑질에 대한 고발과 저항, 사회적 비판과 대응이 전방위적으로 표출하는 것은 의미심장하다. 상위자의 견해와 요구가 '무조건' 먹혔던 시절의 멘탈리티가이제는 더 이상 유효하지 않다는 것이고, 이것은 신분과 지위의 타당성을 '조건적으로 합리화'하려는 시도라는 의미를 갖는다. 이제야 한국사회는 그 무거운 '무조건적 사유'의 굴레를 벗어던지고 '조건적/다면적 사유'가 이끄는 화쟁과 통섭의 길로 올라서는 행보를 사회적합의에 기대어 내딛는 것이 아닌가 하는 기대를 품어 본다.

한국사회가 보여 주는 작금의 변화를 이처럼 '사유 문법의 전환기'라는 시선으로 본다면, 무조건적 사유문법에 익숙해 있던 사람들 앞에는 두 가지 선택지가 놓여진다. 낯설고 불편함을 뒤로 하고 새로운길의 가치에 눈떠 그 길에 올라서는 것이 하나이고, 기존의 사유문법에 안주하여 새 길과의 불화를 선택하는 것이 다른 하나이다. 전자는향상 진보형, 후자는 퇴행 보수형이다. 선택은 어차피 각자의 몫이지만, 향상 진보형이 많을수록 이로울 것이다. 그런데 향상 진보의 선택이 가능하려면 오랫동안 익숙해 왔던 것과 결별을 감행하는 특별한 용기가 필요하다. 사유 문법을 바꾸는 향상 진보의 길에 오르려면, 세상과 만나던 방식을 바꿔야 하는 '내면적 파괴와 해체의 고통'을 기꺼이 감내하는 용맹이 요구된다. 특히 유리한 지위를 선취한 사람들일수록, 화쟁의 담론에 응하기 위해 기득권을 내려놓는 진정성과 용기가 필요하다.

사유 문법의 전환기가 가장 낯설고 불편한 범주는 아마도 종교계일 것이다. 교리 견해의 무조건적 신념화를 생존과 번영의 원천으로 삼아 온 것이 종교이기 때문이다. 특히 한국 종교계가 그렇다. 철학이나 교리적으로는 불교를 유일한 예외로 분간할 수 있지만, 현실의 불교제도와 현상은 이러한 진단에서 그다지 자유롭지 못할 것이다. 성직자의 신분과 지위를 마치 절대권력인 양 즐기는 이들이 보여주는 반합리적/반사회적 몰상식 수준과 작태는 아직도 수그러들 줄 모른다. 또 그들의 주장과 행동을 묵인하고 승인해 주는 신도들의 사유세계는 기이하다. 교단이나 성직자가, 인간과 세상에 대한 자기견해를 '조건적으로' 주장하고, 또 그 견해와 주장이 '조건적/다면적으로' 평가되는 것을 용인할 수 있는 경우가 얼마나 있을까? 교단에 속한 신도와 성직자를 따르는 신도들이, 자신이 택한 교단과 교리, 성직자에 대한 평가를 '조건화'시킬 수 있는 경우는 또 얼마나 될까? 성직자와 교인들이 '무조건적/절대적 사유 문법'을 공유하며 그 속에서 자폐적으로 자위하는 모습을 보노라면, 견해에 합리의 힘을 실어 화쟁과 통섭의 세상을 가꾸어 가려는 노력의 가장 치명적인 장애요인이 바로 한국 종교계와 종교인들이 아닌가 싶다. 만약 종교계가 '견해의 무조건화'에 목매는 태도를 수정하지 않는다면, 교단과 제도로서의 종교는 존립이 어려울 것이다. 그런 사고방식으로는 인간사회에 이롭게 기여할 수가 없기 때문이다.

그런 점에서 필자는 한국사회를 화쟁과 통섭의 길에 올려놓는 데는, 역설적으로 한국 종교계의 용기 있는 선택이 결정적 역할을 할 것이라 생각한다. 한국의 교단과 성직자, 교인들이 자신의 견해에 '합리의 힘'을 장착하는 선택을 한다면, 한국사회의 화쟁적 향상은 비약적일 수 있다고 본다. 특히 교단에서도 유리한 지위를 확보한 성직자나 교인들이 선행적으로 '조건적/다면적 사유의 개방적 담론'에 동참한다면, 그 파급효과는 엄청날 것이다. 그들이 그런 선택에 용기를 낸다면, '잃어버릴 무가치한 것들'보다는 '얻게 될 값진 것들'이 훨씬 크고 많을 것이다.

자 료

　원효 저술에서 목격되는 '문門 구분'의 사유를 주요 저술을 중심으로 종합하여 번역문과 함께 소개한다. 원효 사상의 토대라 할 수 있는 『대승기신론 별기/소』, 번뇌 문제에 관한 난해하고도 정밀한 저술인 『이장의』에서 등장하는 사례는 전부 종합하였고, 『금강삼매경론』과 『열반종요』에서는 주요 사례를 선별하였다. 아울러 타 저술에서 인용되어 전하는 사례들도 수집해 놓았다. 원효사상과 화쟁 논법에서 구사되는 '문 구분'의 내용과 의미를 탐구할 수 있는 기초자료로 활용할 수 있을 것이다.

『대승기신론 별기別記』와 『대승기신론 소疏』에
나타나는 '문門 구분'

　【이 『대승기신론』의 의도가 이와 같으니, [이론을] 펼칠 때는 '제한 없고 끝이 없는'(無量無邊) 뜻을 근본으로 삼고, [이론을] 합할 때는 '두

가지 측면'(二門)과 '하나처럼 통하는 마음'(一心)이라는 도리를 요점으로 삼는다. '두 가지 측면'(二門) 안에서는 온갖 뜻을 받아들여도 혼란스럽지 않고, [본질이나 실체관념에 의한 막힘이 없어] 한계가 없는 도리는 '하나처럼 통하는 마음'(一心)에서 섞이어 융합된다. 이리하여 펼침(開)과 합함(合)이 자유롭고 수립(立)과 해체(破)가 걸림이 없다. [또한] 펼쳐도 어지럽지 않고 합해도 좁지 않으며, 수립해도 얻음이 없고 해체해도 잃음이 없다. 이것이 마명馬鳴의 기묘한 솜씨이고 『대승기신론』의 '가장 중요한 본연'(宗體)이다.】[71]

此論之意, 旣其如是, 開則無量無邊之義爲宗, 合則二門一心之法爲要. 二門之內, 容萬義而不亂, 無邊之義, 同一心而混融. 是以開合自在, 立破無礙. 開而不繁, 合而不狹, 立而無得, 破而無失. 是爲馬鳴之妙術, 起信之宗禮也.

【"[진리에 들어가는] 문에 대해 의문을 품는 것"(疑門)이란 [다음과 같이 의심하는 것이다.] 〈여래께서 세운 '[진리에 들어가는] 가르침의 문'(教門)은 많고도 다양한데 어떤 문(門)에 의하여 처음으로 수행을 시작할 것인가? 만약 [여러 문들을] 함께 의지할 수 있다고 한다면 [진리에] '곧장 들어갈 수'(頓入) 없을 것이고, 만약 한 두 문(門)을 의지한다면 어떤 것을 버리고 어떤 것으로 나아가야 하는가?〉 이러한 의문 때문에 수행을

71 『기신론소』(1-698c).

시작할 수가 없게 된다. 그러므로 이제 이 두 가지 의혹을 제거해 주기 위하여, 〈'하나처럼 통하는 마음'이라는 도리〉(一心法)를 세우고 '두 가지 문'(二門)을 펼쳐 놓는다.】[72]

言"疑門"者; 如來所立敎門衆多, 爲依何門初發修行? 若共可依, 不可頓入, 若依一二, 何遣何就? 由是疑故, 不能起修行. 故今爲遣此二種疑, 立一心法, 開二種門.

【'두 가지 문을 펼쳐 놓는다'(開二種門)는 것은 두 번째 의문을 제거하는 것이니, '[진리에 들어가는] 가르침의 문'(敎門)들이 비록 많이 있지만 처음 수행에 들어가는 것은 두 가지 문門에서 벗어나지 않음을 밝히는 것이다. '참 그대로인 측면'(眞如門)에 의하여 '[빠져들지 않고] 그치는 수행'(止行)을 익히고, '[근본무지에 따라] 생멸하는 측면'(生滅門)에 의거하여 '[사실대로] 이해하는 수행'(觀行)을 일으키니, '[빠져들지 않고] 그침'(止)과 '[사실대로] 이해함'(觀)을 함께 운용하면 '온갖 실천수행'(萬行)이 갖추어지고 이 '두 가지 문'(眞如門/生滅門)으로 들어가면 [진리에 들어가는] 어떤 문門과도 다 통한다. 이렇게 의문을 제거하면 수행을 일으킬 수 있는 것이다.】[73]

開二種門者, 遣第二疑, 明諸敎門雖有衆多, 初入修行不出二門. 依

---

72 『기신론소』(1-701b).
73 『기신론소』(1-701c).

眞如門修止行, 依生滅門而起觀行, 止觀雙運, 萬行斯備, 入此二門, 諸門皆達. 如是遣疑, 能起修行也.

【처음[인 '총괄적 해석'(總釋)]에서 "〈'하나처럼 통하는 마음'이라는 도리〉(一心法)에 의거하여 두 가지 측면이 있다"(依一心法, 有二種門)라고 한 것은, 『능가경』에서 "[근본무지의 분별로 인한 왜곡과 동요가] 그쳐진 것(寂滅)을 '하나처럼 통하는 마음'(一心)이라 부르고, '하나처럼 통하는 마음'(一心)을 '여래의 면모가 간직된 창고'(如來藏)라 부른다"고 말하는 것과 같다. 여기 [기신론]에서 말하는 "참 그대로인 마음측면"(心眞如門)이라는 것은 곧 저 『능가경』의 "'[근본무지의 분별로 인한 왜곡과 동요가] 그쳐진 것'을 '하나처럼 통하는 마음'이라 부른다"(寂滅者名爲一心)[의 의미]를 해석한 것이고, "[근본무지에 따라] 생멸하는 마음측면"(心生滅門)이라는 것은 『능가경』에서 "'하나처럼 통하는 마음'을 '여래의 면모가 간직된 창고'라 부른다"(一心者名如來藏)[의 의미]를 해석한 것이다.】[74]

初中言"依一心法有二種門"者, 如經本言, "寂滅者名爲一心, 一心者名如來藏". 此言"心眞如門"者, 卽釋彼經"寂滅者名爲一心"也, "心生滅門"者, 是釋經中"一心者名如來藏"也.

---

[74] 『기신론소』(1-704c).

【그 이유는 다음과 같다. '모든 현상'(一切法)에는 '[근본무지에 따른] 생겨남과 사라짐이 [본래] 없고'(無生無滅) '본래부터 [근본무지의 분별로 인한 왜곡과 동요가 없이] 고요하여'(本來寂靜) 오직 '하나처럼 통하는 마음'(一心)일 뿐이니, 이와 같은 것을 "참 그대로인 마음측면"(心眞如門)이라 부르기 때문에 [『능가경』에서] "'[근본무지의 분별로 인한 왜곡과 동요가] 그쳐진 것'을 '하나처럼 통하는 마음'이라 부른다"(寂滅者名爲一心)라고 하였다. 또 이 '하나처럼 통하는 마음으로서의 바탕'(一心體)은 '깨달음의 본연'(本覺)이지만 근본무지(無明)에 따라 움직이면서 '[근본무지에 따른] 생겨남과 사라짐'(生滅)[의 양상]을 짓는다. 그러므로 이 [근본무지에 따라 생멸하는] 측면에서는 여래의 면모(性)가 숨겨져 드러나지 않아 [이 측면에서의 '하나처럼 통하는 마음'(一心)을] "여래의 면모가 간직된 창고"(如來藏)라고 부른다. 『능가경』에서 "'여래의 면모가 간직된 창고'란 이롭거나 이롭지 않은 [과보의] 원인이어서 '과보를 받아 생겨난 모든 것'을 두루 일으켜 만들 수 있다. 비유하자면 '재주부리는 자'가 여러 모습들로 변하여 나타나는 것과 같다"(如來藏者, 是善不善因, 能遍興造一切趣生. 譬如伎兒, 變現諸趣)[75]라고 말한 것과 같다. 이와 같은 뜻이 '[근본무지에 따라] 생멸하는 측면'(生滅門)에 있기 때문에 [『능가경』에서] "'하나처럼

---

[75] 『능가아발다라보경(楞伽阿跋多羅寶經)』 권4(T16, 510b4-5). "如來之藏, 是善不善因, 能遍興造一切趣生. 譬如伎兒, 變現諸趣." 〈산스크리트본의 해당 내용. LAS 220,9-11: tathāgatagarbho mahāmate kuśalākuśalahetukaḥ sarvajanmagatikartā / pravartate naṭavad gatisaṃkaṭa ātmātmīyavarjitas ǀ 여래의 장은 선과 불선의 원인으로서 모든 생존형태(趣)와 탄생형태(生)를 남김없이 만들 수 있으니, 배우가 [여러 배역을 연기하듯이] 여러 가지 생존형태로 변해 나타나지만, 자아의식(我)과 소유의식(我所)을 벗어나 있다.〉

통하는 마음'을 '여래의 면모가 간직된 창고'라 부른다"(一心者名如來藏)라고 하였으니, 이것은 '하나처럼 통하는 마음이 [근본무지에 따라] 생멸하는 측면'(一心之生滅門)을 나타낸다. 아래 글에서 "마음이 생멸한다'는 것은 '여래의 면모가 간직된 창고'를 조건으로 삼아 [근본무지에 따라] 생멸하는 마음'[지평]이 있게 된다"(心生滅者, 依如來藏故有生滅心)[라고 말한 것에서]부터 "이 [아리야阿梨耶]식에는 두 가지 면모가 있으니, 첫 번째는 '깨달음의 면모'이고 두 번째는 '깨닫지 못함의 면모'이다"(此識有二種義, 一者, 覺義, 二者, 不覺義)까지에서[76] 말한 것과 같다. 단지 '[근본무지에 따라] 생멸하는 마음'(生滅心)만을 취하여 '생멸하는 측면'(生滅門)으로 삼는 것이 아니라 '[근본무지에 따라] 생멸하는 [마음] 자신의 [온전한] 본연'(生滅自體)과 '생멸하는 양상'(生滅相)을 통틀어 취하여 그 모두를 '[근본무지에 따라] 생멸하는 측면'(生滅門)의 면모(義)에 두는 것임을 알아야 한다.】[77]

所以然者. 以一切法無生無滅, 本來寂靜, 唯是一心, 如是名爲"心眞如門"故, 言"寂滅者名爲一心". 又此一心體是本覺, 而隨無明動作生滅. 故於此門, 如來之性隱而不顯, 名"如來藏". 如經言, "如來藏者是善不善因, 能遍[78]興造一切趣生. 譬如伎兒變現諸趣". 如是等義在

---

76 『대승기신론』 본문의 내용이다. 전체 인용은 다음과 같다. "心生滅者, 依如來藏故有生滅心, 所謂不生不滅與生滅和合, 非一非異, 名爲阿梨耶識. 此識有二種義, 能攝一切法, 生一切法. 云何爲二? 一者, 覺義, 二者, 不覺義"(T32, 576b7-11).

77 『기신론소』(1-704c-705a).

78 『회본』에는 '遍'이 '徧'으로 되어 있다.

生滅門, 故言"一心者名如來藏", 是顯一心之生滅門. 如下文言, "心
生滅者, 依如來藏故有生滅心", 乃至"此識有二種義, 一者覺義, 二者
不覺義". 當知非但取生滅心爲生滅門, 通取生滅自體及生滅相, 皆在
生滅門內義也.

【'참 그대로인 측면'(眞如門)은 모든 것에 '통하는 면모'(通相)여서 '통
하는 면모' 이외에 별개의 것들이 없기 때문에 모든 것은 다 '통하는
면모'에 포섭된다. 마치 진흙은 [모든] 질그릇에 [다] 통하는 면모여
서 통하는 면모 이외에 별개의 질그릇이 없으므로 질그릇은 다 진흙
에 포섭되는 것과 같이, '참 그대로인 측면'(眞如門)도 이와 같다. '[근본
무지에 따라] 생멸하는 측면'(生滅門)이라는 것은, 곧 이 '참 그대로'(眞如)
가 이로움과 이롭지 않음의 원인(因)으로서 조건(緣)과 화합하여 도리
어 모든 현상을 지어내는데, 비록 실로 도리어 모든 현상을 지어내
긴 하지만 언제나 '참다운 면모'(眞性)를 잃지는 않기 때문에 이 [생멸하
는] 측면에서도 '참 그대로'(眞如)를 포섭한다. 마치 진흙의 성품이 모
여 질그릇을 이루지만 항상 진흙의 성품과 특징을 잃지 않으므로 질
그릇의 측면이 곧 진흙을 포섭하는 것과 같이, 생멸하는 측면도 이와
같다.】[79]

---

[79]　『별기』(1-679b-c).

眞如門是諸法通相, 通相外無別諸法, 諸法皆爲通相所攝. 如微塵是瓦器通相, 通相外無別瓦器, 瓦器皆爲微塵所攝, 眞如門亦如是. 生滅門者, 卽此眞如是善不善因, 與緣和合反[80]作諸法, 雖實反[81]作諸法, 而恒不壞眞性, 故於此門亦攝眞如. 如微塵性聚成瓦器, 而常不失微塵性相, 故瓦器門卽攝微塵, 生滅門亦如是.

【만약 '두 측면'(二門)이 서로 다른 본연(體)은 아니라도 두 측면이 서로 어긋나 서로 통하지 않는 것이라고 한다면, '참 그대로인 측면'(眞如門)에서는 '진리'(理)는 포섭하지만 '현상'(事)은 포섭하지 못해야 할 것이고, [근본무지에 따른 분별을 조건으로] 생멸하는 측면'(生滅門)에서는 '현상'(事)은 포섭하지만 '진리'(理)는 포섭하지 못해야 할 것이다. 그러나 지금 두 측면은 서로 융합(融)·소통(通)하여 경계가 구분되지 않으므로, [두 측면이] 다 각각 '진리'(理)와 '현상'(事)의 모든 것들을 통섭通攝하며, 따라서 "두 측면은 서로 분리되지 않기 때문이다"(二門不相離故)라고 하였다.】[82]

設使二門雖無別體, 二門相乖不相通者, 則應眞如門中, 攝理而不攝

---

80 『별기』의 한불전 교감주에 "'反'은 '變'인 듯하다"라 되어 있다. 『회본』에는 '變'이다. 그러나 본문의 의미맥락을 고려하면 '反'이 적절하다.

81 위 역주와 같다.

82 『별기』(1-679c).

理[83]事, 生滅門中, 攝事而不攝理. 而今二門互相融通, 際限無分, 是故皆各通攝一切理事諸法, 故言"二門不相離故".

【[진여문眞如門과 생멸문生滅門, 이] '두 측면'(二門)에서 포섭되는 진리(理)가 같지 않다는 것은 다음과 같다. '참 그대로인 측면'(眞如門)에서 설해지는 진리(理)는 비록 '참 그대로'(眞如)라고 말해지지만 또한 [그 불변의 실체를] 얻을 수 없으며, 그러나 또한 없는 것도 아니다. 부처님이 [세상에] 있든 없든 ['참 그대로'(眞如)의] '본연적 면모'(性相)는 '늘 그대로'(常住)[84]인 것이어서 [그 면모를] 거슬러 달라짐이 없고 파괴할 수 없다. 이 ['참 그대로인'] 측면([眞如]門)에서는 '참 그대로'(眞如)나 '참 지평'(實際)[85] 등의 명칭을 방편으로 세우니, 『대품반야경』 등의 여러 반야계 경전에서 설해진 것과 같다.[86] [근본무지에 따라] 생멸하는 측면'(生滅門)

---

83 『별기』의 한불전 교감주에서는 "理'는 잉자剩字인 듯하다"고 한다. 『회본』에는 '理'가 없다. 번역은 교감주에 따랐다.

84 원문의 '住'를 번역한 것이다. 통상적으로 '住'를 '머무르다'라고 직역하는데, '어떤 본질이나 실체의 불변상태'를 의미하는 것으로 오해할 위험이 있다. 불교사상이나 원효사상의 철학적 맥락을 고려할 때 '住'는 '특정한 국면의 지속'을 의미하는 것으로 보고, 한글의 '그대로이다'를 그런 의미를 지시하기 위한 번역어로 선택한다.

85 『중론』 권4(T30, 36a10) 이하에서는 "涅槃之實際, 及與世間際, 如是二際者, 無毫釐差別"이라고 하였다.

86 예를 들면 『대반야경』 권3(T5, 13b27) 이하에서는 "若菩薩摩訶薩欲通達一切法眞如, 法界, 法性, 不虛妄性, 不變異性, 平等性, 離生性, 法定, 法住, 實際, 虛空界, 不思議界, 應學般若波羅蜜多"라고 말한다.

에서 포섭되는 진리(理)는, 비록 '진리 본연'(理體)[의 차원]에서는 '[근본무지에 따라] 생멸하는 양상'(生滅相)에서 벗어나 있지만 또한 '늘 그대로인 면모'(常住之性)를 지키지 않아 근본무지(無明)라는 조건(緣)에 따라 '[근본무지에 매인] 생사生死'[의 세계]를 떠돌아다닌다. [그러나] 비록 ['생멸하는 측면'(生滅門)에서 포섭되는 진리(理)가] 현실적으로는 오염되었지만 [그] 본연(自性)은 온전하다. 이 '[근본무지에 따라 생멸하는] 측면'([生滅]門)에서는 '부처의 면모'(佛性)나 '깨달음의 본연'(本覺) 등의 명칭을 방편으로 세우니, 『열반경』과 『화엄경』 등에서 설해진 것과 같다.[87]][88]

二門所攝理不同者. 眞如門中所說理者, 雖曰眞如, 亦不可得, 而亦非無, 有佛無佛, 性相常住, 無有反[89]異, 不可破壞. 於此門中, 假立眞如實際等名, 如『大品』等諸『般若經』所說. 生滅門內所攝理者, 雖復理體離生滅相, 而亦不守常住之性, 隨無明緣流轉生死, 雖實爲所染, 而自性清淨. 於此門中, 假立佛性本覺等名, 如『涅槃』『華嚴經』等所說.

【또 앞에서 말한 '[마음지평의] 두 측면'(二門)에서는 단지 '포섭하는 면

---

87 예를 들면 『대반열반경』 권7(T12, 407b9) 이하의 "佛言: 善男子! 我者卽是如來藏義. 一切衆生悉有佛性, 卽是我義. 如是我義, 從本已來, 常爲無量煩惱所覆, 是故衆生不能得見"이라든가 『화엄경』 권33(T10, 812a10) 이하의 "一切法中不執著故; 善知識者, 心如明燈, 順本覺性而覺了故"이다.

88 『별기』(1-680a-b).

89 교감주와 『회본』에는 '變'이다. 그러나 원본의 '反'을 그대로 채택한다.

모'(攝義)만 말했으니, '참 그대로인 측면'(眞如門)에는 '생겨나게 하는 면모'(能生義)가 없기 때문이다. 지금 이 [아리야]식에 대해서는 '생겨나게 하는 면모'(生義)도 말하니, '[근본무지에 따라] 생멸하는 측면'(生滅門)에는 '생겨나게 하는 면모'(能生義)가 있기 때문이다.】[90]

又上二門但說攝義, 以眞如門無能生義故. 今於此識亦說生義, 生滅門中有能生義故.

【[첫 번째인] '[핵심을] 간략히 제시함'(略標)에서 말한 "하나처럼 통하는 [차이들의] 현상세계"(一法界)라는 것은 '참 그대로인 측면'(眞如門)이 의거하는 '[온전한] 본연'(體)을 드러낸 것이니, '하나처럼 통하는 마음'(一心)이 바로 '하나처럼 통하는 [차이들의] 현상세계'(一法界)이기 때문이다. 이 '하나처럼 통하는 [차이들의] 현상세계'(一法界)는 [개별적 양상'(別相)과 '총괄적 양상'(總相), 이] 두 가지 측면을 '서로 통하게 껴안지만'[91](通攝), 지금은 '개별적 양상의 측면'(別相門)을 취하지 않고 이 중에서 단지 '총괄적 양상의 진리측면'(總相法門)만을 취하였다. 그런데 '총괄적 양상'(總相)에 있는 '네 가지 종류'(四品) 가운데서 [유식이 설하는] '세 가지 모두 각자의 본질이 없음'(三無性)[을 밝히는 도리]가 드러내는

---

90 『소』(1-707c).

91 '통틀어 껴안고'와 '통하여 껴안고'가 모두 가능한 번역이지만, 원효의 저술에서 '통섭(通攝)'이라는 용어가 사용되는 맥락을 종합적으로 감안하여 여기서는 '서로 통하게 껴안는다'로 번역한다.

'참 그대로'(眞如)를 설하기 때문에 "크나큰 총괄적 양상"(大總相)이라고 하였다. '일정한 법칙'(軌)이 '참된 이해'(眞解)를 생겨나게 하기 때문에 "법法"이라 하였고, [이것으로] 열반에 통하여 들어가므로 "문門"이라 하였다. '하나처럼 통하는 [차이들의] 현상세계'(一法界)가 [자신의] '[온전한] 본연'(體)에 의거하여 '[근본무지에 따라] 생멸하는 측면'(生滅門)을 만들어 내는 것과 같이, 마찬가지로 [자신의] '[온전한] 본연'(體)에 의거하여 '참 그대로인 측면'(眞如門)을 만든다. 이러한 뜻을 드러내고자 하기 때문에 "[온전한] 본연"(體)이라 말하였다.】[92]

略標中言"卽是一法界"者, 是擧眞如門所依之體, 一心卽是一法界故. 此一法界通攝二門, 而今不取別相之門, 於中但取總相法門. 然於總相有四品中, 說三無性所顯眞如, 故言"大總相". 軌生眞解, 故名爲"法", 通入涅槃, 故名爲"門". 如一法界擧體作生滅門, 如是擧體爲眞如門. 爲顯是義, 故言"體"也.

【『십권입능가경十卷入楞伽經』에서는 〈'여래의 면모가 간직된 창고'(如來藏)가 아리야식阿梨耶識이며, '일곱 가지 식識'(七種識)과 함께 생겨나는 것을 '[근본무지에 따라] 바뀌어 가는 양상'(轉相)이라 부른다〉고 말하니, 그러므로 '[근본무지에 따라] 바뀌어 가는 양상'(轉相) 역시 아리야식阿梨耶

---

92 『기신론소』(1-705b-c).

識[의 범주]에 있다는 것을 알아야 한다. '스스로의 참된 면모'(自眞相)라는 것은 『십권입능가경』에서는 〈참다움에 맞아진 것을 '스스로의 면모'라 부른다〉고 하였으니, '깨달음의 본연으로서의 마음'(本覺之心)이 '망상을 짓는 조건'(妄緣)에 의지하지 않고 [온전한] 본연의 면모가 스스로 신묘하게 이해하는 것'(性自神解)을 '스스로의 참된 면모'(自眞相)라 부른다. 이것은 '같지 않은 측면'(不一義門)에 의거하여 설명한 것이다. 그런데 '근본무지의 바람'(無明風)에 따라 [근본무지에 의해] 생멸하는 [마음]지평'(生滅)을 지을 때에도 '신묘하게 이해하는 면모'(神解之性)는 '본연의 것'(本)과 다르지 않으므로 역시 '스스로의 참된 면모'(自眞相)라 부를 수 있게 된다. 이것은 '다르지 않은 측면'(不異義門)에 의거하여 설명한 것이다. '스스로의 참됨'(自眞)이라는 명칭은 [근본무지에 따라] 생멸하지 않는 [마음]지평'(不生滅)에만 있는 것이 아니라는 것을 알아야 한다.】[93]

如『十卷經』云, "如來藏阿梨耶識, 共七種識生, 名轉相", 故知轉相亦在阿梨耶識. 言自眞相者, 『十卷經』, "中眞名自相", 本覺之心, 不藉妄緣, 性自神解名爲自眞相. 是約不一義門說也. 然隨無明風作生滅時, 神解之性, 與本不異, 故亦得名爲自眞相. 是依不異義門說也. 當知自眞名不偏在不生滅.

---

93 『별기』(1-681c).

【『십권입능가경十卷入楞伽經』에서는 "'여래의 면모가 간직된 창고'(如來藏)가 바로 아리야식阿梨耶識이며, '일곱 가지 식識'(七識)과 함께 생겨나는 것을 '[근본무지에 따라] 바뀌어 가며 사라지는 양상'(轉滅相)이라 부른다"고 말하니, 그러므로 '[근본무지에 따라] 바뀌어 가는 양상'(轉相) 역시 아리야식阿梨耶識[의 범주]에 있다는 것을 알아야 한다. '개별적 특징'(自眞相)이라는 것은 『십권입능가경』에서는 "참다움에 맞아진 것을 '스스로의 면모'라 부른다"(中眞名自相)고 하였으니, '깨달음의 본연으로서의 마음'(本覺之心)이 '망상을 짓는 조건'(妄緣)에 의지하지 않고 '[온전한] 본연의 면모가 스스로 신묘하게 이해하는 것'(性自神解)을 '스스로의 참된 면모'(自眞相)라 부른다. 이것은 '같지 않은 측면'(不一義門)에 의거하여 설명한 것이다. 또 '근본무지의 바람'(無明風)에 따라 '[근본무지에 의해] 생멸하는 [마음]지평'(生滅)을 지을 때에도 '신묘하게 이해하는 면모'(神解之性)는 '본연의 것'(本)과 다르지 않으므로 역시 '스스로의 참된 면모'(自眞相)라 부를 수 있게 된다. 이것은 '다르지 않은 측면'(不異義門)에 의거하여 설명한 것이다. 이에 관한 자세한 것은 『별기』에서 설명한 것과[94] 같다.】[95]

如『十卷經』言, "如來藏卽阿梨耶識, 共七識生, 名轉滅相", 故知轉相在梨耶識. 自眞相者, 『十卷經』云, "中眞名自相", 本覺之心, 不藉妄緣, 性

---

94 이에 대한 논의는 『별기』에 매우 방대한 분량으로(한불전 권1, 681c18-682b18) 자세하게 다루어지고 있다.

95 『기신론소』(1-707b-c).

自神解名自眞相. 是約不一義門說也. 又隨無明風作生滅時, 神解之性,
與本不異, 故亦得名爲自眞相. 是依不異義門說也. 於中委悉, 如別記
說也.

【묻는다.『유가사지론』등에서 설하는 아리야식은 '다르게 변해 가
는 식'(異熟識)이어서 한결같이 [근본무지에 따라] 생멸하기만 하는데, 무
슨 까닭으로 이『기신론』에서는 이 아리야식이 [근본무지에 따라 생멸
하지 않음'과 '근본무지에 따라 생멸함'의] '두 가지 측면'(二義)을 모두 가진
다고 말하는가? 답한다. 각자가 말하는 것이 서로 위배되지 않는다.
어째서인가? [아리야식이라는] 이 미세한 마음에는 대략 두 가지 측면
(義)이 있다. 만약 그 ['미세한 마음'(微細心)인 아리야식]이 [근본무지에 따른]
행위의 번뇌에 감응되는 측면'(業煩惱所感義邊)이 되면 없던 것을 [분별
하여] 있게 하니, [그 마음은] 한결같이 [근본무지에 따라] 생멸한다. 만약
['미세한 마음'(微細心)인 아리야식]을 '근본적인 무지에 의해 동요되는 측
면'(根本無明所動義邊)에서 논한다면 고요하던 ['미세한 마음'(微細心)]에 [근
본무지의] 세력을 끼쳐 [그 '미세한 마음'(微細心)을] 동요하게 하니, [그렇다
면] '동요와 고요함은 그 본연을 같이 한다'(動靜一體). 저 [『유가사지론』]
에서 [생멸하기만 한다고] 논의된 것들은『해심밀경』에 의거한 것이니,
[아리야식이] 동일하다(一)거나 불변한다(常)는 견해들을 제거하기 위
해 '[근본무지에 따른] 행위의 번뇌에 감응되는 측면'(業煩惱所感義門)에 의
거하였다. 그러므로 이 [아리야]식이 한결같이 생멸하면서 마음작용

(心)과 마음현상(心數法)이 달라지면서 바뀌어져 간다고 말한다. 지금 이 [『대승기신론』]에서 [아리야식은 '근본무지에 따라 생멸하지 않음'과 '근본무지에 따라 생멸함'의 두 가지 측면을 모두 가진다고] 논한 것은 『능가경』에 의거한 것이니, 〈'[온전한] 진리'와 '[오염된] 세속'이 다른 실체라고 집착하는 것〉(眞俗別體執)을 치유하기 위해 그 ['미세한 마음'(微細心)인 아리야식의] '근본무지에 의해 동요되는 측면'([根本]無明所動義門)에 의거하였다. 그러므로 [근본무지에 따라] 생멸하지 않는 [마음]지평'(不生滅)이 '[근본무지에 따라] 생멸하는 [마음]지평'(生滅)과 '어울려 동거'(和合)하면서 [서로] 다르지 않다고 말한다. 그런데 이 '근본무지에 의해 동요되는 양상'(無明所動之相)은 또한 곧 저 '[근본무지에 따른] 행위의 번뇌에 감응되는 것'(業惑所感)이기도 하다. 그러므로 [『유가사지론』과 『대승기신론』의] 두 가지 의도가 비록 다르지만 [아리야]식의 온전한 본연'(識體)에서는 '[불변·독자의 실체나 본질이 있다는 생각에 의해] 둘[로 나뉨]이 없다'(無二).]⁹⁶

問. 如瑜伽論等說阿梨耶識, 是異熟識, 一向生滅, 何故此論乃說此識具含二義? 答. 各有所述, 不相違背. 何者? 此微細心略有二義. 若其爲業煩惱所感義邊, 辨無令有, 一向生滅. 若論根本無明所動⁹⁷義邊, 熏靜令動, 動靜一體. 彼所論等, 依深密經, 爲除是一是常之見, 約業煩惱所感義門. 故說此識一向生滅, 心心數法差別而轉. 今此論者, 依楞伽經,

---

96 『별기』(1-681c-682a).

97 『회본』의 교감주에 "속장경에는 '動'이 '感'으로 되어 있다"고 한다.

爲治眞俗別體執,⁹⁸ 就其無明所動義門. 故說不生滅與生滅和合不異.
然此無明所動之相, 亦卽爲彼業惑所感. 故二意雖異, 識體無二也.

【묻는다. 앞에서는 "'하나처럼 통하는 마음'에 ['참 그대로임'(眞如)과 '근
본무지에 따라 생멸함'(生滅)의] 두 가지 측면이 있다"(一心有二種門)고 하고,
지금은 "이 [아리야]식에 ['깨달음'(覺)과 '깨닫지 못함'(不覺)의] 두 가지 면모
가 있다"(此識有二種義)고 하니, 저 '하나처럼 통하는 마음'(一心)과 이 [아
리야]식識에는 어떤 차이가 있는가?

설명해 보겠다. 앞에서는 '진리의 본연'(理體)에 나아가 '하나처럼
통하는 마음'(一心)이라 부른 것이다. ['하나처럼 통하는 마음'(一心)의] 본
연(體)은 [분별된] 차이를 끊음'(絶相)과 '조건을 따름'(隨緣)이라는 '두 가
지 면모의 측면'(二義門)을 포함하고 있으므로 "'하나처럼 통하는 마음'
에 [참 그대로인 마음측면'(心眞如門)과 [근본무지에 따라] 생멸하는 마음측면'(心生
滅門)이라는] 두 가지 측면이 있다"(一心有二種門)라고 말한다. 『입능가경
入楞伽經』에서 "[근본무지의 분별로 인한 왜곡과 동요가] 그쳐진 것을 '하나
처럼 통하는 마음'이라 부르고, '하나처럼 통하는 마음'을 '여래의 면
모가 간직된 창고'라 부른다"⁹⁹(寂滅者名爲一心, 一心者名如來藏)라고 말하

---

98 『회본』에는 '別體執'이 '別體之執'으로 되어 있다.
99 『입능가경』권1(T16, 519a1-2). 어떤 맥락에서 등장하는 구절인지 알기 위해 전후를 소
개하면 다음과 같다. "復次, 楞伽王! 譬如壁上畫種種相, 一切衆生亦復如是. 楞伽王! 一切衆
生猶如草木無業無行. 楞伽王! 一切法非法無聞無說. 楞伽王! 一切世間法皆如幻, 而諸外道凡

는 것과 같으니, 그 뜻은 앞에서 설명한 것과 같다. 지금 여기서의 [아리야]식識이란 단지 〈'하나처럼 통하는 마음'의 '조건에 따르는 측면'〉(一心隨緣門)에 의거한 것이니, [이 측면에서의 '하나처럼 통하는 마음'(一心)이] '진리와 현상을 [불변·독자의 실체나 본질이 있다는 생각에 의해] 둘[로 나뉨]이 없고'(理事無二) '오로지 [진리와 현상을] 하나처럼 통하게 보는 신묘한 사유'(唯一神慮)라서 '[진리와 현상을] 하나처럼 통하게 하는 식'(一識)이라 부른다. [이 아리야식의] '[온전한] 본연'(體)¹⁰⁰은 깨달음(覺)과 '깨닫지 못함'(不覺)의 두 가지 면모를 포함하고 있으므로 "이 [아리야]식에 두 가지 면모가 있다"고 말한다. 이런 까닭에 '[하나로 보는] 마음'(心)은 넓은 것이고 '[아리야]식'(識)은 좁으니, [하나로 보는] 마음(心)은 '두 가지

夫不知. 楞伽王! 若能如是見如實見者名爲正見, 若異見者名爲邪見, 若分別者名爲取二. 楞伽王! 譬如鏡中像自見像, 譬如水中影自見影, 如月燈光在屋室中影自見影, 如空中響聲自出聲無以爲聲, 若如是取法與非法, 皆是虛妄妄想分別. 是故不知法及非法, 增長虛妄不得寂滅. **寂滅者名爲一心, 一心者名爲如來藏**, 入自內身智慧境界, 得無生法忍三昧"(T16, 518c20-519a3). 이 단락은 『입능가경』에서 제1품인 「請佛品」(4권 『능가경』에는 '청불품'이 없다고 함)의 마지막 대목이다. 대강의 내용을 보면, 일체중생과 일체세간과 일체법 및 비법이 모두 환영이며, 이것을 아는 것이 정견이라는 내용이 먼저 나온다. 그리고 거울에 비친 영상과 실제를 둘로 나누어 보는 등의 비유들을 통해, 법과 비법을 둘로 집착하는 것이 허망한 망상분별이라 규정한다. 법과 비법의 하나됨을 알지 못하면 허망을 증장할 뿐 적멸을 얻지 못한다. 적멸은 허망분별의 대칭어로 등장한다. 적멸이 일심이므로 『입능가경』에 따르면 일심은 망상분별이 제거된 마음이라 할 수 있다.

100 '體'는 『대승기신론』이나 원효저술에서 어떤 현상의 '가장 근원적 위상'을 지칭할 때 채택되는 개념인데, 본 번역에서는 '본연'이나 '바탕'이라는 번역어를 취하고 있다. 만약 근원적 위상이 '의지하게 되는 토대적 조건'을 의미할 때는 '바탕'으로, 또 그 근원적 위상이 '참된 국면/지평'이나 '본래의 고유성'을 의미할 때는 '본연(本然)'이라 번역하고 있다. 이 "[아리야식의 온전한] 본연은 깨달음(覺)과 '깨닫지 못함'(不覺)의 두 가지 면모를 포함하고 있다"(體含覺與不覺二義)는 문장에서의 '體'를 '[온전한] 본연'이라 번역한 것은 '참된 국면/지평'이라는 의미를 반영한 것이다.

측면'(二門)과 [생멸하는 측면의] [아리야]식을 포함하기 때문이다. 또 '측면'(門)은 넓은 것이고 '면모'(義)는 좁으니, '생멸하는 측면'(生滅門)은 [아리야식이 지닌 '깨달음'(覺)과 '깨닫지 못함'(不覺)의] 두 가지 면모를 포함하기 때문이다.

4권으로 된 『능가아발다라보경楞伽阿跋多羅寶經』에서 "['[온전한] 본연'(體)을] 벗어나지도 않고 '[온전한] 본연'(體)을] 바꾼 것도 아닌 것을 '여래의 면모를 품은 마음'(如來藏識)[101]이라 부르지만 '일곱 가지 식識'(七識)들은 [근본무지에] 따라 바뀌어 가는 것이 그치질 않으니, 까닭이 무엇인가? 저 ['여래의 면모를 품은 마음'(如來藏識)]이 [근본무지에 따르는] 조건과 관계 맺어 모든 [일곱 가지] 식識이 생겨나기 때문이니, [이러한 내용은] 성문聲聞이나 연각緣覺[같은 소승학인이 알 수 있는] 수행 경지가 아니다"[102]라고 하고, 또 10권으로 된 『입능가경入楞伽經』에서 "'여래의 면모를 품은 마음'(如來藏識)[103]은 아리야식에 있지 않다. 따라서 '[근본무지에 따라 양상을 바꾸어 가는] 일곱 가지 식識'(七種識)에는 생멸함이 있지만, '여래의 면모

---

101 여기서 '여래장식'의 '식(識)'을 '마음'이라고 번역한 까닭은, 분별에 따라 생멸하는 지평의 모든 '식(識)'들과 '여래장식'을 구분해야 할 필요에서이다. 한편 '여래장식'의 개념과 관련하여 『기신론소』에서 등장하는 '마음'(心) 관련 개념들의 위상을 대강 나타내 보면, 〈진여문의 진여심→생멸문의 여래장→여래장식→아리야식 또는 식장→칠전식〉이라는 계열로 정리해 볼 수 있다. 한편 『능가아발다라보경』 원문의 '여래장식장(如來藏識藏)'이 『기신론소』에서는 '여래장식(如來藏識)'으로 바뀌어 있는 것이 원효의 의도적 선택인지는 확실치 않다. 다만 '여래장식'과 '여래장식장', 나아가 '식장(識藏)' 또는 아리야식'까지의 내용적 차이를 원효가 의식하고 있었을 가능성을 배제할 수 없다.

102 『능가아발다라보경』 권4(T16, 510b16-18). "不離不轉, 名如來藏識藏. 七識流轉不滅. 所以者何? 彼因攀緣諸識生故, 非聲聞, 緣覺修行境界."

103 『입능가경』 원문에 따라 '如來藏'을 '如來藏識'으로 교감하여 번역하였다.

를 품은 마음'(如來藏識)[104]은 생멸하지 않는다. 어째서인가? 저 '[근본무지에 따라 양상을 바꾸어 가는] 일곱 가지 식識'(七種識)들은 [근본무지에 따라 분별된] 모든 대상들을 조건으로 삼아 '생각으로 헤아려'(念觀) 생겨나는 것이니, 이 '[근본무지에 따라 양상을 바꾸어 가는] 일곱 가지 식識'(七識)의 범주는 모든 성문과 [벽지불辟支佛과][105] 외도의 수행자들이 깨달아 알 수 있는 것이 아니다"[106]라고 한 것과 같다.]](107)

問. 上言"一心有二種門", 今云"此識有二種義". 彼心此識, 有何差別? 解云. 上就理體, 名爲一心. 體含絶相隨緣二義門, 故言"一心有二種門". 如經本言, "寂滅者名爲一心, 一心者名如來藏", 義如上說. 今此中識者, 但就一心隨緣門內, 理事無二, 唯一神慮, 名爲一識. 體含覺與不覺二義, 故言"此識有二種義". 是故心寬識狹, 以心含二門識故, 又門寬義狹, 以生滅門含二義故. 如『四卷經』云, "不離不轉名如來藏識,[108] 七識流轉不滅, 所以者何? 彼因擧[109]緣諸識生故, 非聲聞緣覺修行境界".

---

104 역시 『입능가경』 원문에 따라 '如來藏'을 '如來藏識'으로 교감하여 번역하였다.

105 『입능가경』 원문에는 '聲聞辟支佛外道'로 되어 있다.

106 『입능가경』 권7(T16, 556c11-15). "大慧! 如來藏識不在阿梨耶識中, 是故七種識有生有滅, 如來藏識不生不滅. 何以故? 彼七種識依諸境界念觀而生, 此七識境界一切聲聞辟支佛外道修行者不能覺知."

107 『별기』(1-682c-683a).

108 『회본』에는 '如來藏識'이 '如來藏識藏'이라 되어 있다. 『능가아발다라보경』 원문에는 '如來藏識藏'이라 되어 있다.

109 『별기』교감주에 "'擧'는 '擧'인 듯하다"라고 되어 있다. 『회본』에는 '攀'으로 되어 있다. 『능가아발다라보경』 원문에는 '攀'으로 되어 있다.

『十卷經』云, "如來藏[110]不在阿梨耶識中. 是故七種識有生有滅, 如來藏[111]不生不滅. 何以故? 彼七種識依諸境界念觀而生, 此七識境界, 一切聲聞外道[112]修行者不能覺知".

【또 4권으로 된『능가아발다라보경』에서는 "아리야식을 '여래의 면모가 간직된 창고'(如來藏)라 부르니, '근본무지'(無明) 및 '일곱 가지 식識'(七識)과 함께 하지만 [아리야식의 '여래의 면모'(如來)는] '[근본무지에 따라 생멸하는] 변화의 허물'(無常過)에서 떠나 [그] 본연(自性)이 온전하다. 나머지 '일곱 가지 식識'(七識)은 생각마다 [분별하면서] 끊임없이 움직이니, 이것은 '[근본무지에 따라] 생멸하는 현상'(生滅法)이다"[113]라고 하는데, 이와 같은 문장들은 하나같이 아리야식이 지닌 '깨달음 본연의 생멸하지 않는 면모'(本覺不生滅義)를 밝히고 있다. 또 4권으로 된『능가아

---

110 『회본』에는 '如來藏'이 '如來藏識'이라 되어 있다.

111 역시『회본』에는 '如來藏'이 '如來藏識'이라 되어 있다.

112 『회본』에는 '聲聞外道'가 '聲聞辟支佛外道'라 되어 있다.

113 『능가아발다라보경』권4(T16, 510b6-11). "外道不覺, 計著作者. 爲無始虛僞惡習所薰, 名爲識藏. 生無明住地, 與七識俱. 如海浪身, 常生不斷. 離無常過, 離於我論, 自性無垢, 畢竟清淨. 其諸餘識, 有生有滅. 意, 意識等, 念念有七"의 내용에 해당한다. 『능가아발다라보경회역(楞伽阿跋多羅寶經會譯)』을 참고하면 해당 문단마다 이역(異譯) 현황을 알아볼 수 있는데, 원효가 인용한 내용은『능가아발다라보경』보다『입능가경』과 더 일치함을 알 수 있다. 『입능가경』권7(T16, 556b27-c4). "大慧! 諸外道等妄計我故, 不能如實見如來藏, 以諸外道無始世來虛妄執著種種戲論諸熏習故. 大慧! 阿梨耶識者, 名如來藏, 而與無明七識共俱, 如大海波常不斷絕身俱生故, 離無常過離於我過自性清淨, 餘七識者, 心, 意, 意識等念念不住是生滅法."

발다라보경』에서는 "찰나[에 생멸하는 것]을 '[분별하는] 식의 창고'(識藏)라 부른다"[114]라고 하고, 10권으로 된『입능가경』에서는 "'여래의 면모가 간직된 창고'(如來藏)인 아리야식이 '일곱 가지 식識'(七識)과 함께 생겨나는 것을 '[근본무지에 따라] 바뀌어 가며 생멸하는 양상'(轉滅相)이라 부른다"[115]라고 말하는데, 이와 같은 문장들은 아리야식이 지닌 '[근본무지에 따라] 생멸하는 깨닫지 못함의 면모'(生滅不覺之義)를 나타낸다. 지금 이『대승기신론』의 저자는 저『능가경』의 전체 의미를 총괄하고 있으니, 따라서 [『대승기신론』에서] "이 [아리야]식에는 ['깨달음'(覺)과 '깨닫지 못함'(不覺)의] 두 가지 면모가 있다"[116]라고 말했다.】[117]

又四卷經云, "阿梨耶識名如來藏, 而與無明七識共俱, 離無常過, 自性清淨. 餘七識者, 念念不住, 是生滅法", 如是等文, 同明梨耶本覺不生滅義. 又四卷經云, "利那者名爲識藏", 十卷云, "如來藏阿梨耶識, 共七識[118]生, 名轉滅相", 如是等文, 是顯梨耶生滅不覺之義. 此今論主總括彼經始終之意, 故言導"此識有二種義"也.

---

114 『능가아발다라보경』 권4(T16, 512b12-15). "大慧! 利那者, 名識藏, 如來藏意俱生識習氣利那. 無漏習氣非利那, 非凡愚所覺. 計著利那論故, 不覺一切法利那非利那, 以斷見壞無爲法."

115 『입능가경』 권7(T16, 557a6-10). "大慧! 我依此義依勝鬘夫人, 依餘菩薩摩訶薩深智慧者, 說如來藏阿梨耶識, 共七種識生名轉滅相, 爲諸聲聞辟支佛等示法無我, 對勝鬘說言, 如來藏是如來境界."

116 『대승기신론』(T32, 576b10).

117 『별기』(1-683a-b).

118 『회본』에는 '七識'이 '七種識'이라 되어 있다.

【'깨닫지 못함의 면모'(不覺義)라고 말한 것에도 두 가지가 있으니, 첫째는 '근본적으로 깨닫지 못함'(根本不覺)이고, 둘째는 '지엽적으로 깨닫지 못함'(枝末不覺)이다. '근본적으로 깨닫지 못함'(根本不覺)이란, 아리야식 내의 '근본적인 무지'(根本無明)를 '깨닫지 못함'(不覺)이라 부르는 것이 그것이다. 아래 [『대승기신론』의] 문장에서 "아리야식을 조건으로 삼아 근본무지가 있다고 말하니, 깨닫지 못하여 [깨닫지 못하는 마음이] 일어나"(依阿梨耶識說有無明, 不覺而起)라고 한 것과 같은 것이다. '지엽적으로 깨닫지 못함'(枝末不覺)이란, 근본무지(無明)에 의해 일어난 '모든 오염된 현상들'(一切染法)을 다 '깨닫지 못함'(不覺)이라 부르는 것이 그것이다. 아래 [『대승기신론』의] 문장에서 "모든 오염된 현상들이 다 '깨닫지 못함의 양상'이기 때문이다"(一切染法, 皆是不覺相故)라고 한 것과 같은 것이다.

만약 '아리야식의 차별하는 양상이 근본에서 떨어지게 하여 지엽을 다르게 만들어 가는 측면'(識相差別簡本異末義門)에 의거[하여 말]한다면 아리야식에는 오로지 '깨달음의 본연'(本覺)과 '근본적으로 깨닫지 못함'([根]本不覺)[의 두 가지 면모]만이 있는 것이고, 만약 '아리야식의 온전한 본연에는 [불변·독자의 실체나 본질에 의해] 둘[로 나뉨]이 없어 [나뉜] 지엽을 거두어 [나뉨이 없는] 본연으로 돌아가는 측면'(識體無二攝末歸本義門)에 나아가 [말하]면 저 '비로소 깨달아 감'(始覺)과 '지엽적으로 깨닫지 못함'([枝]末不覺)도 [모두] 아리야식 안의 면모이다. 그러므로 앞의 [『대승기신론』] 문장에서 "이 아리야식에는 두 가지 면모가 있다"(此識有二義)고 말한 것은 이와 같은 두 가지 의미를 모두 포함한다. 따라서 아래의 해석에서 '깨달음의 본연'(本覺)과 '비로소 깨달아 감'(始覺)의 두 가지 깨달음과 ['근본적으로 깨닫지 못함'(根本不覺)과 '지엽적으로 깨닫지 못함'(枝末不覺), 이] 두 가지 '깨닫지 못함'(不覺)의 면모를 모두 거론한다.】[119]

言不覺義, 亦有二種, 一者根本不覺, 二者枝末不覺. 根本[120]不覺者, 謂梨耶識內根本無明名爲不覺. 如下文云, "依阿梨耶識說有無明, 不[121]覺而起"故. 言枝末不覺者, 謂無明所起一切染法皆名不覺. 如下文云, "一切染法皆是不覺相故". 若依識相差別簡本異末義門, 則梨耶識中, 唯有本覺及本不覺, 若就識體無二攝末歸本義門, 則彼始覺及末不覺, 亦是梨耶識內之義. 故上云, "此識有二義"者, 通含如是二種之意. 故下釋中, 通擧本始二覺及二不覺義也.

【묻는다. '마음의 온전한 본연'(心體)에 단지 '깨닫지 못함'(不覺)[의 면모]가 없기 때문에 '깨달음의 본연'(本覺)이라 불러야 하는가, '마음의 온전한 본연'(心體)에 '깨달음으로 [현상들을] 비추는 작용'(覺照用)이 있기에 '깨달음의 본연'(本覺)이라 불러야 하는가? 만약 단지 '깨닫지 못함'(不覺)[의 면모]가 없는 것을 '깨달음의 본연'(本覺)이라 부르는 것이

---

119 『별기』(1-683b).
120 『별기』에는 '枝末'이라 되어 있는데 '根本'의 오기로 보인다. 한국불교전서 별기 교감주에서도 "'枝末'은 '根本'인 듯하다"라고 한다. 『회본』에는 '根本'이라 되어 있다.
121 『별기』에는 '無'로 되어 있는데 '明不'이 탈락된 오기로 보인다. 한국불교전서 별기 교감주에서도 "'無' 아래 '明不'이 탈락된 듯하다"라고 한다. 『회본』에는 '無' 자리에 '無明不'이라 되어 있다.

라면, '깨달음으로 [현상들을] 비춤'(覺照)[의 작용은] 없을 수도 있으므로 이러한 [깨달음의 본연](本覺)은 '깨닫지 못함'(不覺)일 것이다. [또] 만약 '깨달음으로 [현상들을] 비춤'(覺照)[의 작용이] 있기 때문에 '깨달음의 본연'(本覺)이라 부르는 것이라면, 이러한 [본연의] '깨달음'(覺)은 '번뇌를 끊은 것'(斷惑)인지 아닌지 알지 못하겠다. 만약 [각조覺照의 작용을 갖는다고 하는 '깨달음의 본연'(本覺)이] '번뇌를 끊은 것'(斷惑)이 아니라면 ['깨달음의 본연'(本覺)에는] '[깨달음으로] 비추는 작용'(照用)이 없을 것이고, 만약 그 ['깨달음의 본연'(本覺)에] [번뇌를] 끊음(斷)이 있다면 [번뇌를 끊지 못한] 범부凡夫가 [애초부터] 없을 것이다.

답한다. [깨달음의 본연](本覺)에는] 단지 [깨닫지 못함'(不覺)의] 어둠이 없을 뿐 아니라 '[깨달음으로] 밝게 비추는 [작용]'(明照)도 있고, '[깨달음으로] 비추는 [작용]'(照)이 있으므로 '번뇌를 끊음'(斷惑)도 있다. 이 뜻은 무엇을 말하는가? 만약 〈먼저 번뇌에 빠졌다가'(眠)[122] '나중에 깨닫는 것'(後覺)을 깨달음이라 한다〉(先眠後覺名爲覺)는 측면에서라면, [본래 깨달아 있는 것이 아니라 비로소 깨달은 것이므로] '비로소 깨달아 감'(始覺)에는 깨달음이 있지만 '깨달음의 본연'(本覺)에는 깨달음이 없다. [또] 만

---

122 '번뇌에 빠짐'(眠): middha. '수면(睡眠)'이라고도 한다. 심소법(心所法) 중 '부정지법(不定地法)'의 하나. 심신을 흐리멍덩하게 하여(昧略) 극도로 무기력하게 만드는(闇劣) 정신작용을 말한다. 호법 등, 『성유식론』권7(T31, 35c14-16). "眠謂睡眠, 令身不自在昧略爲性. 障觀爲業, 謂睡眠位身不自在心極闇劣." 수행을 장애하는 다섯 가지 번뇌(5蓋) 중 하나로서 '혼침수면개(惛沈睡眠蓋)'라 불리기도 한다. 미륵, 『유가사지론』권11(T30, 329b9-24). "復次於諸靜慮等至障中, 略有五蓋, 將證彼時能爲障礙. 何等爲五? 一貪欲蓋, 二瞋恚蓋, 三惛沈睡眠蓋, 四掉擧惡作蓋, 五疑蓋. … 睡眠者, 謂心極昧略, 又順生煩惱壞斷加行, 是惛沈性. 心極昧略, 是睡眠性. 是故此二合說一蓋." 여기서는 '깨달음'의 대칭어로서 '번뇌'를 통칭한다고 보아 '번뇌에 빠짐'이라 번역했다.

약 〈본래 번뇌에 빠지지 않은 것을 깨달음이라 한다〉(本來不眠名爲覺)는 측면에서 논한다면, [비로소 깨달은 것이 아니라 본래 깨달아 있는 것이므로] '깨달음의 본연'(本覺)은 깨달음이지만 '비로소 깨달아 감'(始覺)은 깨달음이 아니다. [번뇌를] 끊는다는 뜻도 이러하다. 먼저 [번뇌가] 있었다가 나중에 없어진 것을 '끊음'(斷)이라 부르는 것이라면, [본래 끊어져 있던 것이 아니라 비로소 끊은 것이므로] '비로소 깨달아 감'(始覺)에는 [깨달음으로 비추는 작용에 의해 번뇌를] 끊음이 있지만 '깨달음의 본연'(本覺)에는 끊음이 없다. [또] 본래 '번뇌에서 벗어나 있는 것'(離惑)을 '끊음'(斷)이라 부르는 것이라면, '깨달음의 본연'(本覺)은 [번뇌를] 끊은 것이지만 '비로소 깨달아 감'(始覺)은 [번뇌를] 끊은 것이 아니다. 만약 이 [깨달음의 본연'은 본래 번뇌에서 벗어나 있다는] 뜻에 따른다면, 본래 [번뇌가] 끊어져 있으므로 본래 범부凡夫는 없다. 아래 [『대승기신론』의] 문장에서 "모든 중생은 본래 열반과 깨달음의 현상에 [늘 그대로][123] 들어가 있다"(一切衆生本來常住於涅槃菩提之法)[124]라고 한 것과 같다.

그러나 비록 〈'깨달음의 본연'이 있으므로 본래 범부는 없다〉(有本覺故本來無凡)고 말하더라도, 아직 '비로소 깨달아 감'(始覺)이 있지 않으므로 본래 범부가 있기도 하다. 이런 까닭에 [현실적으로 존재하는 범부를 '본래 없다'고 말하는 것에] 오류는 없다. 만약 그대가 〈[본래 번뇌가 끊어져 있는] 깨달음의 본연'(本覺)이 있기 때문에 본래 범부가 없다〉고 말한다면, 끝내 [깨달음으로 비추는 작용'(覺照用)에 의해 번뇌를 끊는] '비로소 깨

---

123 『대승기신론』 원문에는 '本來常住'라 되어 있으므로 이 번역문을 삽입한다.

124 『대승기신론』(T32, 577a25-28). "修多羅中依於此眞如義故, 說一切衆生本來常住入於涅槃菩提之法. 非可修相, 非可作相, 畢竟無得, 亦無色相可見."

달아 감'(始覺)이 없을 것인데, 무엇에 의거하여 [현실적으로 존재하는] 범부가 있는 것이겠는가? [또] 그 범부에게도 끝내 '비로소 깨달아 감'(始覺)이 없다면 [범부에게는 '비로소 깨달아 감'으로 회복해야 할] '깨달음의 본연'(本覺)도 없을 것인데, 어떤 [있지도 않은] '깨달음의 본연'에 의거하여 범부가 없다고 말하겠는가?

[본래부터 번뇌가 끊어져 있는] '깨달음의 본연'(本覺)이 있기 때문에 '깨닫지 못함'(不覺)은 본래 없고, '깨닫지 못함'(不覺)이 없으므로 끝내 ['깨달음으로 비추는 작용'(覺照用)에 의해 번뇌를 끊는] '비로소 깨달아 감'(始覺)이 없을 것이며, '비로소 깨달아 감'(始覺)이 없으므로 ['비로소 깨달아 감'으로 회복해야 할] '깨달음의 본연'(本覺)도 본래 없다는 것을 알아야 한다. [그러나] 〈'깨달음의 본연'(本覺)이 없다〉[는 말에] 이른 것은 그 연원이 〈'깨달음의 본연'(本覺)이 있다〉는 것에서 비롯하는 것이고, 〈'깨달음의 본연'(本覺)이 있다〉는 것은 〈'비로소 깨달음'(始覺)이 있다〉는 것에서 비롯하는 것이며, 〈'비로소 깨달아 감'(始覺)이 있다〉는 것은 〈'깨닫지 못함'(不覺)이 있다〉는 것에서 비롯하는 것이고, 〈'깨닫지 못함'(不覺)이 있다〉는 것은 '깨달음의 본연'(本覺)을 조건으로 삼기 때문이다. [이런 도리는] 아래 [『대승기신론』의] 문장에서 "'깨달음 본연의 면모'란 것은 '비로소 깨달아 가는 면모'에 대응하여 설하는 것이니, '비로소 깨달아 감'이란 것은 바로 '깨달음의 본연'과 같기 때문이다. '비로소 깨달아 가는 면모'란 것은, '깨달음의 본연'에 의거하기 때문에 '깨닫지 못함'이 있고 [다시 이] '깨닫지 못함'에 의거하기 때문에 '비로소 깨달아 감'이 있다고 말하는 것이다"(本覺義者, 對始覺義說, 以始覺者卽同本覺. 始覺義者, 依本覺故而有不覺, 依不覺故說有始覺)[125]라고 한 것과 같다. 이와 같이

거듭하여 바뀌어 가면서 서로에게 기대어 있음을 알아야 하니, [이 것은] 바로 모든 현상은 '[전혀] 없는 것이 아니지만 [불변·독자적 실체 로서] 있는 것도 아니며 [또한] [불변·독자적 실체로서] 있는 것이 아니지 만 [전혀] 없는 것도 아니라는 것'(非無而非有, 非有而非無)을 드러내는 것 이다.]126

問. 爲當心體只無不覺故名本覺, 爲當心體有覺照用名爲本覺? 若言只 無不覺名本覺者, 可亦無覺照故是不覺. 若言有覺照故名本覺者, 未知 此覺爲斷惑不. 若不斷惑, 則無照用, 如其有斷, 則無凡夫. 答. 非但無 闇, 亦有明照, 以有照故, 亦有斷惑. 此義云何? 若就先眠後覺名爲覺 者, 始覺有覺, 本覺中無. 若論本來不眠名爲覺者, 本覺是覺, 始覺則非 覺. 斷義亦爾. 先有後無名爲斷者, 始覺有斷, 本覺無斷. 本來離惑名爲 斷者, 本覺是斷, 始覺非斷. 若依是義, 本來斷故, 本來無凡. 如下文云, "一切衆生從本已來127入於涅槃菩提之法". 然雖曰有本覺故本來無凡, 而未有始覺故本來有凡. 是故無過. 若汝言由有本覺本來無凡, 則終無 始覺, 望何有凡者? 他亦終無始覺則無本覺, 依何本覺以說無凡? 當知 由有本覺故本無不覺, 無不覺故終無始覺, 無始覺故本無本覺. 至於無 本覺者源由有本覺, 有本覺者由有始覺, 有始覺者由有不覺, 有不覺者 由依本覺. 如下文云, "本覺義者, 對始覺義說, 以始覺者即同本覺. 始

125 『대승기신론』(T32, 576b14-16).
126 『별기』(1-683b-684a).
127 『회본』에는 '從本已來'가 '本來常住'라 되어 있다. 『대승기신론』 원문에는 '本來常住'라 되 어 있다.

覺義者, 依本覺故而有不覺, 依不覺故說有始覺". 當知如是展轉相依,
卽顯諸法非無而非有, 非有而非無也.

【 "이 뜻은 어떠한 것인가?" 이하[128]에서는 앞에서 설명한 '['근본무지
에 지배받지 않는 본연'과 '근본무지에 지배받는 오염'이 동거하고 있는 식(和合識)
과 '[분별을] 서로 이어 가는 마음'(相續心)의 양상은] 소멸되고 [온전해진 지혜는]
소멸되지 않는 면모'(滅不滅義)를 거듭 드러낸다. "모든 '[분별하는] 마음
과 의식의 양상'은 다 근본무지이다"(一切心識之相, 皆是無明)라는 것은,
'[근본무지에 의해 처음] 움직이는 식'(業識) '[불변·독자의 실체로 간주되는 주
관으로] 바뀌어 가는 식'(轉識) 등 모든 '[분별] 식의 양상'(識相)이 근본무
지(無明)에 의해 일어난 것이어서 모두 '깨닫지 못함'(不覺)이라는 것이
니, 그러므로 "다 근본무지이다"(皆是無明)라고 하였다. [그런데] 이와
같은 '모든 식의 깨닫지 못하는 양상'(諸識不覺之相)은 〈'[분별에] 오염된
것에 응하여 [작용하는] 깨달음의 본연'이라는 면모〉(隨染本覺之性)에서
떠나지 않으니, 그러므로 "'깨달음의 면모'에서 떠난 것이 아니다"(不
離覺性)라고 하였다.

이 '근본무지의 양상'(無明相)은 '깨달음 본연의 면모'(本覺性)와 같지
도 않고 다르지도 않다. [근본무지의 양상'(無明相)은 '깨달음 본연의 면모'(本

---

128 '중현(重顯)'에 해당하는 『대승기신론』 본문은 다음과 같다. "此義云何? 以一切心識之相,
皆是無明, 無明之相, 不離覺性, 非可壞非不可壞."

覺性)를 조건으로 삼아 성립한다는 점에서 '깨달음의 본연'(本覺)과] 다르지 않기 때문에 [근본무지의 양상'은 단독으로] 파괴할 수 있는 것이 아니지만, [근본무지(無明)는 '깨닫지 못함'(不覺)이어서 '깨달음의 본연'(本覺)과] 같지 않기 때문에 파괴할 수 없는 것도 아니다. 만약 '다르지 않아서 파괴할 수 있는 것이 아니라는 뜻'(非異非可壞義)에 따라 설명하자면 근본무지(無明)가 바뀌면 곧 '밝은 지혜'(明)로 변화되는 것이고, 만약 '같지 않아서 파괴할 수 없는 것이 아니라는 뜻'(非一非不可壞之義)에 나아가 설명하자면 근본무지(無明)가 소멸되어도 '깨달음의 면모'(覺性)는 파괴되지 않는 것이다. 지금 이 ['지혜를 온전하게 하는 양상'(智淨相)의 도리(法)에 대한] 문단에서는 '같지 않은 측면'(非一門)에 따르기 때문에 "[분별을] 서로 이어가는 마음양상'(相續心相)을 소멸시킨다"(滅相續心相)라고 말하였다.】[129]

“此義云何”以下, 重顯前說滅不滅義. “一切心識之相, 皆是無明”者, 謂業識轉識等諸識相, 無明所起, 皆是不覺. 以之故言“皆是無明”. 如是諸識不覺之相, 不離隨染本覺之性. 以之故言“不離覺性”. 此無明相, 與本覺性, 非一非異. 非異故非可壞, 而非一故非不可壞. 若依非異非可壞義說, 無明轉, 卽變爲明, 若就非一非不可壞之義說, 無明滅, 覺性不壞. 今此文中依非一門, 故說“滅相續心相”也.

129 『기신론소』(1-711b).

186

【[묻는다.] 이 ['[깨달음으로 이끌어 가는] 조건들로써 [중생에게] 거듭 영향을 끼치는 거울[과도 같은 면모]'(緣熏習鏡)]는 앞에서 말한 '생각으로는 이루 헤아릴 수 없는 행위[를 드러내는 양상]'(不思議業[相])과 어떤 차이가 있는가?

[답한다.] 그 ['생각으로는 이루 헤아릴 수 없는 행위'(不思議業)]는 [중생에] 응하여 나타내는 몸'(應身)의 '비로소 깨달아 감'(始覺)의 행위를 밝히는 것이고, 이 ['[깨달음으로 이끌어 가는] 조건들로써 [중생에게] 거듭 영향을 끼치는 거울[과도 같은 면모]'(緣熏習鏡)]는 '깨달음의 본연'(本覺)인 '진리 몸'(法身)의 작용을 드러내는 것이니, [중생에] 응해 하나의 교화를 일으키는 데에는 이러한 두 가지 면모(義)가 있는 것이다. 총괄적으로 말하면 그러하지만, 그 가운데서 [차이를] 구분하여 보자면 다음과 같다. 만약 '비로소 깨달아 감이 일으키는 [중생 교화의] 측면'(始覺所起之門)에서 논하자면, '[중생이 처한] 조건에 따르면서 서로 상응하여'(隨緣相屬) [중생으로 하여금] 이로움을 얻게 한다. 왜냐하면 그 ['생각으로는 이루 헤아릴 수 없는 행위'(不思議業)]의 근본인 '[분별에] 오염된 것에 응하여 [작용하는] 깨달음의 본연'(隨染本覺)이 [중생이 처한 조건에 따라] [중생과] 서로 관련을 맺는 데에는 '가깝거나 먼 것'(親疎)[의 차이]가 있기 때문이다. [만약] '깨달음의 본연이 드러내는 [중생 교화의] 측면'(本覺所顯之門)에서 논하자면, 두루 이롭게 하여 [중생의] 근기를 성숙시키면서 [중생 각자와의] 상관관계(相屬)를 따지지 않는다. 왜냐하면 그 ['[깨달음으로 이끌어 가는] 조건들로써 [중생에게] 거듭 영향을 끼치는 거울[과도 같은 면모]'(緣熏習鏡)]의 근본인 〈본래의 온전함인 '깨달음의 본연'〉(性淨本覺)은 모든 [중생]에 평등하게 통하여 '가깝거나 먼 것'(親疎)[의 차이]가 없기 때문이다. '깨달음의 면모를

자세히 밝힘'(廣覺義)을 마친다.]¹³⁰

此與前說不思議業有何異者? 彼明應身始覺之業, 此顯本覺法身之用,
隨起一化, 有此二義. 總說雖然, 於中分別者. 若論始覺所起之門, 隨緣
相屬而得利益. 由其根本隨染本覺, 從來相關有親疎¹³¹故. 論其本覺所
顯之門, 普益機熟不簡相屬. 由其本來性淨本覺, 等通一切無親疎¹³²故.
廣覺義竟.

【두 번째인 "[불변·독자의 실체로 간주되는] 주관[이 자리 잡는] 양상"(能
見相)이라는 것은 바로 '[불변·독자의 실체로 간주되는 주관으로] 바뀌어 가
는 양상'(轉相)이니, 앞의 '[근본무지에 의해 처음] 움직이는 양상'(業相)에
의존하여 바뀌어 [불변·독자의 실체로 간주되는] 주관이 되는 조건'(能緣)
을 이루는 것이다. 그러므로 "['깨닫지 못함'(不覺)에 의거한 마음의] 동요에
의거하기 때문에 '보는 자'[인 주관이 불변·독자의 실체처럼 자리 잡는 것]이
다"(以依動故能見)라고 말했다. '[아리야식의] 본연인 [근본무지에 의한 동요
가 없이] 고요한 측면'(性靜門)에 의거하면 [불변·독자의 실체로 간주되는]
주관'(能見)은 없으니, 그러므로 "[마음이 '깨닫지 못함'에 의거하여] 동요하
지 않으면 곧 [불변·독자의 실체로 간주되는] 봄[이라는 주관]이 없다"(不動

---

130 『기신론소』(1-712a-b).
131 『회본』에는 '疏'라 되어 있다.
132 『회본』에는 '疏'라 되어 있다.

則無見)라고 말했다. [이것은] '[불변·독자의 실체로 간주되는] 주관'(能見)은 반드시 '[아리야식이 근본무지에 의해] 동요하는 측면'(動義)에 의거한다는 것을 [말을] 뒤집어 드러낸 것이다. 이와 같은 '[불변·독자의 실체로 간주되는 주관으로] 바뀌어 가는 양상'(轉相)에는 비록 '[불변·독자의 실체로 간주되는] 주관이 되는 조건'(能緣)은 있지만 아직 '대상인 [불변·독자의 실체로 간주되는] 객관 양상'(所緣境相)을 드러낼 수는 없다. '[[불변·독자의 실체로 간주되는 주관으로] 바뀌어 가는 양상'(轉相)은] 오로지 '바깥으로 향함'(外向)이지 '대상에 의존하는 것'(託境)이 아니기 때문이다. 마치 『섭대승론석攝大乘論釋』에서 "제6의식이 과거·현재·미래 및 과거·현재·미래가 아닌 대상과 관계 맺는 것은 알 수 있지만, 이 [아리야]식識이 관계 맺는 대상은 알 수 없는 것이다"[133]라고 말한 것과 같다. 이 [『섭대승론석』에서] "알 수 없다"고 말한 것은 '알 수 있는 대상'(可知境)이 없기 때문이다. 마치 '12가지 조건들의 인과관계'(十二因緣)를 말할 때 처음[인 근본무지(無明)의 대상]을 알 수 없는 것처럼, '[[불변·독자의 실체로 간주되는] 주관으로 바뀌어 가는 양상'(轉相)에서 '[불변·독자의 실체로 간주되는] 주관이 되는 조건'(能緣)은 있어도 '알 수 있는 [불변·독자의 실체로 간주되는] 객관대상'은 없다고 하는] 이것도 마찬가지이다. 이것은 '[불변·독자의 실체로 간주되는 주관으로] 바뀌어 가는 양상'(轉相)에 의거하여 '근본적인 식'(本識)[인 아리야식의 면모]를 드러낸 것이다.】[134]

---

[133] 『섭대승론석』 권3(T31, 170a9-11). "論曰, 所緣境不可知故. 釋曰, 初受生識所緣境不可知, 意識緣三世境及非三世境, 此則可知." 원문에 따르면 『섭대승론』에서 "所緣境不可知故"라고 한 말을 『섭대승론석』에서 "意識緣三世境及非三世境, 此則可知"라고 주석한 것으로 되어 있다.

第二"能見相"者, 卽是轉相, 依前業相, 轉成能緣. 故言"以依動能見".
依性靜門, 則無能見, 故言"不動則無見"也. 反顯能見要依動義. 如是
轉相雖有能緣, 而未能顯所緣境相. 直是外向, 非託境故. 如『攝論』云:
"意識緣三世及非三世境, 是則可知, 此識所緣境不可知故". 此言"不可
知"者, 以無可知境故. 如說十二因緣, 始不可知, 此亦如是. 是約轉相
顯本識也.

【"문득 분별한다"(頓分別)라는 것은 '[불변·독자의 실체로 간주되는] 주
관[이 자리 잡는] 양상'(能見相)이고, "자기 마음이 나타낸 것 등"(自心現
及等)은 '[불변·독자의 실체로 간주되는] 대상[이 자리 잡는] 양상'(境界相)이
다. 『유가사지론』에서도 이것과 같은 입장이니,[135] [『능가아발다라보경』
과 『유가사지론』의] 이와 같은 글들은 뒤의 '[[불변·독자의 실체로 간주되는] 주
관이 자리 잡는 양상'과 '[불변·독자의 실체로 간주되는] 객관대상이 자리 잡는 양

---

134 『기신론소』(1-713a).

135 일치하는 전거는 찾아지지 않으나 『유가사지론』에서 능건상과 경계상을 논의하는 대
목으로 다음과 같은 내용이 있다. 『유가사지론』권1(T30, 280b6-9). "云何意自性? 謂心意
識. 心謂一切種子所隨依止性. 所隨(依附依止)性, 體能執受, 異熟所攝阿賴耶識. 意謂恒行意及
六識身無間滅. 意識謂現前了別所緣境界."; 『유가사지론』권51(T30, 580a2-12). "云何建立所
緣轉相? 謂若略說阿賴耶識. 由於二種所緣境轉, 一由了別內執受故, 二由了別外無分別器相故.
了別內執受者, 謂能了別遍計所執自性妄執習氣, 及諸色根根所依處, 此於有色界. 若在無色, 唯
有習氣執受了別. 了別外無分別器相者, 謂能了別依止, 緣內執受阿賴耶識故. 於一切時無有間
斷, 器世間相譬如燈焰生時內執膏炷外發光明. 如是阿賴耶識緣內執受緣外器相, 生起道理應知
亦爾."

190

상', 이] 두 가지 양상(相)에 의거하여 말한 것이다. 이 두 가지[의 양상]에는 비록 '[[불변·독자의 실체로 간주되는] 주관으로서의 면모'(見分)와 '[불변·독자의 실체로 간주되는] 객관으로서의 면모'(相分), 이] '두 가지 면모'(二分)가 있지만 [이 두 면모는 모두] '[근본무지에 의해 처음] 움직이는 양상'(業相)에서 떠나지 않으니, 이것은 [모두] '오로지 [분별하여] 헤아리는 측면'(唯量門)이다.[136] '[근본무지에 의해 처음] 움직이는 양상'(業相)에는 비록 '[불변·독자의 실체로 간주되는] 주관과 객관'(能所)이 없지만 '[[불변·독자의 실체로 간주되는] 주관으로서의 면모'(見分)와 [불변·독자의 실체로 간주되는] 객관으로서의 면모'(相分), 이] '두 가지 면모'(二分)를 함유하고 있으니, 이것은 '오로지 [주관과 객관의] 두 가지[로 나뉘는] 측면'(唯二門)이다. 이 '[[근본무지에 의해 처음] 움직이는 양상'(業相)·'[불변·독자의 실체로 간주되는 주관으로] 바뀌어 가는 양상'(轉相)·'[불변·독자의 실체로 간주되는 대상을] 나타내는 양상'(現相)] 세 가지는 모두 '다르게 변해 가는 식[으로서의 아리야식]'(異熟識)에 포함된다. '[[근본무지에 의해 처음] 움직이는 양상'(業相)·'[불변·독자의 실체로 간주되는 주관으로] 바뀌어 가는 양상'(轉相)·'[불변·독자의 실체로 간주되는 대상을] 나타내는 양상'(現相)은] 단지 '[근본무지에 의해] 움직인 번뇌에 미혹되는 측면'(業煩惱所惑義邊)이기에 '[근본무지에 의해 처음] 움직이는 양상'(業相)과 '움직이고 바뀌어 달라지는'(動轉差別) '바뀌어 가는 양상'(轉相) 등의 차이를 구별하지는 않으니, 그러므로 총괄적으로 '다르게 변해 가는 식[으로서의 아리야식]'(異熟識)이라 말했다. [또] '[[근본무지에 의해 처음] 움직이는 양상'(業相)·'[불변·독자

---

[136] 『섭대승론석』권5(T31, 184c13-19)의 다음 내용에 근거하여 번역하였다. "論曰, 此中說偈, 入唯量唯二, 種種觀人說, 通達唯識時, 及伏離識位. 釋曰, 此偈顯三種通達唯識義. 一通達唯量外塵實無所有故, 二通達唯二相及見唯識故, 三通達種種色生. 但有種種相貌而無體異故."

의 실체로 간주되는 주관으로] 바뀌어 가는 양상'(轉相)·'[불변·독자의 실체로 간주되는 대상을] 나타내는 양상'(現相)은 아리야식이] '근본무지의 바람에 의해 동요되는 측면'(無明風所動義邊)이기에, '미세한 것'(細)에서부터 '뚜렷한 것'(麁)에 이르기까지 '움직이고 바뀌어 달라지니'(動轉差別), 그러므로 미세하게 구분하여 '세 가지 양상'(三種相)을 세운다. 또한 이 [미세한 양상] 세 가지는 단지 근본무지(無明)에 의해서 움직여지는 것이므로 제8아리야식[의 자리]에 있고, 뒤의 [뚜렷한 양상] 여섯 가지는 대상(境界)에 의해 움직여지는 것이므로 '[말나식 이하] 일곱 가지 식(識)'(七識)[의 자리]에 있다. 바로 이러한 뜻으로 인해 〈[말나식 이하] 일곱 가지 식(識)'(七識)은 오로지 [분별에 따라] 생멸하기만 한다〉(七識一向生滅)고 말하니, [일곱 가지 식(識)의 이러한 면모는] 아리야식이 [분별에 따라 생멸하지 않는 '깨달음의 면모'(覺義)와 분별에 따라 생멸하는 '깨닫지 못함의 면모'(不覺義), 이] 두 가지 면모(義)를 모두 지닌 것과는 같지 않다.】[137]

“頓分別”者, 是能見相, “自心及現等”,[138] 是境界相. 『瑜伽論』中亦同此說, 如是等文是約後二相說. 此二雖有二分, 不離業相, 是唯量門. 業相雖無能所, 含有二分, 是唯二.[139] 此三皆是異熟識攝. 但爲業煩惱所惑義邊, 不別業相動轉差[140]轉相等異, 是故總說爲異熟識. 爲無明風所動

---

137 『별기』(1-688c).

138 '自心及現等'은 '自心現及等'의 오기로 보인다. 여기서는 '自心現及等'으로 번역한다.

139 『별기』 편집주에 ""二' 아래에 '門'이 빠진 듯하다"라고 되어 있다. 『회본』에는 '二門'이라고 되어 있다.

140 『회본』에는 '差' 아래에 '別'이 첨가되어 있다.

義邊, 從細至麤動轉差別, 是故細分立三種相. 又此三但爲無明所動故,
在第八, 後六乃爲境界所動故, 在七識. 卽由是義故, 說七識一向生滅,
不同梨耶俱含二義也.

【 "'[불변·독자의 실체로 간주되는] 대상이라는 조건'이 있기 때문에 다
시 '여섯 가지 양상'을 일으킨다"(以有境界緣故, 復生生六相)라는 것은, 앞
의 [세 가지] 미세한 양상'(細相)에서는 주관(能見)에 의거하여 대상(境界)
을 나타내는 것이지 대상이 주관을 움직이는 것은 아니지만, 이후의
'[뚜렷한] 여섯 가지 양상'(六[麤]相)은 저 나타난 대상에 의해 움직여지
는 것이지 이 여섯 가지 [뚜렷한 양상]이 저 대상을 나타낼 수 있는 것
은 아니라는 것이다. [미세한 양상과 뚜렷한 양상의] 면모를 구별하면 이
와 같지만, 통틀어 말하면 저 [대상을 나타내는 주관]도 자신이 나타낸
대상에 의해 다시 의거하고, 이 [대상에 의존하는 '여섯 가지 양상']은 다시
자신이 의존하는 대상을 만들 수 있다. 지금 이 『대승기신론』에서는
'구별하는 측면'(別門)에 의거해야 하므로 〈대상이 있기 때문에 '여섯
가지 양상'을 일으킨다〉(有境界故, 生六種相)라고[만] 말한다.】[141]

"以有境界緣故, 生六相[142]"者, 前細相中, 依能見現境界, 非境界動能

141 『별기』(1-688c).
142 『대승기신론』 원문에 따라 '生六相'을 '復生六種相'으로 교감하여 번역한다.

見. 此後六相, 爲彼所現境界所動, 非此六種能現彼境. 別義如是, 通而[143]而言云,[144] 彼亦還依自所現境, 此還能作自所依境. 今此論中, 宜就別門故, 言"有境界故, 生六種相".

【"이 의意에는"(此意) 이하는 둘째로 자세히 해석하는 것이니, 위의 다섯 가지 작용[145]에 입각하여 다섯 가지 식識의 명칭을 세운다. 처음인 '[근본무지에 따라 처음] 움직이는 식'(業識)의 면모(義)는 앞에서 이미 설명한 것과 같다. '[불변·독자의 실체로 간주되는 주관으로] 바뀌어 가는 식'(轉識)이라고 말한 것은 '[불변·독자의 실체로 간주되는] 주관[이 자리 잡는] 양상'(能見相)이니, 대상(境)과 관계 맺으면서 바뀌어 가기에 '[불변·독자의 실체로 간주하는 주관으로] 바뀌어 가는 식'(轉識)이라고 부른다.[146] 그런데 '[불변·독자의 실체로 간주되는 주관으로] 바뀌어 가는 식'(轉識)에는 두 가지 [면모]가 있다. 만약 〈근본무지(無明)에 의해 움직여진 주관(能見)을 '[불변·독자의 실체로 간주되는 주관으로] 바뀌어 가는 식'(轉識)이라

---

143 『별기』의 편집주에 "'而'는 잉자(剩字)인 듯하다"라고 되어 있다.

144 『별기』의 편집주에 "'云'은 '之'인 듯하다"라고 되어 있다. 『회본』에는 『별기』의 편집주에 따라 "通而而言云"이 "通而言之"로 고쳐져 있다.

145 오용(五用): '意轉'의 다섯 가지 작용. 『대승기신론』 본문의 '不覺而起', '能見', '能現', '能取境界', '起念相續'에 해당한다. 『소』의 '略明意轉' 과목에서는 여기의 '五用'을 '五種識相'이라고 표현하여 業識의 相이 '不覺而起', 轉識의 相이 '能見', 現識의 相이 '能現', 智識의 相이 '能取境界', 相續識의 相이 '起念相續'이라고 주석했다.

146 『소』에서 '轉識'에 대한 총괄적 설명이 "依前業識之動, 轉成能見之相"이었던 것과 대비되는 『별기』의 주석이다.

194

부른다〉고 말하는 것이라면 이 ['[불변·독자의 실체로 간주되는 주관으로] 바뀌어 가는 식'(轉識)]은 아리야식阿梨耶識에 있고, 만약 그것이 〈대상(境界)에 의해 움직여진 주관(能見)을 [불변·독자의 실체로 간주되는 주관으로] 바뀌어 가는 식'(轉識)이라 부른다〉는 것이라면 이것은 '제7[말나]식'(七識)을 일컫는다. [이러한] 두 가지 면모(義)는 같지 않아서, 서로 침범할 수 없다. 또 어떤 곳에서는 [근본무지에 의해 움직여지거나 대상에 의해 움직여지거나] 이 모든 주관(能見)을 통틀어 '[불변·독자의 실체로 간주되는 주관으로] 바뀌어 가는 식'(轉識)이라고 부르니, 이것은 '여덟 가지 식'(八識)에 [두루] 통하는 것이다. 지금 여기서의 '[불변·독자의 실체로 간주되는 주관으로] 바뀌어 가는 양상'(轉相)은 [근본무지(無明)에 의해 움직여져 바뀌어 가서 주관(能見)을 이루는] 앞의 측면(義)에 의거한 것이다.】[147]

"此意"以下, 第二廣解, 開上五用, 立五識名. 初業識義如前已說. 言 "轉識"者, 是能見相, 緣境而轉, 名爲轉識. 然轉識有二. 若說無明所動 能見名爲轉識者, 是在阿梨耶識, 如其境界所動能見名轉識者, 是謂七 識. 二義不同, 不可相濫. 又有處說, 諸是能見通名轉識, 則通八識. 今 此中轉相, 是緣初義也.

【다음으로 의식意識[이 바뀌어 가는 것]을 해석한다.[148] 의식意識은 곧 앞의 [분별을] 서로 이어 가는 식'(相續識)이다. 다만 〈현상에 불변·독

---

147 『별기』(1-690b~c).

자의 실체나 본질이 있다는 집착으로 행하는 분별'(法執分別)에 서로
응하면서 이후의 [식의] 면모를 생기게 하는 측면〉(法執分別相應生後義門)
에 의거한다면 의意라 말하고, 〈'견해[에 미혹된] 번뇌와 [현상에] 애착하
는 번뇌'(見愛煩惱)를 일으켜 앞[에서 불변·독자의 실체로 간주한 여섯 가지
객관대상]에 따라 생겨나는 측면〉(能起見愛煩惱從前生門)에 의거한다면 의
식意識이라고 부른다. 그러므로 "의식意識이라고 말한 것은 곧 이 '[분별
을] 서로 이어 가는 식'이 모든 범부의 집착이 더욱 깊어짐에 의거하
여 '나'와 '나의 것'을 [불변·독자의 실체인 양] 헤아리고 갖가지로 허망하
게 집착하며 [만나는] 현상마다 [분별로] 관계 맺어 여섯 가지 객관대상
을 [불변·독자의 실체인 양] 분별하는 것이니, 의식意識이라 부른다"(意識
者, 卽此相續識, 依諸凡夫取著轉深, 計我我所, 種種妄執, 隨事攀緣, 分別六塵, 名爲意識)
라고 말했다.〕[149]

次釋意識. 意識卽是先相續識. 但就法執分別相應生後義門, 則說爲意,
約其能起見愛煩惱從前生門, 說名意識. 故言"意識者卽此相續乃至分
別六塵名爲意識".[150]

---

148 『대승기신론』 본문으로는 "復次言意識者, 卽此相續識, 依諸凡夫取著轉深, 計我我所, 種種
妄執, 隨事攀緣, 分別六塵, 名爲意識, 亦名分離識, 又復說名分別事識. 此識依見愛煩惱增長義
故"에 해당한다.

149 『기신론소』(1-716a).

150 『대승기신론』 전체본문은 "意識者, 卽此相續識, 依諸凡夫取著轉深, 計我我所, 種種妄執, 隨
事攀緣, 分別六塵, 名爲意識"이다. 번역에는 본문 전체를 반영했다.

【"['하나처럼 통하는 [차이들의] 현상세계'(一法界)를] 알지 못한다"(不了) 이하에서는, 네 번째로 '근본무지를 다스려 끊는 것'(無明治斷)을 밝힌다. 그런데 '근본무지가 자리 잡은 단계'(無明住地)에는 두 가지 면모(義)가 있다. 만약 '[금생에] 만들어 내어 자리 잡은 무지의 측면'(作得住地門)을 논하자면 [대승보살의 '열 가지 본격적인 수행경지'(十地) 가운데] '첫 번째 경지'(初地) 이상에서 점차 끊을 수 있고, 만약 '[날 때부터] 선천적·심층적으로 자리 잡은 무지의 측면'(生得住地門)에 나아가 말한다면 [그 근본무지는] 오로지 '부처의 깨달은 지혜'(佛菩提智)만이 끊을 수 있는 것이다. 지금 이 『대승기신론』에서는 '[날 때부터] 선천적·심층적으로 자리 잡은 근본무지'(生)와 '[금생에] 만들어 내어 자리 잡은 무지'(作)를 구분하지 않고 이 두 가지를 합해서 말하여 통틀어 근본무지(無明)라고 부른다. 그러므로 "[대승보살의 '열 가지 본격적인 경지'(十地) 가운데 첫 번째 경지인] '온전한 마음의 경지'에 들어가 능력대로 [근본무지의 분별에서] 벗어나다가 '여래의 경지'에 이르러 궁극적으로 벗어날 수 있다"(入淨心地隨分得離, 乃至如來地能究竟離)라고 말했다.】[151]

"不了"以下, 第四明無明治斷. 然無明住地有二種義. 若論作得住地門者, 初地以上能得漸斷, 若就生得住地門者, 唯佛菩提智所能斷. 今此論中不分生作, 合說此二, 通名無明. 故言"入淨心地隨分得離, 乃至如來地能究竟離也".

---

[151] 『기신론소』(1-717b).

【"또한 오염된 마음의 면모"(又染心義者) 이하는, 세 번째로 '두 가지 장애'(二障)에 연결시켜 말한 것이다. 그런데 '두 가지 장애'의 면모(義)에는 대략 '두 가지 측면'(二門)이 있다. 첫 번째 [측면(門)]은 [다음과 같은 것이다.] '성문승과 연각승에 모두 해당되는 장애'(二乘通障)인 '열 가지 번뇌'(十使煩惱)는 [고통의 윤회세계에] 떠돌아다니게 하면서 '열반이라는 결실'(涅槃果)을 [체득하지 못하도록] 가로막기에 '번뇌로 인한 장애'(煩惱障)라고 부른다. '보살에게만 해당되는 장애'(菩薩別障)인 '현상에 불변·독자의 실체나 본질이 있다고 하는 집착'(法執)과 같은 미혹은, '대상에 대한 이해'(所知境)를 미혹시켜 '깨달음이라는 결실'(菩提果)을 [체득하지 못하도록] 가로막기에 '대상에 대한 이해를 가로막는 장애'(所知障)라고 부른다. 이 [첫 번째] 측면은 다른 경론經論들에서 말하고 있는 것과 같다. 두 번째 [측면(門)]은 [다음과 같은 것이다.] [근본무지에 매여] 작동하는 분별'(動念)로 '불변·독자의 실체가 있다는 생각을 취하는'(取相) 모든 마음들은 [본래의 본연인] 사실 그대로서의 지혜'(如理智)가 지닌 [근본무지의 분별로 인한 동요가 없는] 고요한 면모'(寂靜之性)를 위배하기에 '번뇌로 인한 방해'(煩惱礙)라 부르고, '근본적 무지'(根本無明)는 혼미하여 깨닫지 못해 [현상/세상사를] 사실대로 아는 지혜'(如量智)가 지닌 '이해하고 성찰하는 작용'(覺察之用)을 위배하기에 '올바른 이해를 가로막는 방해'(智礙)라고 일컫는다. 지금 이 『기신론』에서는 '두 번째 측면'(後門)의 뜻에 의거하였으니, 따라서 '여섯 가지 오염된 마음'(六種染心)은 '번뇌로 인한 방해'(煩惱礙)라 부르고 '근본무지가 자리 잡은 단계'(無明住地)는 '올바른 이해를 가로막는 방해'(智礙)라고 부른다. 그러나 특징(相)에 해당시켜 본다면, 근본무지(無明)는 응당 [본래의 본연인]

198

사실 그대로서의 지혜'(理智/如理智)를 장애해야 하고 '오염된 마음'(染心)은 [현상/세상사를] 사실대로 아는 지혜'(量智/如量智)를 장애해야 하는데, 왜 [『기신론』에서는] 그렇[게 말하]지 않는가? 반드시 그렇지는 않기 때문이니, 반드시 그렇지는 않다는 뜻은 『기신론』에서 스스로 말한 것과 같다.】[152]

"又染心義者"已下, 第三束作二障. 然二障之義, 略有二門. 一[153]二乘[154]通障, 十使煩惱能使流轉, 障涅槃果, 名煩惱障. 菩薩別障, 法執等惑, 迷所知境, 障菩提果, 名所知障. 此門如餘經論所說. 二一切動念取相等心, 違如理智寂靜之性, 名煩惱礙, 根本無明, 昏迷不覺, 違如量智覺察之用, 名爲智礙. 今[155]此論中, 約後門義, 故說六種染心名煩惱礙, 無明住地名爲智礙. 然以相當, 無明應障理智, 染心障於量智, 何不爾者? 未必爾故, 未必之意, 如論自說.

【또 4권으로 된 『능가아발다라보경』에서는 이렇게 말한다. "대혜여, 만약 저 '참된 식'(眞識)을 가리는 갖가지 진실하지 못한 모든 허망한 것들이 사라지면 곧 모든 '[분별하는 여섯 가지] 인식능력의 식'(根識)이 사라지니, 이것을 '[제6의식意識 차원과 서로 응하는 오염된 마음] 양상의

---

152 『별기』(1-693c).
153 한불전 제1권 693쪽의 주석3에 의거하여 '二'를 '一'로 교감하였다.
154 한불전 제1권 693쪽의 주석4에 의거하여 '棄'를 '乘'으로 교감하였다.
155 한불전 제1권 693쪽의 주석5에 의거하여 '念'을 '今'으로 교감하였다.

소멸'(相滅)이라 부른다. '[제6의식意識 차원과 서로 응하지 않는 오염된 마음 양상에서의] 서로 이어 감의 소멸'(相續滅)이라는 것은, '서로 이어 감'(相續)의 원인[인 깨닫지 못하는 근본무지]가 사라지면 곧 '서로 이어 감'이 사라지고 '[서로 이어 감이] 따르는 것'(所從)[인 '시작을 알 수 없는 때부터 잘못 분별하는 생각이 거듭 영향을 끼치는 것'(無始妄想熏)]이 사라지거나 '[서로 이어 가게 하는] 조건이 되는 것'(所緣)[인 '자기마음이 나타낸 식識과 대상(境)에 관한 망상 등']이 사라지면 곧 '[제6의식意識 차원과 서로 응하지 않는 오염된 마음 양상에서의] 서로 이어 감'(相續)이 사라진다. 그 까닭은 무엇인가? 이 것들은 그 [제6의식意識 차원과 서로 응하지 않는 오염된 마음 양상에서의 '서로 이어 감'(相續)이] 의거하는 것이기 때문이다. [여기서 '서로 이어 감'(相續)이] '의거하는 것'(依)이란 '시작을 알 수 없는 때부터 잘못 분별하는 생각이 거듭 영향을 끼치는 것'(無始妄想熏)을 말하고, '[서로 이어 감'(相續)의] 조건'(緣)이라는 것은 '자기 마음이 나타낸 식識과 대상에 관한 망상 등'(自心見等識境妄想)을 말한다."[156] 이 『능가아발다라보경』에서는 '[오염

---

156 『능가아발다라보경』권1(T16, 483a21-26). "大慧! 若覆彼眞識種種不實諸虛妄滅, 則一切根 識滅. 大慧! 是名相滅. 大慧! 相續滅者, 相續所因滅, 則相續滅, 所從滅及所緣滅, 則相續滅. 大 慧! 所以者何? 是其所依故. 依者, 謂無始妄想薰, 緣者, 謂自心見等識境妄想." 〈산스크리트 본의 해당 내용. LAS 38,2-7: tatra sarvendriyavijñānanirodho mahāmate yadutālaya vijñānasyābhūtaparikalpavāsanāvaicitryanirodhaḥ eṣa hi mahāmate lakṣaṇanirodhaḥ / prabandhanirodhaḥ punar mahāmate yasmāc ca pravartate / yasmād iti mahāmate yadāśrayeṇa yadālambanena ca / tatra yad āśrayam anādikālaprapañcadauṣṭhulyavāsa nā yad ālambanaṃ svacittadṛśyavijñānaviṣaye vikalpāḥ / | 그중에서 대혜여, 모든 근 식의 소멸 곧 알라야식이 가진 허망분별의 다양한 습기의 소멸이, 대혜여, 특징의 소 멸이다. 상속의 소멸은, 대혜여, 어떤 것 때문에 발생한다. 어떤 것 때문이란, 어떤 것 을 기반으로 하고 어떤 것을 인식대상으로 하여 [발생하기 때문이다.] 그중에서 기반 이란 무한한 과거로부터의 희론과 추중의 습기다. 인식대상이란 자신의 마음이 현현

200

된 마음이 사라지는] 공통되는 양상의 측면'(通相門)에 의거하기 때문에 이렇게 설명하였고, 『대승기신론』에서는 '[오염된 마음의] 구분되는 면모'(別義)에 의거하기 때문에 앞과 같이 설명하였다.】[157]

又『四卷經』, "大慧, 若覆彼眞識種種不實'諸虛妄滅, 則一切相[158]識滅, 是名相滅. 相續滅者, 相續所因滅, 則相續滅, 所依[159]滅及所緣滅, 則相續滅. 所以者何? 是其因[160]故. 依者, 謂無始妄想熏, 緣者, 謂自心現[161]等識境妄想". 此經就通相門故, 作是說, 論約別義故, 如前說也.

【처음인 '간략하게 밝히는 것'에서 말한 "모든 '[불변·독자의 실체로 간주하는] 대상[을 수립하는] 양상'[에 빠져드는 것]을 그치는 것을 말한다"(謂止一切境界相)라는 것은 [다음과 같은 뜻이다.] 앞서 [불변·독자의 실체나 본질이 있다는 견해에 따르는] 분별 때문에 '[불변·독자의 실체로 간주하는] 온갖 대상들'(諸外塵)을 지어내다가 지금은 '[사실대로] 깨닫는 지혜'(覺慧)로써 '[불변·독자의 실체로 간주하는] 대상들[을 수립하는] 양상'(外塵相)을 깨뜨리니, '[불변·독자의 실체로 간주하는] 대상들[을 수립하는] 양상'(塵相)이 이미 그쳐 [불변·독자의 실체로 간주하여] 분별되는 것이 없다. 그러므로 "[빠

한 식을 대상으로 하는 분별이다.〉

157 『별기』(1-694c).
158 『능가경』원문에 따라 '根'으로 새긴다. 『회본』에는 '相'이 '根'으로 되어 있다.
159 『능가경』원문에 따라 '從'으로 새긴다. 『회본』에는 '依'가 '從'으로 되어 있다.
160 『능가경』원문에 따라 '所依'로 새긴다. 『회본』에는 '因'이 '所依'로 되어 있다.
161 『능가경』원문에 따라 '見'으로 새긴다. 『회본』에는 '現'이 '見'으로 되어 있다.

져들지 않고] 그침"(止)이라고 부른다. 다음으로 말한 "'[원인과 조건에 따라] 생겨나고 사라지는 양상'을 이해한다"(分別[因緣]生滅相)라는 것은 [다음과 같은 뜻이다.] '[근본무지에 따라] 생멸하는 측면'(生滅門)에 의거하여 '현상의 [연기적緣起的] 양상'(法相)들을 관찰하는 것이니, 그러므로 "이해한다"(分別)라고 하였다. 이를테면 『유가사지론』「보살지菩薩地」에서 [다음과 같이] 말한 것과 같다. "이 중에서 보살은 '모든 현상'(諸法)에 대해 [불변·독자의 실체나 본질이 있다는 견해로] 분별하는 것이 없으니 [이것을] '[빠져들지 않고] 그침'(止)이라 부른다는 것을 알아야 하고, 만약 '모든 현상'(諸法)에서 〈'[사실대로 보는] 탁월한 내용의 이해'(勝義理)에 이른 [사실 그대로 이해하는 참된 지혜'(如實眞智)]〉(勝義理趣[如實眞智])와 〈갖가지 한량없이 많은 '언어로 세운 이해'(安立理)에 이른 '세속을 사실대로 이해하는 오묘한 지혜'(世俗妙智)〉(無量安立理趣世俗妙智)라면 [이것을] '[사실대로] 이해함'(觀)이라 부른다는 것을 알아야 한다."[162] 그러므로 '참 그대로인 측면'(眞如門)에 의거하여 온갖 '[불변·독자의 실체로 간주하는] 대상들[을 수립하는] 양상'(境相)을 그치므로 [불변·독자의 실체로 간주하여] 분별되는 것이 없어 곧 〈'[불변·독자의 실체나 본질이 있다는 관점에 의거한]

---

162 『유가사지론(瑜伽師地論)』(T30, 539c24-26). "此中菩薩, 卽於諸法, 無所分別, 當知名止. 若於諸法勝義理趣如實眞智, 及於無量安立理趣世俗妙智, 當知名觀." 〈산스크리트본의 해당 내용. BoBh[W] 260,11-14; BoBh[D] 177,17-19: tatra yā bodhisattvasyaiṣā dharmāṇām evam avikalpanā. so 'sya śamatho draṣṭavyaḥ. yac ca tad yathābhūtajñānam pāramārthikam yac ca tad apramāṇavyavasthānanayajñānam dharmeṣu. iyam asya vipaśyanā draṣṭavyā. | 그중에서 보살이 모든 현상에 대해 분별하지 않는 것이 그의 샤마타라고 보아야 한다. 그리고 모든 현상에 대한 승의적이고 여실한 그 인식과 무량한 언어적 확립 방식의 인식이 그의 비파샤나라고 보아야 한다.〉

분별'이 없는 지혜〉(無分別智)를 이루고, '[근본무지에 따라] 생멸하는 측면'(生滅門)에 의거하여 '갖가지 [연기적으로 생멸하는] 양상들'(諸相)을 이해(分別)하므로 갖가지 [현상들이] '[연기의] 이치대로 나아감'(理趣)을 관찰하여 곧 '[깨달음을 성취한] 후에 얻어지는 ['사실 그대로' 이해하는] 지혜'(後得智)를 이룬다는 것을 알아야 한다.】[163]

初略中言"謂止一切境界相"者, 先由分別作諸外塵, 今以覺慧破外塵相, 塵相旣止, 無所分別, 故名爲止也. 次言"分別生滅相"者, 依生滅門, 觀察法相, 故言"分別", 如『瑜伽論』菩薩地云, "此中菩薩, 卽於諸法無所分別, 當知名止, 若於諸法勝義理趣, 及諸無量安立理趣世俗妙智, 當知名觀". 是知依眞如門, 止諸境相, 故無所分別, 卽成無分別智, 依生滅門, 分別諸相, 觀諸理趣, 卽成後得智也.

【처음에 말한 "비록 〈모든 현상에는 '[불변·독자의] 자기 실체나 본질'이 생겨나지 않는다〉는 것을 생각하더라도"(雖念諸法自性不生)라는 것은 '[불변·독자의 실체나 본질이] 있지 않은 측면'(非有門)에 의거하여 '[빠져들지 않고] 그치는 수행'(止行)을 닦는 것이다. "또한 다시 곧바로 〈행위의 과보가 상실되지 않는다〉는 것을 생각한다"(而復卽念業果不失)라는 것은 '[인연과 그 과보가] 없지 않은 측면'(非無門)에 의거하여 '[사실대로] 이해하는 수행'(觀行)을 닦는 것이다. 이것은 〈'[불변·독자의 실체나

163 『기신론소』(1-727a).

본질이 없는] 사실 그대로의 지평'(實際)을 훼손하지 않으면서도 [인연에 따라 전개되는] '모든 현상'(諸法)을 건립하는 것〉(不動實際建立諸法)에 따른 것이다. 그러므로 '[빠져들지 않고] 그치는 수행'(止行)을 버리지 않으면서 '[사실대로] 이해하는 수행'(觀行)을 닦을 수 있으니, 참으로 [모든] 현상(法)은 비록 '[불변·독자의 실체나 본질로서] 있는 것은 아니지만'(非有) '[아무것도] 없음'(無)에 떨어지지도 않기 때문이다. 다음에 말한 "비록 [원인과 조건에 따라 생겨나는] 이롭거나 해로운 행위의 과보를 생각하더라도 [또한] 곧바로 〈[생겨난 과보의] '[불변·독자의] 실체나 본질'은 얻을 수 없다〉는 것을 생각한다"(雖念[因緣]善惡業報, 而[亦]卽念性不可得)라는 것은, 〈[인연에 따라 생겨난 것을 지칭하는] '임시방편으로 세운 명칭'(假名)을 파괴하지 않으면서 [불변·독자의 실체나 본질이 없는] '사실 그대로의 면모'(實相)를 말하는 것〉(不壞假名而說實相)에 따른 것이다. 그러므로 '[사실대로] 이해하는 수행'(觀行)을 없애지 않으면서 '[빠져들지 않고] 그치는 수행'(止門)에 들어갈 수 있으니, 그 [모든] 현상(法)은 비록 [아주] 없는 것은 아니지만 '[불변·독자의 실체나 본질로서] 항상 있는 것'(常有)도 아니기 때문이다.】[164]

初中言"雖念諸法自性不生"者, 依非有門以修止行也, "而復卽念業果不失"者, 依非無門以修觀行也, 此順不動實際建立諸法. 故能不捨止行而修觀行, 良由法雖非有而不墮無故也. 次言"雖念善惡業報, 而卽念性不

164 『기신론소』(1-732a).

可得"者, 此順不壞假名而說實相. 故能不廢觀行, 而入止門, 由其法雖
不無, 而不常有故也.

『이장의二障義』에서의 '문門 구분'

【어떤 사람은[165] 다음과 같이 말한다. 두 부류의 논사들에 의해 설
명된 ['올바른 이해를 가로막는 장애'(所知障)의 본연을 여덟 가지 식 '개별로 이해
하는 관점'과 여덟 가지 식 '전부에 통하는 것으로 이해하는 관점']은 모두 이치
에 부합한다. 그 이유는 다음과 같다. 만일 [여덟 가지 식] '개별로 이해
하는 방식'(別門)인 '뚜렷한 특징[을 주목하는] 이치'(麤相道理)에 의거한다
면 첫 번째 논사에 의해 설명된 관점 또한 이치에 맞고, ['올바른 이해
를 가로막는 장애'(所知障)의 본연을 여덟 가지 식 전부에] '통하는 것으로 이해
하는 방식'(通門)인 '미세한 양상[을 주목하는] 이치'(細相道理)에 의거한다
면 두 번째 논사에 의해 설명된 관점 또한 이치에 맞는다. 이와 같이
'이치에 맞는 두 종류의 이해방식'(二種理門)이 있기 때문에 모든 글의
차이가 다 잘 통할 수 있게 된다. 만일 '개별로 이해하는 관점'에 의해
'모든 대상에 변하지 않는 독자적 실체가 있다고 하는 집착'(法執)과
근본무지(無明)를 여덟 가지 식과 ['이로운 것'(善), '해로운 것'(不善), '이롭지도

---

165 원효 자신을 지칭하는 것으로 보인다.

않고 해롭지도 않는 것'(無記)의] 세 가지 특성 모두에 적용시킨다면, 이치에 맞지 않기 때문에 오류가 있게 된다. 또 설령 '전부에 통하는 것으로 이해하는 방식'(通門)으로 '모든 대상에 변하지 않는 독자적 실체가 있다고 하는 집착'(法執)을 [제6의식과 제7말나식의] 두 가지 식識에 국한하여 '이로운 것'(善)에는 통하지 않는다고 한다면, 이치에 맞지 않고 또한 붓다의 가르침(聖言)에도 어긋난다. 두 부류의 논사가 설명한 것이 이미 이와 같지 않으므로 두 종류의 설명은 모두 이치에 맞는 것이다.]¹⁶⁶

或有說者. 二師所說, 皆有道理. 所以然者. 若依別門麤相道理, 初師所說, 亦有道理, 於其通門, 巨細道理,¹⁶⁷ 後師所說, 亦有道理. 由有如是二種理門, 諸文相違, 皆得善通. 設使將彼別相法執無明, 通置八識及三性者, 不應道理, 故有過失. 縱令此通相法執, 局在二識, 不通善者, 不應道理, 亦乖聖言. 二師所說, 旣不如是, 是故二說, 皆有道理.

【이 [『유가사지론瑜伽師地論』의 문장에서] "[오직] '잠재적인 번뇌'(隨眠)만이 [윤회하는 다음] 생生에 깃들게 하여 이어 가게 하는 것은 고귀한 [진리의] 행적에 눈뜬 [수행자의 경우]이다"고 말한 것은, '공통적인 양상이

---

166 『이장의』(1-792c).
167 '巨細道理'는 '細相道理'의 오기로 보인다.

[윤회하는 다음] 생生에 깃들게 하는 측면'(通相結生門)에 의거하여 말한 것이다. [한편] 『대승아비달마잡집론大乘阿毘達磨雜集論』에서는 [다음과 같이] 말한다. "아직 욕망으로부터 벗어나지 못한 성자도 그러하다. [죽을 때] 아직 의식이 선명하지 않은 상태에 이르지 않는 한 [그 상태에서는] 이 ['나'에 대한] 갈망/애착을 일으키지만, 선명하게 식별하는 ['나'에 대한 애착]은 그 [애착]을 다스리는 힘으로 줄이고 제어하기 때문이다. 이미 욕망으로부터 벗어나 있는 성자는 ['나에 대한 애착'] 다스리는 힘이 강하기 때문에 비록 아직 ['나'에 대한 애착을] 영원히 끊어 버리지는 못하였다고 해도 [욕망으로부터 벗어난 성자의 경지라고 한다면] 이 ['나'에 대한] 애착이 다시 나타나 작용하지는 않고 [오직] '잠재적인 번뇌'(隨眠)의 힘에 의해 [다시] 태어나 [윤회하는 삶을] 이어 가게 한다." 이 [『대승아비달마잡집론大乘阿毘達磨雜集論』의 문장]은 '개별적인 양상이 [윤회하는 다음] 생生에 깃들게 하는 측면'(別相結生門)에 의거한 것이다.]168

此說隨眠結生, 謂見聖迹, 是約通相結生門說. 『對法論』云, "未離欲聖者亦爾. 乃至未至不明了想位, 其中能起此愛, 然能了別, 以對治力所損伏故. 已離欲聖者, 對治力强故, 雖未永斷, 然卽此愛不復現行, 由隨眠力, 令生相續".169 此約別相結生門也.

168 『이장의』(1-796c-797a).

169 『大乘阿毘達磨雜集論』 4「本事分」(『大正藏』 31, 714c). "未離欲聖者亦爾 臨命終時 乃至未至不明了想位 其中能起此愛現行 然能了別 以對治力之所攝伏 已離欲聖者 對治力强故 雖未永斷 然此愛不復現行 彼由隨眠勢力 令生相續."

【다음은 '[성문聲聞과 연각緣覺] 두 부류의 수행자가 [번뇌를] 다스리는 수행의 수준'(二乘治道位)을 밝힌 것이니, 여기에는 두 가지 뜻이 있다. 만약 〈'자아에 대한 집착'(人執)과 '대상에 대한 집착'(法執)이 근본(本)과 지말(末)로서 서로 의지하여 생겨나는 측면〉(人法二執本末相依生門)에 의 거한다면, 모든 [성문聲聞과 연각緣覺] '두 부류의 수행자'(二乘)는 '번뇌로 인한 장애'(煩惱障)에 대해 오직 억제시킬 뿐이지 완전하게 끊지는 못 한다. 그 이유는, '[제한 없이] 넓고 큰 마음'(廣大心)¹⁷⁰이 없어 '모든 대상 에 변하지 않는 독자적 실체는 없다'(法空)는 것을 증득하지 못하고 이 로 인해 번뇌의 근본을 제거하지 못하기 때문이다. [또] 만약 〈'자아 에 대한 집착'(人執) 안에서 '현재 작용하고 있는 번뇌'(纒)와 '잠재적인 번뇌'(隨眠)가 서로를 생겨나게 하는 측면〉(人執之內纒及隨眠相生門)에 의 거한다면, [이 번뇌들은] 모두 '완전히 끊는 것'(永斷)이지 '억제하여 끊는 것'(伏斷)이 아니다. '자아에 변하지 않는 실체는 없다'(人空)[는 지혜]가 드러내는 '참 그대로'(眞如)를 증득하여 '자아에 변하지 않는 실체가 있다고 하는 집착'(人執) 등의 종자를 완전히 없애기 때문이다.

　[이것은] 『미륵소문론』에서 [다음과 같이] 말한 것과 같다. "모든 '가르 침을 들어서 깨달으려는 수행자'(聲聞乘)와 '혼자 힘으로 연기를 이해 하여 깨달으려는 수행자'(緣覺乘)는 '제한 없는 네 가지 마음'(四無量)을 제대로(如實) 익힐 수 없어 모든 번뇌를 완전히 끊을 수 없고 다만 모 든 번뇌를 억제할 수 있을 뿐이다."¹⁷¹ 이것은 '처음[에 거론한] 측면'(初

---

170 '제한이 없는 네 가지 마음'(四無量心)을 말한다. 자애(慈), 동정(悲), 기뻐함(喜), 평온(捨) 이 특정한 범주의 대상에 갇혀 버리는 '제한됨'에서 풀려났다는 의미에서 '넓고 큰 마 음'(廣大心)이다.

門)[인 〈'자아에 대한 집착'(人執)과 '대상에 대한 집착'(法執)이 근본(本)과 지말(末)로서 서로 의지하여 생겨나는 측면〉(人法二執本末相依生門)]에 의거하여 이렇게 말한 것이다.

또한 『유가사지론』에서는 [다음과 같이] 설명한다. "만일 [부처님의] 고귀한 제자가 '세속을 넘어선 [경지에 속하는] 수행'(出世間道)으로 인해 '욕망 세계'(欲界)의 탐욕에서 벗어나고, 마침내 [욕망의 세계와 유형의 세계와 무형의 세계, 이] '세 종류 세계'(三界)의 탐욕에서 다 벗어나면, 이때에 모든 '오염시키는 [번뇌] 종자'(染法種子)들이 모두 다 완전히 없어진다. … [이것은] 마치 쌀이나 보리 등 모든 밖에 있는 종자를 공중이나 마른 그릇에 두면 비록 싹을 틔우지는 않더라도 종자가 아닌 것은 아니지만, 만일 불에 의해 손상된다면 그때에는 끝내 종자가 되지 못하는 것과 같다. [번뇌를] '억제하는 도리'(損伏道理)와 '완전히 없애는 도리'(永害道理)[의 차이]도 그러하다."[172]

이것은 '뒤[에 거론한] 측면'(後門)[인 〈'자아에 대한 집착'(人執) 안에서 '현재 작용하고 있는 번뇌'(纏)와 '잠재적인 번뇌'(隨眠)가 서로를 생겨나게 하는 측면〉(人執之內纏及隨眠相生門)]에 의거하여 이렇게 말한 것이다. 이 '두 가지 측면'(二門) 때문에 [번뇌를] '억제하여 끊는 것'(伏斷)과 '완전히 끊는 것'(永

---

171 『彌勒菩薩所問經論』 8(『大正藏』 26, 265b). "又諸聲聞辟支佛人 爲取涅槃心取以爲究竟 善根棄捨利益一切衆生 棄捨世諦所作諸業 其心專爲利益自身 不能如實修四無量 不能究竟斷諸煩惱 唯能折伏一切煩惱."

172 『瑜伽師地論』 58 「攝決擇分」(『大正藏』 30, 584a). "若聖弟子 由出世道 離欲界欲 乃至具得離三界欲 爾時 一切三界染汚諸法種子 皆悉永害 何以故 由聖弟子 於現法中 不復堪任從離欲退 更起下地煩惱現前 或生上地 亦不堪任從彼沒已還生下地 如聲麥等諸外種子 安置空迴 或於乾器 雖不生芽 非不種子 若火所損 爾時畢竟 不成種子 內法種子 損伏永害 道理亦爾."

斷)이 모두 서로 어긋나지 않는다. 지금은 우선 [번뇌를] '완전히 끊는 것'(永斷)에 의거하여 그 수준차이를 밝힌다.】[173]

次明二乘治道位者, 此有二義. 若就人法二執本末相依生門, 一切二乘, 於煩惱障, 唯是折伏, 而非永斷. 所以然者, 無廣大心, 不證法空, 由是 不拔煩惱本故. 如其直當人執之內纏及隨眠相生門者, 皆是永斷, 而非 伏斷. 由證人空所顯眞如, 永害人執等種子故. 如『彌勒所問論』云. "一 切聲聞辟支佛人, 不能如實修四無量, 不能究竟斷諸煩惱, 但能折伏一 切煩惱". 此依初門, 作是說也. 又『瑜伽』說. "若聖弟子, 由出世道, 離 欲界欲, 乃至具得離三界欲, 爾時一切染法種子, 皆悉永害. … 如穀麥 等諸外種子, 安置空迴, 或於乾器, 雖不生芽, 非不種子, 若火所損, 爾 時畢竟不成種子. 損伏永害道理亦爾". 此依後門, 而作是說. 由是二門, 伏斷永斷, 皆不相違. 今且依永斷, 明其階降.

【[범부凡夫와 이승二乘의 경우에 이어] 세 번째인 '보살이 번뇌를 [다스려] 끊는 수준을 밝히는 것'(就菩薩明斷位)[174]에도 두 가지 뜻이 있다. 만약

---

174 '[번뇌를] 다스려 끊는 수준의 차이들'(治斷階位)을 세 종류로 구분하여 논하는 내용 가
운데 마지막인 '보살의 수준'을 설명하는 대목이다; "네 번째는 [번뇌를] 다스려 끊는
수준의 차이들'(治斷階位)을 밝힌 것이다. 총괄적으로 세 종류가 있으니, 첫 번째는 범
부중생[의 수준]을 밝혔고, 두 번째는 [성문(聲聞)과 연각(緣覺)] '두 부류의 수행자'(二乘)
[의 수준]을 판별하였으며, 세 번째는 보살[의 수준]을 설명하였다"(四明治斷階位者. 總有

'현상으로 드러나지 않은 측면에서 [번뇌의] 근본과 지말이 서로 생겨
나게 하는 뜻'(隱密門中本末相生義)에 의거한다면, [무명주지無明住地를 아직
끊지 못한] '금강[석처럼 굳건한 선정]'(金剛, 金剛喩定) 이전의 모든 보살들은
모든 번뇌를 단지 '억제하여 끊을'(伏斷) 수 있을 뿐이지 아직 '영원히
끊을'(永斷) 수는 없다. 왜냐하면 [금강유정金剛喩定 이전의 모든 보살들은]
'하나인 진리세계'(一法界)를 오직 믿을(信) 뿐 아직 [있는 그대로] 보지
(見) 못하여 모든 번뇌의 근본[인 무명주지無明住地]를 제거할 수 없기 때
문이다. [이것은] 『인왕경仁王經』에서 "'[번뇌를 억누르는 것을] 거듭 익히는
수행'(習忍)[인 십주十住 수행]으로부터 '금강[석처럼 굳건한] 삼매'(金剛三昧)
[인 등각等覺]에 이르기까지는 다 모든 번뇌를 '억제하여 끊을'(伏斷) [뿐
이고] '[번뇌에] 실체가 없음'(無相)에 대한 믿음으로써 '궁극적인 진리'(第
一義諦)를 이해(照)하므로 '[있는 그대로] 봄'(見)[의 경지]라고 부르지 않는
다"[175]라 말하고, 『승만경』에서 "만약 '근본무지가 자리 잡은 단계'(無明
住地)를 끊지 않아 궁극(究竟)에 [이르지] 않으면 갠지스 강 모래알들보
다도 많은 끊어야 할 것들을 끊지 못하여 궁극(究竟)에 [이르지] 못하는
것이다"[176]라고 말한 것과 같다.

　만약 '현상으로 드러나는 측면에서 현재 작용하고 있는 번뇌와 잠
재적인 번뇌가 서로 생겨나게 하는 뜻을 곧바로 설명하는 것'(顯了門直
說纏及隨眠相生義)에 의거한다면, 처음 '[십지十地의] 첫 번째 경지'(初地)로

　三種, 一明凡夫, 二辨二乘, 三說菩薩)(1-808a).

[175] 『인왕반야바라밀경(仁王般若波羅蜜經)』 권2(T8, 832b). "善男子! 從習忍至頂三昧, 皆名爲伏
　　一切煩惱. 而無相信, 滅一切煩惱, 生解脫定; 照第一義諦, 不名爲見."

[176] 『승만경』 권1(T12, 220b). "無明住地不斷不究竟者. 過恒沙等所應斷法. 不斷不究竟."

부터 '[십지十地 수행의 완성인] 번뇌에 더럽혀지지 않은 경지'(無垢地, 等覺地)[177]에 이르기까지 '[번뇌장煩惱障과 소지장所知障이라는] 두 가지 장애'(二障)의 종자種子들을 모두 완전히 끊는다. 왜냐하면 비록 '하나처럼 통하는 진리세계'(一法界)의 면모(義)를 아직 [있는 그대로] 볼(見) 수는 없지만, [초지初地부터 제십지第十地까지의 경지가 드러내는] '열 가지 중층적인 진리세계'(十重法界)를 깨달아 이해할 수 있기 때문이다. 총괄적으로 설명하면 이러하지만, 여기서 [다시] 나누어 구별하면 [대승의] 보살菩薩에는 두 가지가 있다. 만약 '[성문聲聞, 연각緣覺] 두 부류의 수행자'(二乘)의 '[더 이상] 배울 것이 없는 경지[인 아라한阿羅漢]의 과보'(無學果)로부터 '점차 깨닫는 보살'(漸悟菩薩)을 이룬 경우라면 '[십지十地의] 첫 번째 경지'(初地)에 들어갔을 때 오로지 '[대상에 대한] 지혜를 가로막는 장애'(智障)[178]만을 끊고 '번뇌로 인한 장애'(煩惱障)를 [끊지는] 않으니, 앞[의 이승二乘의 인무아人無我 수행]에서 이미 [자아를 실체로 보아 생긴 '번뇌로 인한 장애'(煩惱障)를] 끊었기 때문이다. [이것은] 『능가경』에서 "'[대상에 대한] 지혜를 가로막는 장애'(智障)에 대해서는 '대상에 불변의 독자적 실체가 없다는 것'(法無我)을 이해하여 수승하고 온전하게 하며, '번뇌로 인한 장애'(煩惱障)에 대해서는 먼저 '자아에 불변의 독자적 실체가 없다는 것'(人無我)을 익히고 이해하여 제7말나식第七末那識을 끊어 사라지게 하는 것이다"[179]라고 말한 것과 같다.]**[180]

---

177 무구지(無垢地)는 제10지(第十地)와 묘각지(妙覺地) 사이의 등각지(等覺地)를 가리킨다.

178 지장(智障): 『이장의』에서는 "言二障者, 一煩惱障, 亦名惑障, 二所知障, 亦名智障"(H1, 789c6-7)이라고 하여 지장은 소지장(所知障)의 다른 이름이라고 한다.

179 『능가경』 권4(T16, 513a20-22). "智障者, 見法無我, 殊勝清淨. 煩惱障者, 先習見人無我, 斷

三就菩薩明斷位者, 亦有二義. 若依隱蜜[181]門中未[182]相生義者, 金剛已
還一切菩薩, 於諸煩惱, 但能伏斷, 未能永[183]斷. 所以然者, 於一法界,
唯信未見, 不能拔諸惑定[184]根本故. 如『仁王經』言: "從習仁[185]至金剛三
昧, 皆悉伏斷一切煩惱, 以無相信, 然[186]第一義諦, 不名爲見", 『夫人經』
言: "若無明住地, 不斷不究竟, 過恒沙等所應斷法, 不斷不究竟"故. 若
依顯了門直說纏及隨眠相生義者, 始從初[187]至無垢地, 於二障種, 是皆
是水斷. 所以然者, 雖未能見一法界義, 而得證見十重法界故. 惣說雖
然, 於中分別者, 幷[188]有二種. 若從二乘無覺[189]果成漸悟菩薩, 入初地
時, 唯斷智障, 非煩惱障, 先己[190]斷故. 如『楞伽經』言: "智障者, 見法無
我, 殊勝淸淨, 煩惱障者, 先習見人無我, 斷七識滅故".

七識滅."

180 『이장의』(1-809c).
181 橫超本에는 '蜜'이 '密'이라 되어 있다. 橫超本에 따른다.
182 橫超本 교정주에서 "원본에는 '末'이라고 되어 있지만 '本末'로 고친다"고 한다. 한불전
    에는 '末'라고 되어 있다. 번역은 橫超本에 따른다.
183 橫超本 교정주에서 "원본에는 '末'라고 되어 있지만 '永'으로 고친다"고 한다. 번역은 橫
    超本에 따른다.
184 橫超本 교정주에서 "원본에는 '定'이라고 되어 있지만 '之'로 고친다"고 한다. 번역은 橫
    超本에 따른다.
185 『인왕경』원문에 따라 '仁'을 '因'으로 교정한다.
186 『인왕경』원문에 따라 '然'을 '照'로 교정한다. 橫超本은 그대로 '然'이라 되어 있다.
187 橫超本에는 '初' 뒤에 '地'가 첨가되어 있다. 번역은 橫超本에 따른다.
188 橫超本에는 '幷'이 '菩薩'이라고 되어 있다. 번역은 橫超本에 따른다.
189 橫超本 교정주에는 "'覺'을 '學'으로 고친다"고 한다. 번역은 橫超本에 따른다.
190 橫超本에는 '己'가 '已'라고 되어 있다. 번역은 橫超本에 따른다.

【이 『[유가사지론』]에서 '대상에 대한 이해를 가로막는 가장 미세한 장애'(最細所知障)는 [제8]아뢰야식阿賴耶識에 있기 때문에 오직 '[보살 십이주十二住의 완성이자 등각지等覺地에 해당하는] 여래의 경지'(如來住)에서만 끊어지는 것이고, '번뇌로 인한 가장 미세한 장애'(最細惑障, 最細煩惱障)는 오직 [제7]말나식(轉識)에 있기 때문에 '[십이주十二住의 열두 번째이자 십지十地의 제10법운지法雲地에 해당하는 궁극을 완전하게 성취한] 보살의 경지'([最上成滿]菩薩住)에서 끊어 없앨 수 있는 것이다. "'누적된 경향성'(習氣)"을 말한 것은, '[십지十地의] 여덟 번째 경지'(八地)[인 부동지不動地이자 십이주十二住의 열 번째 경지인 무가행무공용무상주無加行無功用無相住] 이상이라야 [번뇌가] '나타나 작용하는 것'(現行)이 영원히 없어지므로 [번뇌의] '누적된 경향성'(習氣)[이 없어진다고] 말한 것인데, 이 [최상성만보살주最上成滿菩薩住에서 없어지는 습기習氣]는 [팔지八地 이후로 이미 현행現行하지 않는 번뇌의] '씨앗에 해당하는 누적된 경향성'(種子習氣)이지 [현행現行하는 번뇌에] 남아 있는 누적된 경향성'(餘殘習氣)을 말하는 것이 아니다. 이 [단락은] [번뇌장煩惱障과 소지장所知障이 피추중皮麤重·부추중膚麤重·육추중肉麤重의 세 겹으로] '서로 이어져 있는 결박에서 떠나는 측면'(相屬離繫門)을 말한 것이다.

두 번째로, 만약 '[십지十地의] 열 가지 층에 [각각] 있는 두 가지 장애'(十重二障)에 의거하여 '[마음(心)과 '마음의 현상'(心所)이] 서로 응하면서 [번뇌에] 결박되는 것'(相應縛)을 끊는 뜻을 말한다면 [십지十地] 각각의 경지(地)마다 '[번뇌장煩惱障과 소지장所知障의] 두 가지 장애'(二障)를 끊으니, 이것은 '[각 경지의] 단계별로 결박에서 떠나는 측면'(品別離繫門)이기 때문이다.】[191]

此中最細所知障是在阿賴耶識故, 唯如來住之所斷, 最細惑障唯在轉
識故, 菩薩住所能斷盡. 言"習氣"者, 八地已上永無現行故, 言習氣, 此
是種子習氣, 非謂餘殘習氣. 是謂相屬離繫義也. 二者若依十重二障說
斷相應縛義, 即於地地皆斷二障, 以是品別離繫門故.

【여기까지 말한 '[번뇌의] 장애와 [번뇌를] 다스림의 구별'(障治差別)은
'오염과 청정이 같지 않은 뜻의 측면'(染淨非一義門)에 의거하기 때문에,
'[오염시키는] 장애'(障)는 '[청정하게 하는] 수행'(道)을 찾게 하고 '[청정하게
하는] 수행'(道)은 '[오염시키는] 장애'(障)를 없앨 수 있다는 것을 말한 것
이다. 만약 '오염과 청정이 [서로] 막거나 방해하지 않는 측면'(染淨無障
碍門)에 의거한다면, '[오염시키는] 장애'(障)는 '[청정하게 하는] 수행'(道)을
방해하지 않고 '[청정하게 하는] 수행'(道)은 '[오염시키는] 장애'(障)에서 벗
어나지 않으니, '[오염시키는] 장애'(障)는 '[청정하게 하는] 수행'(道)과 다
른 것이 아니다.[192] 여래(如來)는 이미 이와 같은 도리를 체득했기 때문
에 [오염시키는 장애나 청정하게 하는 수행 등] '모든 현상'(一切諸法)이 곧 '[참
그대로인] 스스로의 본연'(自體)이 된다. 이미 모든 것이 '[참 그대로인] 스
스로의 본연'(自體)이라면, 무슨 끊어질 [장애]가 있고 무슨 끊을 [수행]

---

191 『이장의』(1-810b-c).
192 '장애'와 '수행'이 각각 불변의 독자적 내용을 가진 본질이라면, 서로 작용하지도 못하
고 바뀌지도 못한다. 따라서 여기서 '다른 것이 아니다'(無異)라는 말의 의미는 '장애'와
'수행'이 각자 별개의 본질로서 다른 것이 아니라는 뜻이다.

이 있으며 어떻게 '[오염된 '세속적 진리'(俗諦)와 청정한 '궁극적 진리'(眞諦), 이] 두 가지 진리'(二諦)를 벗어나 [별도로] 뚜렷이 홀로 머물 수 있는 것이 있겠는가? [이것은] 경전에서 "'[근본무지에 매여] 태어나고 죽는 [윤회하는] 삶'(生死)은 '[열반으로 향하는] 수행'(道)과 하나가 되는 것이니, '[열반으로 향하는] 수행'(道)이 바로 '[근본무지에 매여] 태어나고 죽는 [윤회하는] 삶'(生死)이다"[193]라 말하고, 또 논서에서 "'괴로움 없음'(無苦)이 또한 '극심한 괴로움'(極苦)이고, '[불변/독자의] 자아가 없다'(無我)[는 견해]가 또한 [불변/독자의] 자아가 있다는 견해'(我見)이다"[194]라고 말한 것과 같다.][195]

上來所說障治差別, 是約染淨非一義門故, 說障能尋[196]道, 道能除障. 若就染淨無障碍門, 障非碍道, 道不出障, 障無異障.[197] 如來既體如是道理故, 一切諸法即爲自體. 既皆自體, 有何所斷, 有何能斷, 何得有出二諦外, 而灼然獨住者乎? 如經言: "生死與道合, 道即是生死"故, 又論云: "無苦亦極苦, 無我亦我見"故.

193 『보살영락경(菩薩瓔珞經)』 권14(T16, 126a). "闇者常在無所歸趣. 明亦如是與闇共合. 當觀此義生死與道合. 道則是生死."
194 무착(無著), 『대승장엄경론(大乘莊嚴經論)』 권7(T31, 626a). "無我復我見, 無苦亦極苦."
195 『이장의』(1-811a).
196 은정희본에서는 '尋'을 '碍'로 교감하고 있고 橫超本에서는 언급이 없다. '尋'으로 보는 것이 더 적절하다고 보아 원문대로 번역한다.
197 은정희본에서는 "원본에는 '障'으로 되어 있지만, 문맥에 따라 '道'로 고침"이라고 한다. 橫超本에서는 언급이 없다. 은정희본에 따른다.

【서로 통하도록 말해 보겠다. 제기된 모든 비판에는 다 [나름대로의] 타당성(道理)이 있다. [나름대로의] 타당성(道理)이 있기 때문에 모두 허용되지 않음이 없고, 허용되지 않음이 없기 때문에 [서로] 통하지 않는 것이 없으니, 이 뜻은 무엇을 말하는가? 만약 〈[불교와는] 다른 가르침'(外道)이 집착하는 것인 '[변치 않는] 동일함'(一)과 영원함(常)과 '[불변 독자의] 자아'(我)〉를 상대[하여 말]한다면, 바로 '[자아를 이루는 요소들의] 5가지 더미'(五蘊)는 있지만 '[변치 않는] 동일한 자아'(一我)는 없다[는 도리]를 허용하니, '[자아를 이루는 요소들의 5가지] 더미의 현상들'(蘊法)을 떠나 [별도의] '초월적 자아'(神我)가 없기 때문이다. 경전(『유마힐소설경維摩詰所說經』)에서 "'[불변 독자의] 자아도 없고'(無我) '[행위를] 짓는 자도 없으며'(無造) '[과보를] 받는 자도 없다'(無受)는 것은 '원인과 조건'(因緣) 때문에 모든 현상이 생겨난다는 것이다"[198]라고 말한 것과 같다. 또 [여러 논서에서] "'세 번째 손'(第三手)과 같고 '두 번째 머리'(第二頭)와 같아서 [본래 없는 것이다]"[199]고 말했으니, '[자아를 이루는 요소들의] 5가지 더미'(五陰)에서 '[불변 독자의] 자아'(我)도 이 [세 번째 손이나 두 번째 머리]와 같이 [본래 없는 것이기] 때문이다.

만약 〈[성문聲聞, 연각緣覺] 두 부류의 수행자'(二乘)가 집착하는 것인 '과거·현재·미래에 [실체로서 존재하는] 5가지 더미라는 존재'(三世五蘊之法)〉를 상대[하여 말]한다면, 바로 '하나의 [참된] 자기'(一我)는 있지만

---

198 『유마힐소설경(維摩詰所說經)』 권1(T14, 537c). "說法不有亦不無, 以因緣故諸法生, 無我無造無受者, 善惡之業亦不亡."

199 『대지도론(大智度論)』 권2(T25, 74b). "實無, 無故不見. 譬如第二頭, 第三手." 『중론』 권2 (T30, 12a2-3). "法若無者則無滅相. 如第二頭第三手無故不可斷."

'[자아를 이루는 요소들의] 5가지 더미'(五蘊)는 없다[는 도리]를 허용하니, '참된 자기'(眞我)를 떠나서는 '[자아를 이루는 요소들의] 5가지 더미라는 존재'(五[蘊]法)가 없기 때문이다. 경전에서 "바로 이 진리세계(法界)가 '다섯 가지 미혹의 세계'(五道)로 흘러들어 바뀌어 가는 것을 중생이라고 부른다"라 말하고, 또 "모든 중생에게 다 '부처의 본연적 면모'(佛性)가 있다"²⁰⁰고 말한 것과 같으니, 바로 이 [이승二乘을 대치對治하는] '[참된] 자기'(我)의 뜻은 곧 '여래의 면모가 간직된 창고'(如來藏)의 뜻이기 때문이다.

만약 〈보살이 [아공我空과 법공法空을 설하는 공관空觀의] '매우 깊은 가르침'(甚深敎)에 의거하면서 말 그대로의 [표면적인] 뜻을 취하여 '[아무것도] 없다는 집착'(損減執)을 일으키는 것〉을 상대[하여 말]한다면, 바로 '[참된] 자기'(我)와 '[참된] 대상'(法)이 모두 있다[는 도리]를 허용한다. 논서(『유가사지론瑜伽師地論』)에서 "또한 이 [변화하는] 임시적 자아'(假我)는 '변화하는 양상'(無常相)이고, '항구적이지 않은 양상'(非恒相)이며, '안정적으로 보존되지 않는 양상'(非安保相)이고, '변화하여 파괴되는 양상'(變壞相)이다"²⁰¹라고 하면서 상세하게 설명한 것과 같은 것이다.

만약 〈보살이 [식識이 만든 현상이 있음을 설하는 유식관唯識觀의] '[식識이 만든] 현상의 양상에 대한 가르침'(法相敎)에 의거하면서 말 그대로의 [표면적인] 뜻을 취하여 '[모든 것이] 있다는 집착'(增益執)을 일으키는 것〉

---

200 『대반열반경(大般涅槃經)』권7(T12, 645b). "一切眾生皆有佛性."

201 『유가사지론(瑜伽師地論)』권6(T30, 307b). "又此假我, 是無常相, 是非恒相, 非安保相, 是變壞相, 生起法相, 老病死相, 唯諸法相, 唯苦惱相故, 薄伽梵說, 苾芻當知, 於諸法中假立有我, 此我無常無恒不可安保, 是變壞法, 如是廣說, 由四因, 故於諸行中假設有我, …"

을 상대[하여 말]한다면, 바로 자아(人)와 대상(法)이 모두 있지 않다[는 도리]를 허용한다. 경전(『마하반야바라밀경摩訶般若波羅蜜經』)에서 "오히려 자아(我)도 없고 중생도 없으며 나아가 '지혜로운 자'(智者)와 '[진리를] 이해하는 자'(見者)도 없는데, 어찌 하물며 '색깔이나 모양'(色)·느낌 (受)·'특징·차이에 대한 지각'(想)·의도(行)·의식작용(識)[의 5온법蘊法] 이 있을 것인가?"²⁰²라고 말한 것과 같은 것이다.]²⁰³

通曰. 所設諸難皆有道理. 有道理故, 悉無不許, 無不許故, 無所不通, 是義云何? 若對外道所執是一是常是我, 卽許有五蘊, 而無一我, 離蘊 法外, 無神我故. 如經言, "無我無造無受者, 以因緣故, 諸法生". 又言, "如第三牛,²⁰⁴ 如第二頭", 五陰中我亦復如是故. 若對二乘所執三世五 蘊之法, 卽許有一我, 而無五蘊, 雖²⁰⁵眞我外, 無五法故. 如經言, "卽 此法界流轉五道, 說名衆生", 又言, "一切衆生皆有佛性", 卽是我義者, 卽是如來藏義故. 若對菩薩依甚深敎, 如言取義, 起損減執, 卽許我法 皆悉是有. 如論說云, "又此假我是無常相, 是非有²⁰⁶相, 非安保相²⁰⁷", 乃至廣說故. 若對菩薩依法相敎, 如言取義, 起增益執, 卽許人法皆

202 『마하반야바라밀경(摩訶般若波羅蜜經)』 권25(T8, 405b). "舍利弗! 今有佛無佛, 諸法相常住不 異. 是法相中, 尙無我, 無眾生, 無壽命乃至無知者, 無見者, 何況當有色受想行識?"

203 『이장의』(1-814a).

204 橫超本에는 '牛'가 '手'라고 되어 있다. 橫超本에 따른다.

205 橫超本에는 '雖'가 '離'라고 되어 있다. 橫超本에 따른다.

206 『유가사지론』 원문에 따라 '有'를 '恒'으로 고친다.

207 橫超本에는 '非安保相' 뒤에 '是變壞相'이 있다. 橫超本에 따른다. 『유가사지론』 원문에도 '非安保相' 뒤에 '是變壞相'이 있다.

無所有. 如經言, "尚無我, 無衆生, 乃至智者見者, 何況當有色受想行識?"故.

【여기서 말하는 자아(我)는 [5온蘊·12처處·18계界의] 어느 현상(法)에 포함되는가? 만약 '진리세계[가 오도五道로 흘러들어 바뀌어 간] 중생의 부처 면모로서의 자기'(法界衆生佛性之我)[의 측면]에서 논한다면, '[자아를 이루는 요소들의 5가지] 더미'(蘊)·'[18가지로 분류한 모든] 경험세계'(界)·'[12가지로 분류한 모든] 경험세계'(處)가 바로 [자아인 것은] 아니지만 [자아가] '[자아를 이루는 요소들의 5가지] 더미'(蘊)·'[18가지로 분류한 모든] 경험세계'(界)·'[12가지로 분류한 모든] 경험세계'(處)에서 벗어나는 것도 아니어서, '[18계界 중에서의] 개념적 경험세계'(法界)와 '[12처處 중에서의] 개념적 경험세계'(法處)에 포함된다고 말할 수도 있다. [법계중생불성지아法界衆生佛性之我가 온蘊·계界·처處 중에 포함되는 현상으로 규정될 수 없으면서도 법계法界나 법처法處에 포함된다고 말할 수도 있다는] 이러한 뜻에 대한 구체적인 [내용]은 『십이문론十二門論』에서 설명하는 것[208]과 같다. 만약 '자아에 관한 [잘못된] 견해가 거듭 영향을 주어 생겨나는 임시적 자아'(我見薰習所生假我)[의 측면]에서 논한다면 [자아는] '[제8아뢰야식이 변이되어 성립하는] 11가지 의식작용'(十一識) 중에서 '나와 남을 차별하는 의식작

---

208 『십이문론(十二門論)』권1(T30, 160b). "因五陰十二入十八界有爲法故說有我. 如因可然故說有然. 若陰入界空. 更無有法可說爲我. 如無可然不可說然."

용’(自他差別識)에 포함되는 것이니, [이 경우] ‘[자아를 이루는 요소들의 5가지] 더미’(蘊)·‘[18가지로 분류한 모든] 경험세계’(界)·‘[12가지로 분류한 모든] 경험세계’(處)가 바로 [자아인 것은] 아니지만 ‘자아를 이루는 요소들의 5가지] 더미’(蘊)·‘[18가지로 분류한 모든] 경험세계’(界)·‘[12가지로 분류한 모든] 경험세계’(處)에서 [자아가] 벗어나는 것도 아니어서 ‘[자아를 이루는 요소들의 5가지 더미 중] 의도의 더미’(行蘊)와 ‘[18계界 중에서의] 개념적 경험세계’(法界)와 ‘[12처處 중에서의] 개념적 경험세계’(法處)에 포함되는 것이 된다고도 할 수 있다. [이러한 뜻은] 논서(『유가사지론』)에서 “이와 같은 ‘임시적 자아’(假我)는 저 [온蘊·처處·계界의] 모든 현상과 다른 면모라거나 다르지 않은 면모라고 [확정하여] 말할 수 없다”209고 말한 것과 같은 것이다.]210

此所說我, 何法攝者? 若論法界衆生佛性之我, 非卽蘊界處, 不離蘊界處, 而亦得說法界法處所攝. 此義具如『十二門論』說. 若論我見薰習所生假我, 十一識中自他差別識攝, 非卽蘊界處, 不離蘊界處, 而亦得入行蘊法界法處所攝. 如論說言, “如是假我不可說言與彼諸法異不異性”故.

209 『유가사지론』 권6(T30, 307b). “所言我者. 唯於諸法假立為有. 非實有我. 然此假我. 不可說言與彼諸法異不異性.”
210 『이장의』(1-814b).

『열반종요涅槃宗要』에서의 '문門 구분'

【묻는다. 만약 번뇌를 끊어 [완전히 없애는 것이] 열반이 아니라면 왜 [『열반경』]「덕왕보살품」에서 [다음과 같이] 말하는가? "'부처 [본연의] 면모'(佛性)를 보지 못하면서 번뇌를 끊는 것은 열반涅槃이라 부르지만 ['완전한 열반'(大涅槃)은 아니다.]²¹¹ …²¹² '완전한 열반'(大涅槃)이라는 것은 [번뇌를 끊을 뿐 아니라] '부처 [본연의] 면모'(佛性)를 보기 때문에 '늘 [본연에] 머무름'(常)·안락함(樂)·'참된 자기'(我)·온전함(淨)²¹³[이라는 '네 가지 능력'(四德)을 제대로 갖추었다²¹⁴]고 부를 수 있다. 그러므로 [이럴 때는] 번뇌를 끊은 것 또한 '완전한 열반'(大般涅槃)이라고 부를 수 있다."²¹⁵ [또]

---

211 원문에 있지만 빠져 있는 '非大涅槃'을 번역해 추가한 것이다.

212 원문의 "以不見佛性故, 無常無我唯有樂淨. 以是義故, 雖斷煩惱, 不得名爲大般涅槃也. 若見佛性能斷煩惱, 是則名爲大般涅槃"이 생략되어 있다.

213 상락아정(常樂我淨): 『열반경』은 '무상(無常)·고(苦)·무아(無我)·부정(不淨)'에 대비되는 '상(常)·낙(樂)·아(我)·정(淨)'이라는 개념을 부각시켜 열반 지평의 긍정적 내용을 긍정 용어로 기술하고 있다. 이것을 '열반이 지니는 네 가지 능력'(涅槃四德)이라 부른다.

214 『열반경』 인용문에서 중략된 내용("以不見佛性故, 無常無我唯有樂淨. 以是義故, 雖斷煩惱, 不得名爲大般涅槃也")에 따르면 번뇌를 끊기만 한 것은 열반의 사덕(四德) 중에 낙(樂)과 정(淨)만을 갖춘 것일 뿐 불성을 보지 못하기 때문에 여전히 무상(無常)과 무아(無我)의 상태이어서 열반(涅槃)이라 부를 수 있을 뿐 대반열반(大般涅槃)이라 부를 수는 없다고 한다.

215 『열반경』 권23(T12, 758c11-18). "善男子, 有名涅槃非大涅槃. 云何涅槃非大涅槃? 不見佛性而斷煩惱, 是名涅槃非大涅槃. 以不見佛性故, 無常無我唯有樂淨. 以是義故, 雖斷煩惱, 不得名爲大般涅槃也. 若見佛性能斷煩惱, 是則名爲大般涅槃. 以見佛性故, 得名爲常樂我淨. 以是義故, 斷除煩惱亦得稱爲大般涅槃."

만약 번뇌를 끊은 것을 열반이라고 부른다면 왜 저 「덕왕보살품」의 아래 글에서 [다음과 같이] 말하는가? "번뇌를 끊은 것만으로는 열반이라고 부르지 못하고, 번뇌를 일으키지 않아야 열반이라고 부른다. 훌륭한 이여, 모든 부처님과 여래는 번뇌를 일으키지 않으니, 이것을 열반이라고 부른다."[216]

[의문에 대해] 해설하겠다. 앞의 인용문은 열반涅槃과 '완전한 열반'(大涅槃)의 차이를 구별하려 한 것이다. 그러므로 '[〈'안락함이 없음'(無樂)과 '온전함이 없음'(無淨)의 번뇌〉와 〈'늘 머무름'(無常)과 '참된 자기가 없음'(無我)의 번뇌〉, 이] 두 가지 [번뇌를] 끊는 것'(二斷)[217]에 의거하여 [열반과 대열반의] '끊는 경지'(斷處)[의 차이]를 드러내어, '[번뇌를] 끊는 주체'(能斷)[인 부처님]에 의거하여 열반涅槃이라고 부르는 것이 아니라는 것[을 밝혔]다. 뒤의 인용문은 모든 부처님과 보살의 차이를 구별하려 한 것이다. 보살이 [번뇌를] '끊은 경지'(斷處)에서는 여전히 남은 번뇌(惑)가 있기 때문에 열반涅槃이라는 명칭을 얻을 수 없지만, 모든 부처님이 [번뇌를] 끊은 경지에는 끝까지 [번뇌] 일으키지 않으므로 열반涅槃이라는 명칭을 세울 수 있다. 이 [뒤의 인용문은] 덕왕보살의 의문에 답한 것인데, 그는 앞에서 [다음과 같이] 의문을 제기하고 있다. "만약 번뇌를 끊은 경지가 열반이라고 말한다면 모든 보살들은 '헤아릴 수 없이 많

---

216 『열반경』 권23(T12, 758c27-759a1). "善男子, 斷煩惱者不名涅槃, 不生煩惱乃名涅槃. 善男子, 諸佛如來煩惱不起, 是名涅槃."

217 인용된 『열반경』 앞 경문의 전체 내용에 따르면, 열반 사덕(涅槃四德)의 반대 개념 중에 무락(無樂)과 무정(無淨)의 개념은 '번뇌를 끊는 것'(斷煩惱)의 구체적 내용이 되고, 무상(無常)과 무아(無我)의 개념은 '부처 본연의 면모를 보는 것'(見佛性)에 의해 벗어나는 번뇌의 구체적 내용이 된다.

은 시간'(無量劫) 동안 이미 번뇌를 끊었는데, 왜 열반이라는 명칭을 얻지 못합니까? [그리고 보살들도] 이러한 [번뇌를] 끊은 경지를 갖추었는데, 무슨 연유로 모든 부처님만 열반을 가질 뿐이지 보살은 가질 수 없다고 말합니까?"²¹⁸ [뒤의 인용문은] 이 의문에 대답하기 위해서 [번뇌를] 끊은 것'(斷)과 '[번뇌를] 일으키지 않는 것'(不生)[의 차이]에 의거하여 구별한 것이다. ['열반'이라는 말이 보살과 부처 모두에게] '통하는 방식'(通門)으로 말하자면, 보살도 [번뇌를] '일으키지 않고' 모든 부처님도 [번뇌를] '끊는다.' [보살과 부처의 열반의 경지를] '구별하는 방식'(別門)으로 말하자면, [번뇌를] '끊어 없앤다'(斷除)는 말은 이미 생겨난 [번뇌를] 없애는 것이고, [번뇌를] '일으키지 않는다'(不生)는 말은 아직 일어나지 않은 [번뇌를] 막는 것이다. 이미 생겨난 [번뇌를] 없애는 것은 앞[에서 이미 생겨난 번뇌]를 보는 뜻이라서 [뒤에 생겨날 번뇌를 포함하지 못하므로] 뜻이 부족하다. 그러므로 [이것은] 보살菩薩[의 경지]라고 말한다. 아직 일어나지 않은 [번뇌를] 막는 것은 뒤[에 일어나는 번뇌]를 보는 뜻이라서 [생겨난 번뇌와 생겨나지 않은 번뇌를 모두 포괄하므로] 뜻이 '궁극적'(究竟)이다. 그러므로 [이것은] '모든 부처님'(諸佛)[의 경지]라고 말한다. 이러한 도리에 의거하여 정밀하게 구별하여 말하자면, '번뇌를 끊은 것'(斷煩惱)은 열반이라 부를 수 없고, '번뇌를 일으키지 않는 것'(不生煩惱)이라야 열반이라고 부른다. 이러한 뜻 때문에 [번뇌의 끊음과 열반의 관계에 대한 상이한 견해들은] 서로 모순되지 않는다. [열반의] '명칭과 뜻에 관한 부

---

218 『열반경』 권23(T12, 757b26-29). "若言煩惱斷處是涅槃者, 諸菩薩等於無量劫已斷煩惱, 何故不得稱爲涅槃? 俱是斷處, 何緣獨稱諸佛有之, 菩薩無耶?"

문'(名義門)[에 대한 설명]을 마친다.】[219]

問. 若斷煩惱非涅槃者, 何故「德王菩薩品」云: "不見佛性而斷煩惱, 是名涅槃.[220] 大[221]涅槃, 以見佛性故, 得名爲常樂我淨. 故斷煩惱亦得稱爲大般涅槃".[222] 若斷煩惱稱涅槃者, 何故彼品下文說言: "斷煩惱者不名涅槃, 不[223]煩惱乃名涅槃. 善男子, 諸佛如來煩惱不起, 是名涅槃". 解云. 前所引文爲簡涅槃大涅槃異. 故擧二斷以顯斷處, 非約能斷名爲涅槃. 後所引文爲簡諸佛與菩薩異. 菩薩斷處猶有餘惑故, 不得受涅槃之名, 諸佛斷處畢竟不生, 所以得立涅槃之稱. 是答德王菩薩難意, 彼前難言: "若言煩惱滅之[224]處是涅槃者, 諸菩薩等於無量劫已斷煩惱, 何故不得稱爲涅槃? 俱是斷處, 何緣獨稱諸佛有之, 菩薩無耶?"爲答是難故, 依斷與不生簡別. 通[225]而言之, 菩薩亦不生, 諸佛亦是斷. 別門而言, 斷除之稱遣於已生, 之[226]辭遮於未起. 遣已生者望前之義, 義在不

219 『열반종요』(1-527b-c).
220 원문은 "不見佛性而斷煩惱. 是名涅槃非大涅槃"이다. '非大涅槃'이 빠져 있다.
221 『열반경』 원문에 따라 '大' 앞에 '非'를 삽입해야 할 듯하다.
222 『열반경』 권23(T12, 758c). "善男子. 有名涅槃非大涅槃. 云何涅槃非大涅槃. 不見佛性而斷煩惱. 是名涅槃非大涅槃. 以不見佛性故無常無我唯有樂淨. 以是義故. 雖斷煩惱不得名爲大般涅槃也. 若見佛性能斷煩惱. 是則名爲大般涅槃. 以見佛性故得名爲常樂我淨. 以是義故. 斷除煩惱. 亦得稱爲大般涅槃."
223 『열반경』 원문에 따라 '不' 뒤에 '生'을 삽입해야 할 듯하다.
224 『열반경』 원문에 따라 '滅之'는 '斷'으로 교정해야 할 듯하다.
225 '通'은 '通門'이라 해야 뒷 문장(別門而言)과 부합된다. '門'이 빠진 것으로 보인다.
226 문맥에 따라 '之' 앞에 '不生'을 삽입해야 할 듯하다. 앞 문장의 "依斷與不生簡別"에 직결되는 대목이므로 '斷除之稱'에 대응하는 주어로는 '不生之辭'가 되는 것이 자연스러울 것으로 보인다.

足. 故說菩薩. 遮未起者望後之義, 義在究竟. 故說諸佛. 依是道理, 精
別而言, 斷煩惱者不名涅槃, 不生煩惱乃名涅槃. 以是義故, 不相違也.
名義門竟.

【이와 같이 [〈'번뇌의 오염이 없는 참 그대로'(無垢眞如)가 '열반의 본연'(涅槃
體)〉이라는 것과 〈'과보로서 갖추는 온갖 능력'(果地萬德)이 '열반의 본연'(涅槃體)〉이
라는 이] 두 가지 주장에는 모두 일리가 있다. 왜냐하면 [무구진여無垢眞
如인] 열반涅槃과 [만덕萬德 중 하나인] 깨달음(菩提)에는 '[서로] 통하는 측
면과 [각각] 구별되는 측면'(通別)이 있기 때문이다. '[각각] 구별되는 측
면'(別門)에서 말하자면, 깨달음(菩提)은 과보[인 만덕萬德 중 하나]이지만
[열반을] 증득할 수 있는 능력이기도 하여 [열반을 증득하게 하는 원인으로
서] '괴로움의 소멸로 나아가는 길에 관한 진리'(道諦)에 속한다. [이에
비해] 열반이라는 과보는 '증득의 대상'(所證法)으로서 [수행 결과로서의]
'괴로움의 소멸에 관한 진리'(滅諦)에 속한다. '[서로] 통하는 측면'(通門)
에서 말하자면, 〈[수행의] 결과인 '괴로움의 소멸로 나아가는 길에 관
한 진리'(道諦)〉(果地道諦)[에 해당하는 깨달음(菩提)]이 ['번뇌의 오염이 없는 참
그대로'(無垢眞如)인] 열반이기도 하고, 〈증득한 '참 그대로'〉(所證眞如)[에 해
당하는 열반]이 깨달음(菩提)이기도 하다.

예컨대 '태어나고 죽는 것'(生死)에 '[서로] 통하는 측면과 [각각] 구별
되는 측면'(通別)이 있는 것과 같다. '[각각] 구별되는 측면'(別)에서 말
하자면 '내부의 감각기관'(內根)이 시작되고 끝나는 것을 [각각] '태어

226

남'(生)과 '죽음'(死)이라고 하니, 『승만경勝鬘經』에서 〈태어나는 것은 새

롭게 모든 감각기관이 생겨나는 것이고, 죽는 것은 모든 감각기관이

다 사라지는 것이다〉[227]라고 말한 것과 같다. '[서로] 통하는 측면'(通)

에서 논하자면 모든 '[번뇌에 의해] 오염된 것'(雜染法)은 다 '태어나고 죽

는 것'(生死)이니, 『열반경』에서 〈허망한 것'(空者)은 모두가 '태어나고

죽는 것'(生死)이다〉 등으로 자세히 말하고, 이어서 〈'[참된] 자기가 없

는 것'(無我)은 모두가 '태어나고 죽는 것'(生死)이다〉[228]라고 말한 것과

같다. 이렇게 [통별通別의 두 측면을 갖는] '태어나고 죽는 것'(生死)에 대

비시켜 열반涅槃을 말하는 것이기 때문에 열반涅槃에도 [깨달음(菩提)과]

'[서로] 통하는 측면과 [각각] 구별되는 측면'(通別)이 있다는 것을 알 수

있다. 】[229]

---

227 『승만사자후일승대방편방광경(勝鬘師子吼一乘大方便方廣經)』권1(T12, 222b9-10). "死者諸
根壞, 生者新諸根起." 『승만경』원문과 차이가 있으나 내용상 차이가 없다. 〈산스크리
트본의 해당 내용. 이 경문은 『보성론』(T31, 833b20-21)에 인용되어 범본 확인이 가능
하다. RGV 45,20-46,4: loka-vyavahāra eṣa bhagavan mṛta iti vā jāta iti vā/ mṛta iti
bhagavann indriyoparodha eṣaḥ/ jāta iti bhagavan navānāṃ indriyāṇāṃ prādurbhāva
eṣaḥ/ na punar bhagavaṃs tathāgata-garbho jāyate vā jīryati vā mriyate vā cyavate
votpadyate vā/ tat kasmād dhetoḥ/ saṃskṛta-lakṣaṇa-viṣaya-vyativṛtto bhagavaṃs
tathāgata-garbho nityo dhruvaḥ śivaḥ śāśvata iti/ ㅣ세존이시여! 이 죽음과 탄생이란
세간의 언어용법입니다. 세존이시여! 죽음이란 감관의 파괴입니다. 세존이시여! 탄생
이란 새로운 감관의 발생입니다. 세존이시여! 여래장은 결코 태어나지도 않고 늙지도
않으며 죽지도 않고 떠나지도 않으며 생겨나지도 않습니다. 그 이유는 무엇입니까?
세존이시여! 유위를 특정으로 가진 대상을 초월해 있는 여래장은 상주하며 항구적이
며 적정하고 영원합니다.〉

228 『열반경』권25(T12, 767c21-23). "空者一切生死, 不空者謂大涅槃, 乃至無我者即是生死, 我者
謂大涅槃."

229 『열반종요』(1-528a-b).

如是二說皆有道理. 所以然者, 涅槃菩提有通別. 別門而說, 菩提是果, 在能證德, 道諦所攝. 涅槃果之,[230] 是所證法, 滅諦所攝. 通門而言, 果地道諦亦是涅槃, 所證眞如亦是菩提. 例如生死, 有通有別. 別而言之, 內根始終, 名爲生死, 如經言: "生者新諸根起, 死者諸根滅盡". 通而論之, 諸雜染法皆是生死. 如經言: "空者一切生死", 廣說乃至, "無我一切生死". 對此生死以說涅槃故, 知涅槃亦有通別.

【묻는다. 이와 같은 두 가지 설명에서 어떤 것이 타당하고 어떤 것이 부당한가? 답한다. 만약 말대로만 붙든다면 두 가지 설명이 모두 부당하다. 서로 다르다고 다투어 부처님의 본뜻을 잃게 되기 때문이다. [그러나] 만약 반드시 [그렇다고] 집착하지 않는다면 두 가지 설명이 모두 타당성을 지니게 된다. '진리로 들어가는 문'(法門)에는 제한이 없어서 서로 방해하지 않기 때문이다. 이 [말의] 뜻은 무엇인가? 만약 '[열반 증득으로 인한] 능력과 [생사의] 괴로움이 서로 맞서는 측면'(德患相對之門)에 의거해 본다면, 생사生死는 '헛된 것'(空)이고 열반涅槃은 '헛되지 않은 것'(不空)이다. '망상분별하는 마음이 붙잡고 있는 것'(妄心所取)[인 생사生死]에는 알아야만 할 대상이 없기 때문에 '헛된 것'(空)이라 말하고, '[생사生死를] 붙들고 있는 망상분별하는 마음'(能取妄心)은 '자유자

---

230 '涅槃果之'는 '涅槃之果'의 오기로 보인다. 아래 글에서는 '涅槃之果'로 나타난다; "涅槃之果, 眞如爲體, 爲虛爲實, 爲空不空?"(1-528b).

재[의 능력]'(自在)을 얻지 못하기 때문에 '[참된] 자기가 없는 것'(無我)[231]
이라고 말한다. [이에 비해] '참된 지혜로 증득한 도리'(眞智所證道理)[인 열
반]은 [깨달음(菩提)의] 마음(心)에 해당하기 때문에 '헛되지 않은 것'(不空)
이라 말하고, '[열반을] 증득하게 하는 참된 지혜'(能證眞智)는 '걸림 없는
자유자재[의 능력]'(無礙自在)[을 지니기] 때문에 '크나큰 자기'(大我)라고 부
른다. 이와 같은 [덕환상대德患相對의] 측면(門)에 의거하면 [생사生死는 '헛
된 것'(空)이고 열반涅槃은 '헛되지 않은 것'(不空)이라고 하는] 앞 논사[의 주장]이
타당한 것이 되고, [『열반경』, 『능가경』 등에서] 그가 인용한 글들은 '완전
한 뜻을 지닌 설명'(了義說)이 된다.

　[그런데] 만약 '서로 기대어 있어서 [독자적 본질로서의] 자기모습이 없
는 측면'(相待無自相門)에 의거해 본다면, 생사生死와 열반涅槃은 똑같이
'자기만의 변치 않는 본질'(自性)이 없다. '헛되지 않은 것'(不空)은 '헛된
것'(空)에 기대어 성립하고, '[참된] 자기'(我)는 '[참된] 자기가 없는 것'(無
我)에 기대어 성립하며, '기대는 것이 없음'(無待)까지도 '기대는 것이
있음'(有待)에 기대어 성립하기 때문이다. [이것은] 『대승기신론』에서
〈또 모든 '오염된 것'(染法)과 '온전한 것'(淨法)이 다 서로 기대어 있어

---

231 『열반경』은 '무상(無常)·고(苦)·무아(無我)·부정(不淨)'에 대비되는 '상(常)·낙(樂)·아
(我)·정(淨)'이라는 개념을 부각시켜 열반 지평의 긍정적 내용을 긍정용어로 기술하고
있다. 여기서의 '무아(無我)'는 긍정기술로서의 '아(我)'가 없다는 의미이다. 따라서 무지
에 매인 '불변/독자의 자아관념'을 부정하는 측면(門)에서 기술하는 '무아(無我)'를 '불
변/독자의 자아가 없음'으로 번역하고 있는 점을 고려하여, 여기서의 '아(我)'는 '자기'
로 번역한다. 『열반경』의 취지에 따라 본 번역에서는 '아(我)'를 두 가지로 번역한다. 치
유와 극복의 맥락인 부정기술에서의 '아(我)'는 '자아'로, 구현된 긍정내용을 나타내는
긍정기술에서의 '아(我)'는 '자기' 혹은 '참된 자기'로 번역한다.

서 '[독자적 본질로서의] 자기 모습'(自相)이라고 할 만한 것이 없다)²³²라고 말한 것과 같다. 이와 같은 글에 의거하면 [열반涅槃과 생사生死가 모두 '불변 독자의 실체가 없는 것'(空)이라는] 뒤의 설명이 타당한 것이 되고, [『열반경』, 『화엄경』, 『대품경』 등] 그 인용된 글들은 '완전한 [뜻을 지닌] 설명'(了說)이 아닐 수 없는 것이 된다.

또 '크나큰 열반'(大涅槃)은 '[고정된] 모습'(相)도 떠나고 '[변치 않는] 본질'(性)도 떠나며, '헛된 것'(空)도 아니고 '헛되지 않은 것'(不空)도 아니며, '[불변의 독자적] 자아인 것'(我)도 아니고 '[참된] 자기가 없는 것'(無我)도 아니다. 왜 '헛된 것'(空)이 아니냐 하면 '본연이 없다는 것'(無性)에서 떠나기 때문이고, 왜 '헛되지 않은 것'(不空)이 아니냐 하면 '[변치 않는] 본질이 있는 것'(有性)에서 떠나기 때문이다. 또 '[고정된] 모습이 있는 것'(有相)에서 떠나기 때문에 '[불변의 독자적] 자아인 것'(我)이 아니고, '[아무런] 모습이 없는 것'(無相)에서 떠나기 때문에 '[참된] 자기가 없는 것'(無我)이 아니다. '[참된] 자기가 없는 것'(無我)이 아니기 때문에 '크나큰 자기'(大我)라고 말할 수 있지만, '[불변의 독자적] 자아인 것'(我)이 아니기 때문에 '자아가 없는 것'(無我)이라고도 말할 수 있다. 또 [열반은] '헛된 것'(空)이 아니기 때문에 '실제로 있는 것'(實有)이라 말할 수 있고, [생사는] '헛되지 않은 것'(不空)이 아니기 때문에 '허망한 것'(虛妄)이라고 말할 수 있다. '여래[의 면모]에 신비롭게 간직된 것'(如來秘藏)²³³

---

232 마명(馬鳴), 『대승기신론』 권1(T32, 580b8-11). "復次究竟離妄執者, 當知染法淨法皆悉相待, 無有自相可說. 是故一切法從本已來, 非色非心, 非智非識, 非有非無, 畢竟不可說相."

233 『금강삼매경론(金剛三昧經論)』 권1에서 원효는 '일각(一覺)'에 대해 "一覺了義者, 一心本覺如來藏義"(H1, 610a2)라고 하여 여래장(如來藏)의 뜻을 一覺으로 설명하고 있다. 따라서

은 그 뜻이 이와 같으니, 어찌 그 [다른 말들] 사이에서 [서로] 다르다고 만 다투어야 하겠는가!】[234]

問. 如是二說, 何得何失? 答. 故[235]若如言取, 二說皆失. 互相異諍, 失佛意.[236] 若非定執, 二說俱得. 法門無礙不相妨故. 是義云何? 若就德患相對之門, 即生死是空, 涅槃不空. 以妄心所取無境當知, 故說爲空, 能取妄心不得自在, 故說無我. 眞智所證道理稱心, 故說不空, 能證眞智無礙自在, 故名大我. 依如是門, 前師爲得, 彼所引文是了義說. 若就相待無自相門, 則生死涅槃等無自性. 以不空待空, 我待無我, 乃至無待待於有待故. 如『起信論』云: "復次一切染法淨法皆是相待, 無有自相可說". 依如是文, 後說爲得, 其所引文非不了說. 又大涅槃離相離性, 非空不非[237]空, 非我非無我. 何故非空, 離無性故, 何非不空, 離有性故. 又離有相故, 說非我, 離無相故, 說非無我. 非無我故, 得說大我, 而非我故, 亦說無我. 又非空故, 得言實有, 非不空故, 得說虛妄. 如來祕藏其義如是, 何蜜[238]異諍於其間哉!

【이리하여 앞에서 말한 ['본연이 온전한 측면'(性淨門), '오염에 따르는 측

'如來祕藏'은 곧 '하나처럼 통하게 하는 깨달음의 완전한 뜻'(一覺了義)이기도 하다.

234 『열반종요』(1-529a-b).

235 저본인 대정장에 따라 '故'를 삭제해야 할 듯하다.

236 저본인 대정장에 따라 '意' 뒤에 '故'를 첨가해야 할 듯하다.

237 '空'과 '不空'이 대구를 이루는 문장이므로 '不非'를 '非不'로 교정해야 할 듯하다.

238 문맥에 따라 '蜜'은 '必'로 교정해야 할 듯하다.

면'(隨染門), '현재에 나타난 부처라는 결실의 측면'(現果門), '미래에 있을 부처라는 결실의 측면'(當果門), 이] 네 가지 측면에서 '오염[에 따르는 측면] 및 [본연이] 온전한 [측면]이라는 두 가지 원인[으로서의 부처 면모]'(染淨二因)와 '미래[에 있을 측면] 및 현재에 나타난 [측면]이라는 두 가지 결실[로서의 부처 면모]'(當現二果)는 그 본연(性)이 '다르지 않고'(無二) 오직 '하나처럼 통하는 마음'(一心)임을 알아야 하니, '하나처럼 통하는 마음의 본연'(一心之性)은 오직 '부처가 체득하는 것'(佛所體)이기 때문에 〈이 '[하나로 통하는] 마음'(心)을 '부처의 면모'(佛性)라 부른다〉고 말한다. 다만 ['부처의 면모'(佛性)는] '여러 [차이 나는] 측면'(諸門)에 의거하면서 이 '하나처럼 통하는 본연'(一性)을 드러내는 것이기에 '차이 나는 측면'(異門)에 따르면서도 '독자적 본질'(別性)이 있는 것은 아니니, ['여러 차이 나는 측면'(諸門)에] '[불변·독자의 실체로서의] 차이'(異)가 없는데 어찌 [독자적 본질을 지닌] 하나(一)가 있을 수 있겠는가? '[독자적 본질을 지닌] 하나'(一)가 아니기 때문에 '여러 [차이 나는] 측면'(諸門)에 해당할 수 있고, '[불변·독자의 실체로서의] 차이'(異)가 아니기 때문에 '여러 [차이 나는] 측면'(諸門)은 '한 맛[처럼 서로 통하는 것]'(一味)이다.]²³⁹

是故當知, 前說四門染淨二因, 當現二果, 其性無二, 唯是一心. 一心之性唯佛所體, 故說是心名爲佛性. 但依諸門顯此一性, 非隨異門而有別性. 卽無有異, 何得有一? 由非一故, 能當諸門, 由非異故, 諸門一味.

---

239 『열반종요』(1-545c).

『금강삼매경론金剛三昧經論』에서의 '문門 구분'

【'비로소 떠남'(始離)이라고 한 것은, 이 '깨달음의 본연'(本覺)인 '실체관념이 없는 마음'(空寂心)을 성취할 때에는 〈취하는 자'라는 분별〉(能取分別)이 다시는 생겨나지 않으니, ['깨달음의 본연'(本覺)을] 성취하는 마음에 따라 '허깨비 같은 환상'(幻化)이 없는 것이다. [이는] 『금강삼매경』에서 "'허깨비 같은 환상'(幻化)이 없으면 곧바로 '생겨난 [본질/실체가] 없는 경지'(無生)를 얻을 것이니"(無幻無化, 即得無生)라고 한 것과 같다. 이와 같이 비로소 '생겨난 [본질/실체가] 없는 마음'(無生之心)을 얻으면 '본래부터 실체가 없어 환상이 없는 진리'(本空寂無化之理)와 하나가 되니, 그러므로 [『금강삼매경』에서] "'생겨난 [본질/실체가] 없는 마음'(無生之心)은 '환상을 없애는 진리'(無化)에 있다"고 말한 것이다. ["환상을 없애는 진리에 있다"(在於無化)에서 '있다'(在)는 표현을 쓴 것은] [실체관념(相)이 없어진] '마음의 세계'(心境)를 방편으로 설하는 것이기 때문에 [그 방편에] 의거하여 "있다(在)"는 식으로 말한 것이다. '취하는 자'(能取)[라는 분별을] '비로소 떠남'(始離)은 '비로소 깨달아 감'(始覺)의 측면(義)이고, '본래부터 떠남'(本離)인 '실체관념이 없는 마음'(空心)은 '깨달음 본연'(本覺)의 측면(義)이다. 측면(義)에는 비록 두 가지가 있지만 [이 두 측면이] 서로 섞여 '하나처럼 통하게 하는 깨달음'(一覺)을 이루니, ['비로소 떠남'(始離)과 '본래부터 떠남'(本離)은] 모두가 주관(能)과 객관(所)을 떠나고 '새로운 [분별]'(新)과 '오래된 [분별]'(舊)을 떠나기 때문이다. [이것은] 『대승기신론』에서 〈'비로소 깨달아 감'(始覺)이란 것은 바로 '깨달음의

본연'(本覺)과 같다〉(以始覺者, 卽同本覺)고 한 것과 같다. 이 [하나로 통하게 하는] 깨달음은 '생겨남과 사라짐'(生滅), '시작과 끝'(始終) 등에 관한 실체관념(相)을 완전히 떠난 것이며, [이 깨달음에 해당하는] 처음인 '[십지+地의] 첫 번째 경지'(初地)에서 [마지막인] '부처 경지'(佛地)에 이르기까지 단지 '부분적인 것'(分)과 '완전한 것'(滿)의 차이가 있을 뿐이라는 것을 알아야 한다. [이것은] 『십지경론+地經論』의 「본분품本分品」에서 "'그 본연'(自體)은 본래부터 [불변·독자의] 실체가 없으니, [실체가 없기 때문에] '있는 것'(有)은 [다른 것들과 실체로서] 다른 것이 아니고'(不二) '[차이가 완전히] 사라져 버리는 것도 아니다'(不盡)"²⁴⁰ 등으로 자세하게 설명한 것과 같다. 또 이 '하나처럼 통하게 하는 깨달음'(一覺)에는 〈'깨달음 본연의 측면'과 '비로소 깨달아 감의 측면'〉(本始義)이 [모두] 있으니, 〈깨달음 본연의 '[있는 그대로를] 드러내어 이루는 측면'〉(本覺顯成義)이 있기 때문에 '진리대로 닦는다는 설명'(眞修之說)에도 도리가 있고, 〈비로소 깨달아 감의 '닦아서 이루는 측면'〉(始覺修成義)이 있기 때문에 '새로 닦는다는 주장'(新修之談)에도 도리가 있다. [따라서 본각本覺이나 시각始覺의 어느 한 측면에만] 치우쳐 집착하면 곧 '완전하지 못함'(未盡)이 있는 것이다.]²⁴¹

言始離者, 得此本覺空寂心時, 能取分別, 不復得生, 隨所得心, 無幻化

---

240 『십지경론(十地經論)』(大正藏 권26, 133a8). "此甚微智復有何相偈言; <u>自體本來空有不二不盡</u>, 遠離於諸趣等同涅槃相, 非初非中後非言詞所說, 出過於三世其相如虛空."

241 『금강삼매경론』(1-611b-612a).

故. 如經"無幻無化, 卽得無生"故. 如是始得無生之心, 會本空寂無化之
理, 故言"無生之心, 在於無化". 假說心境故, 寄言在然. 始離能取, 是
始覺義, 本離空心, 是本覺義. 義雖有二, 混成一覺, 同離能所, 離新舊
故. 如論說言, "以始覺者, 卽同本覺". 當知此覺, 永離生滅始終等相,
始從初地, 乃至佛地, 但有分滿不同而已. 如『十地論』本分中說, "自體
本來空, 有不二不盡", 乃至廣說. 又此一覺, 有本始義, 以有本覺顯成
義故, 眞修之說, 亦有道理, 以有始覺修成義故, 新修之談, 亦有道理.
如其偏執, 卽有未盡.

【이와 같이 '하나처럼 통하는 마음'(一心)은 모든 '오염된 것과 온전
한 것'(染淨)들이 다 의지依止하는 곳이 되므로 곧 '모든 현상들'(諸法)
의 근본이다. ['하나처럼 통하는 마음'(一心)의] '본래부터 [근본무지의 분별에]
동요하지 않는 측면'(本來靜門)에서는 '갠지스 강의 모래알만큼 [수많
은] 이로움과 능력'(恒沙功德)이 갖추어지지 않는 바가 없기 때문에 [앞
에서 인용한 『부증불감경』에서] "모든 것을 갖추었다"(備一切法)고 말하였
고, ['하나처럼 통하는 마음'(一心)의] '조건에 따라 동요하는 측면'(隨緣動門)
에서는 '갠지스 강의 모래알만큼 [수많은] 오염된 것들'(恒沙染法)이 구
족되지 않은 것이 없기 때문에 [『부증불감경』에서] "모든 것을 구족하고
있다"(具一切法)고 말하였다. 그런데 '오염된 것'(染法)에 의거하여 '마음
의 본연'(心體)을 바라보면 두루 통할 수 없기 때문에 ['참 그대로임'(眞如)
에서] 분리되고 벗어나지만, 만약 '마음의 본연'(心體)에 의거하여 온갖

'오염된 것'(染法)을 바라보면 [그] 모든 '오염된 것'(染法)들이 두루 통하지 않음이 없다. 그러므로 "'세간의 것들'(世法) 속에서도 [이것을] 떠나거나 벗어나지 않는다"(於世法中, 不離不脫)라고 말했으니, '이탈하지 않는다'는 뜻은 '가려져 간직되어 있다'(隱藏)는 뜻이다. 이 ['하나처럼 통하는 마음'(一心)의] '세 번째 측면'(第三門)은 '하나처럼 통하는 마음'(一心)이 '동요와 평온'(動靜) [둘 다]에 통하여 '오염된 것과 온전한 것'(染淨) [모두]의 의지처가 된다는 것을 총괄적으로 밝혔고, ['하나처럼 통하는 마음'(一心)의 '조건에 따라 동요하는 측면'(隨緣動門)인] '두 번째 측면'(第二門)은 '동요하는 측면'(動門)만을 드러내었으니 '오염된 것들'(染法)이 의지하는 것이며, ['하나처럼 통하는 마음'(一心)의 '본래부터 동요하지 않는 측면'(本來靜門)인] '첫 번째 측면'(第一門)은 '동요하지 않는 측면'(靜門)만을 드러내었으니 '온전한 것들'(淨法)이 의지하는 것이다.]²⁴²

如是一心, 通爲一切染淨諸法之所依止故, 卽是諸法根本. 本來靜門, 恒沙功德, 無所不備, 故言"備一切法", 隨緣動門, 恒沙染法, 無所不具, 故言"具一切法". 然擧染法, 以望心體, 不能遍通, 所以離脫, 若擧心體, 望諸染法, 遍諸染法, 無所不通. 故言"於世法中, 不離不脫", 不離脫義, 是隱藏義. 此第三門, 摠明一心, 通於動靜, 爲染淨依, 第二²⁴³門者, 別顯動門, 染法所依, 第一門者, 別顯靜門, 淨法所依.

---

242 『금강삼매경론』(1-615c-616a).

243 현행 한불전(H1-616a5)에는 '一門'으로 되어 있다. 그러나 대정장의 『금강삼매경론』에 나와 있는 것처럼 '二門'으로 보아야 문맥이 통하기 때문에 '二門'으로 교감하였다.

다른 저술에서 인용된 '문門 구분'

【원효는 "'다섯 가지 성품이 차별된다'(五性差別)는 주장은 [차이들이] 의존적 관계로 수립되는 측면/맥락'(依持門)이고, 모두 '[깨닫는] 부처 면모'(佛性)가 있다는 주장은 '연기[의 통찰에 의해 하나로 보는] 측면/맥락'(緣起門)이다"라고 말하여, 두 이론의 배타적 주장(諍)을 이와 같이 '만나 통하게'(會通) 한다.】[244]

> 曉公云, "五性差別之敎, 是依持門, 皆有佛性之說, 是緣起門", 如是會通兩家之諍.

【『십문화쟁론』에서는, 『유가론』·『현양론』 등에 의거하여 '[차이들이] 의존적 관계로 수립되는 측면'(依持門)을 세우고, 『열반경』 등에 의거하여 '연기의 통찰에 의해 [하나로 보는] 측면'(緣起門)을 세운다. 그러나 항상 『유가론』 등의 문구를 취하는 것이 아니라 단지 '다섯 가지 성품이 차별된다'(五性差別)는 [뜻을 밝히는] 문구에 의거하여 '[차이들이] 의존적 관계로 수립되는 측면'(依持門)을 세우고, 또 항상 『열반경』의 문구를 취하는 것이 아니라 단지 '모두 불성이 있다'는 [뜻을 밝히는] 문구에 의거하여 '연기의 통찰에 의해 [하나로 보는] 측면'(緣起門)을 세

---

244 균여(均如), 『석화엄교분기원통초(釋華嚴敎分記圓通鈔)』(한불전4-311c).

운다.]²⁴⁵

和諍論中, 依瑜伽現揚等, 立依持門, 依涅槃等經, 立緣起門. 然不通
取瑜伽等文句, 但依五性差別之文, 立依持門, 亦不通取涅槃經文, 但
依皆有佛性之文, 立緣起門.

【『십문화쟁론』에서는 [다음과 같이] 말하고 있다; 묻는다. "모든 중생
에게 '[깨닫는] 부처면모'(佛性)가 있는가? [아니면] '[깨닫는] 부처면모'(佛
性)가 없는 중생(無性有情)이 있다고 말해야 하는가?" 답한다. 어떤 사
람은 "중생세계(有情界)에는 분명 '[깨닫는] 부처면모'(佛性)가 없는 중생
이 있다. 모든 세계가 차별이기 때문이고, 무시이래 그러하기 때문이
다(無始法爾)"는 등으로 말하고, 또 어떤 사람은 "모든 중생에게 '[깨닫
는] 부처면모'(佛性)가 있다"는 등으로 말한다. 묻는다. "두 논사의 주
장 가운데 어떤 것이 맞는가?" 답한다. 어떤 이(원효)는 말한다. "두 논
사의 주장이 모두 맞다. 왜 그런가? 모두 성스러운 가르침(聖敎)에 의
지하여 세워졌기 때문이고, 진리의 문(法門)은 하나가 아니어서 걸림
(障碍)이 없기 때문이다.

이것은 무슨 의미인가? 진리다움(眞)과 속됨(俗)의 상호 관계(相望)
에는 두 가지 측면/맥락(門)이 있으니, '[차이들이] 의존적 관계로 수
립되는 측면/맥락'(依持門)과 '연기[의 통찰에 의해 하나로 보는] 측면/맥

---

245 같은 책(한불전4-326a).

락'(緣起門)이 그것이다. '[차이들이] 의존적 관계로 수립되는 측면/맥락'(依持門)이라는 것은 큰 허공이 바람(風輪) 등을 의지하는 것과 같고, '연기[의 통찰에 의해 하나로 보는] 측면/맥락'(緣起門)이라는 것은 큰 바다가 파도와 물결 등을 일으키는 것과 같다.

'[차이들이] 의존적 관계로 수립되는 측면/맥락'(依持門)에 나아가면, 진리다움(眞)과 속됨(俗)이 같지 않아(非一) 중생과 진리의 '본래 그러함'(本來法爾)이 차별된다. 그러므로 무시이래로 생사에 즐겨 달라붙어 구제해 낼 수가 없는 중생이 있다. 이 측면/맥락(門)에서는, 중생의 세계경험(六處) 가운데서 출세간법을 생겨나게 할 수 있는 면모(性)를 구해도 끝내 얻을 수가 없다. 그러므로 이 측면/맥락(門)에 의거하여 〈[깨닫는] 부처면모'(佛性)가 없는 중생〉(無性有情)을 주장하는 것이다.

'연기[의 통찰에 의해 하나로 보는] 측면/맥락'(緣起門)에 의한다면, 진리다움(眞)과 망령됨(妄)이 별개의 것이 아니며, 일체의 것이 모두 '하나로 보는 마음자리/마음지평'(一心)을 본연(體)으로 삼는다. 그러므로 모든 중생이 무시이래로 이 진리세계의 흐름(法界流轉)과 같지 않음이 없다. 이 측면/맥락(門)에서는, 모든 중생의 마음 가운데서 자신의 근원으로 돌아가지 못하는 자를 구하려 하여도 끝내 얻을 수가 없다. 그러므로 이 측면/맥락(門)에 의거하여 〈모든 중생에게 '[깨닫는] 부처면모'(佛性)가 있다〉고 주장하는 것이다. 이와 같은 '두 측면/맥락'(二門)은 본래 서로 방해함이 없다."]²⁴⁶

---

246 같은 책(한불전4-325b-c).

和諍論云. 問. "一切衆生皆有佛性耶? 當言亦有無性有情耶?"答. 又有說者, "於有情界, 定有無性. 一切界差別故, 無始法爾故"云云. 又有說者, "一切衆生皆有佛性"云云. 問. "二師所說, 何者爲實?"答. 又有說者, "二師所說, 皆是實. 何以故? 皆依聖敎而成立故, 法門非一無障礙故. 是義云何? 眞俗相望, 有其二門. 謂依持門及緣起門. 依持門者, 猶如大虛持風輪等, 緣起門者, 猶如巨海起波浪等. 就依持門, 眞俗非一, 衆生本來法爾差別. 故有衆生, 從無始來樂着生死, 不可動拔. 就此門內, 於是衆生六處之中, 求出世法可生之性, 永不可得. 故依此門, 建立無性有情也. 約緣起門, 眞妄無二, 一切法同一心爲體. 故諸衆生從無始來, 無不卽此法界流轉. 就此門內, 於諸衆生心神之中, 求不可令歸自源者, 永不可得. 故依此門, 建立一切皆有佛性. 如是二門, 本無相妨".

【구룡의 『화쟁론』에서는 말한다. "무릇 부처자리(佛地)의 온갖 덕에는 대략 두 가지 측면/맥락(門)이 있다. 만약 '원인(因)에 따라 생겨나는 측면/맥락'(從因生起之門)으로 본다면, '과보로 성취한 부처의 공덕'(報佛功德)은 찰나에 생멸한다. 앞의 논사가 말한 것은 또한 이 측면/맥락(門)을 취한 것이다. 만약 [근본무지에 따라 생멸하게 되는] 조건(緣)을 그치고 근원으로 돌아가는 측면/맥락'(息緣歸原之門)으로 본다면, 과보로 성취한 부처의 공덕은 분명히 한결같다. 뒤의 논사가 말한 것은 또한 이 측면/맥락(門)을 취한 것이다. 각각의 덕을 따라 이 '두 측면/맥락'(二門)이 있는데, '두 측면/맥락'(二門)은 서로 통하지 서

로 위배되지 않는다."】[247]

丘龍和諍論云. "夫佛地萬德, 略有二門. 若從因生起之門, 報佛功德, 刹那生滅. 初師所說, 且得此門. 若就息緣歸原之門, 報佛功德, 凝然常住. 後師所說, 亦得此門. 隨一一德, 有此二門, 二門相通, 不相違背".

【이러한 뜻 때문에 구룡화상은 말한다. "만약 '원인을 지어서 결과를 받는 측면/맥락'(作因受果之門)으로 본다면, 새로 훈습하는 종자(新熏種子)가 바로 인연이 된다. 자기 과보를 생겨나게 하는 데 공능이 있기 때문이다. [이때] 저 '본연의 면모'(本性)라는 것은 바로 '결과를 이루는 법칙성'(果法)이다. [이것은] 생겨나게 할 수 있는 면모(性)지만, 과보를 생겨나게 하는 데에는 공능이 없다. [그래서] 단지 '과보가 될 수 있는 면모'(果性)라고 부를 뿐 '작용'이라고는 부르지 않는다. 따라서 만약 이 측면/맥락(門)으로 본다면, 오직 '새로 성립한 종자'(新成種子)만 있지 '본래 성립한 종자'(本成種子)는 없다. 저 '새로운 훈습'(新熏)[을 주장하는] 논사들의 뜻은 이 측면/맥락(門)을 취한 것이다. 만약 '본연의 면모에 따라 결과를 이루는 측면/맥락'(從性成果之門)으로 본다면, 오직 '본연의 면모'(本性界)가 바로 종자가 된다. 이것이 '결과를 이루는 법칙성'(果法)의 '스스로의 본연적 면모'(自性)이기 때문이다. '새로운

---

247 견등(見登), 『대승기신론동이약집(大乘起信論同異略集)』(한불전3-695a).

훈습'(新熏)은 '결과를 이루는 법칙성의 면모'(果法自性)를 만들지는 못한다. 그러므로 이 측면/맥락(門)으로 본다면, 저 새로운 훈습(新熏習)은 오직 '본연 면모의 종자'(本性種子)를 훈습하여 작동하게 할 수 있지 '자기 본연의 종자'(自體種子)를 이룰 수는 없다. 저 '오직 본래 있는 종자(本有種子)'[만을 주장하는 논사들]의 뜻은 이 측면/맥락(門)을 취한 것이다. 만약 [두 가지가] 화합하여 결과를 생겨나게 하는 측면/맥락(和合生果門)으로 본다면, 새로 훈습하는 종자(新熏種子)는 오직 공능이 있을 뿐이며 만약 '본연의 면모'(性)가 없다면 결과가 생겨나지 않는다. 결과를 생겨나게 하는 것은 '본연의 면모'(性) 때문이니, '본연의 면모'가 바로 원인이 된다. [그런데] 비록 '본연의 면모'(本性)가 있어도 만약 새로운 훈습(新熏)이 없다면 곧 공능이 없다. 공능이 결과를 생겨나게 하는 것이니, [그렇다면 새로운 훈습이] 어찌 종자가 아니겠는가? 그러므로 이 측면/맥락(門)으로 본다면, 마땅히 다음과 같이 말해야 한다. '두 가지 종자가 있어 함께 하나의 결과를 생겨나게 한다'라고. 저 '새로운 훈습(新熏)과 본래 있는 것(法爾)이 함께 하나의 결과를 세운다'[라고 주장하]는 논사의 뜻은 이 측면/맥락(門)을 취한 것이다."]²⁴⁸

由如是義, 故丘龍和上云. "若依作因受果之門, 新熏種子正爲因緣. 於生自果, 有功德故. 彼本性者, 直是果法. 可生之性, 而於生果, 無有功能. 但名果性, 不名爲用. 故若依此門, 唯有新成種子, 而無本性種子.

---

248 같은 책(한불전3-709a). 같은 내용이 균여의 『석화엄교분기원통초』(한불전4-315a)에도 인용되어 있는데, 『대승기신론동이약집』의 인용 구문이 완전한 형태이다.

彼新熏師意, 得此門也. 若依從性成果之門, 唯本性界正爲種子. 以是果法之自性故. 新熏不作果法自性. 故約此門, 彼新熏習但能熏發本性種子, 不能則成自體種子. 其唯本有種子意, 得此門也. 若就和合生果門者, 新熏種子唯有功能, 如其無性, 果則不生. 生果由性, 性則爲因. 雖有本性, 若無新熏, 則無功能. 功能生果, 豈非種子? 故依此門, 則當說云. '有二種子, 共生一果'. 其新熏法爾竝立一果師意, 得此門也".

색 인